湖南省社会科学基金项目"湖南高科技企业技术标准竞
湖南省教育厅科学研究重点项目"'三高四新'战略背
标准竞争战略研究"（22A0723）

U0499957

高科技企业专利池技术合作
对技术竞争的影响机制研究

GAOKEJI QIYE
ZHUANLICHI JISHU HEZUO
DUI JISHU JINGZHENG DE
YINGXIANG JIZHI YANJIU

赖流滨 何秀梅 ◎ 著

中国财经出版传媒集团
经济科学出版社
Economic Science Press
·北 京·

图书在版编目（CIP）数据

高科技企业专利池技术合作对技术竞争的影响机制研
究/赖流滨，何秀梅著 . - - 北京：经济科学出版社，
2024.6
ISBN 978 - 7 - 5218 - 5911 - 9

Ⅰ.①高…　Ⅱ.①赖…②何…　Ⅲ.①高技术企业 -
专利 - 管理 - 研究 - 中国　Ⅳ.①F279.244.4

中国国家版本馆 CIP 数据核字（2024）第 103483 号

责任编辑：撖晓宇
责任校对：王京宁
责任印制：范　艳

高科技企业专利池技术合作对技术竞争的影响机制研究
赖流滨　何秀梅　著
经济科学出版社出版、发行　新华书店经销
社址：北京市海淀区阜成路甲 28 号　邮编：100142
总编部电话：010 - 88191217　发行部电话：010 - 88191522
网址：www. esp. com. cn
电子邮箱：esp@ esp. com. cn
天猫网店：经济科学出版社旗舰店
网址：http：//jjkxcbs. tmall. com
北京季蜂印刷有限公司印装
710 × 1000　16 开　15.75 印张　240000 字
2024 年 6 月第 1 版　2024 年 6 月第 1 次印刷
ISBN 978 - 7 - 5218 - 5911 - 9　定价：65.00 元
（图书出现印装问题，本社负责调换。电话：010 - 88191545）
（版权所有　侵权必究　打击盗版　举报热线：010 - 88191661
QQ：2242791300　营销中心电话：010 - 88191537
电子邮箱：dbts@ esp. com. cn）

　　高科技企业越来越多地使用专利来发展和维持知识经济中的竞争优势，而现代技术创新具有高投入、高风险的特点，单一企业难以完全依靠自身力量完成产品研发，无法独揽全部前沿技术，高科技企业普遍通过专利池技术合作应对专利碎片化挑战。专利池是指两个及以上专利权人基于一些固定条款就许可另一方或第三方专利的协议。高科技企业专利池有助于企业消除授权障碍、节约交易成本、加强技术互补、减少专利纠纷、联合技术开发与推广，是克服专利丛林困境和反公共地悲剧的有效制度安排。池内高科技企业共存共生、共同进化，协同推进高科技产品研发与推广。专利池通常与技术标准相结合，池内高科技企业纷纷利用其网络效应与锁定效应遏制竞争对手、实现全球技术垄断并获取巨额经济利益。不过，专利池内高科技企业并非只有技术合作，同时存在激烈技术竞争。研究高科技企业专利池技术合作对技术竞争的影响机制，对高科技企业建立更全面的战略联盟行为模式、加强技术合作创新、防止过度竞争、培育创新生态和推动高质量发展都具有重要意义。

　　本书探讨了高科技企业专利池技术合作对技术竞争的理论分析框架，运用社会网络分析法，阐述了专利池技术合作的类别与积累，结合专利数据和企业特征数据，对高科技企业专利池技术合作对技术竞争的影响进行大样本实证研究。主要内容包括以下四个方面：一是对专利池技术合作进行维度划分，将专利池技术合作划分为专利池关系强度与专利池关系持久度两个维度，构建高科技企业专利池技术合作对技术竞争的影响的直接效应、中介效应以及调节效应理论模型。二是介绍支撑本书的数据构建方法，利用 2006～2018 年国际知名专利池管理机构 MPEG LA 的 12 个专利池的数据，构建了池内成员之间联盟配对，形成 5 700 组联盟配对、74 100 个样本观测值，描述其技术合作与竞争态势；提出研究假设，结合专利数据和企业性质数据，运用计量模型，实证检验高科技企业专利池关系强度与池内成员遭受联盟伙伴技术进攻的强度具有显著正向关系，专利池关系持久度与遭受联盟伙伴技术进攻的强度具有倒"U"形关系。三是将双元创新和联盟学习纳入高科技企业专利池技术合作对技术竞争的影响框架，解释了高科技企业专利池技术合作影响技术竞争的"作用黑箱"，实证检验专利池内高科技企业双元创新和联盟学习的中介效应。结果表明，在专利池关系强度与技术竞争间正向关系中，焦点成员的联盟学习起到部分中介效应，探索式创新起到部分遮掩效应，而利用式创新的遮掩效应不显著。在关系持久度与技术竞争间的倒"U"形关系中，焦点成员的联盟学习和探索式创新起到部分中介效应，而利用式创新的遮掩效应不显著。四是引入联盟伙伴探索式合作、网络位置与技术相似性作为调节变量，分析其权变影响，并提出研究假设。运用联盟伙伴合作授权专利数测度合作伙伴之间的探索式合作，运用 Ucinet 软件计算焦点成员在专利池中的网络中心位置，采用专利池合作伙伴技术相关系数测度合作伙伴之间的技术相似性。实证检验并发现，探索式合作和网络中心位置均削弱了专利池关系强度与技术竞争的正向关系，技术相似性强化专利池关系强度与技术竞争的正向关系，强化专利池关系持久度与技术竞争的倒"U"形关系。

本书的特色主要体现如下。一是发现除了合作伙伴互动的路径依赖范式之外，还可以带来新的互动路径，即从技术合作向技术竞争过渡。二是构建了高科技企业专利池技术合作影响技术竞争的理论分析框架，揭示了竞争对手如何基于技术合作进行技术竞争的机制。三是为联盟伙伴之间技术合作竞争研究提供了新的经验和证据，拓展和完善了专利池技术竞争效应相关研究。四是为未来我国更好地开展高科技企业专利池合作竞争提供了针对性的管理建议与参考依据。

本书的学术价值和应用价值主要体现如下。一方面，本书采用专利池关系强度和关系持久度测度高科技企业专利池技术合作，用专利诉讼测度合作伙伴之间技术竞争，客观数据为技术合作与技术竞争的关系提供了一个可信度较高的方法，为"合作竞争"的实证研究提供了新的思路、方法和证据；深入研究专利池技术合作对技术竞争的影响，提出了高科技企业专利池技术合作影响技术竞争的机理模型，并研究了专利池关系强度和关系持久度的不同作用机制；揭示了"专利池技术合作—双元创新—联盟伙伴技术竞争"和"专利池技术合作—联盟学习—联盟伙伴技术竞争"影响路径，并验证了探索式合作、网络中心位置和技术相似性的调节效应。另一方面，本书有助于引起国家、产业和企业对高科技企业专利池合作竞争的重视。高科技企业如何通过融入专利池打造竞争优势？高科技企业如何应对联盟伙伴专利诉讼？

基于此，本书提出了针对性的管理建议，可以为国家、产业和企业决策提供参考。本书也有利于高科技企业认识到专利池关系强度、专利池关系持久度对联盟伙伴之间技术竞争的影响是不同的。此外，本书有助于使高科技企业认识到双元创新和联盟学习强度的重要性以及专利池技术合作起作用的条件。

赖流滨

2024 年 4 月

CONTENTS ▷
目　录

第 1 章 导　　言

1.1　研究背景及意义

1.1.1　研究背景

我国经济发展进入速度换挡、结构调整、动力转换"三期叠加"新时代，已从高速增长进入高质量发展阶段（辜胜阻等，2018）。高质量发展要求在更高层次、更大范围发挥科技创新的引领作用。习近平总书记指出，"抓创新就是抓发展，谋创新就是谋未来"①，"科技创新是核心，抓住了科技创新就抓住了牵动我国发展全局的'牛鼻子'"②，要"充分认识创新是第一动力，提供高质量科技供给，着力支撑现代化经济体系建设"③。当前我国高质量发展的科技基础不断增强，科技实力稳步提升，在高性能计算、量子通信、5G 等一些领域取得了重大突破。但是我国科技创新依然存在痛点，部分行业"缺芯少魂"，核心技术和关键零部件受制于人。继中兴通讯、华为公司受到美国制裁后，2019 年 10 月又有 28 家中国企业及机构被美国列入实体清单，其中很多企业为高科技企业。面对不利的外部环境，只有坚持科技自立，把关键技术、核心装备、核心材料等环节掌握在自己手中，国内整体产业才能迎来健康高质量的发展。我国高科技产业

---

① 习近平总书记谈创新 ［N］. 人民日报，2016 – 03 – 03 （10）.
② 习近平. 为建设世界科技强国而奋斗 ［N］. 人民日报，2016 – 06 – 01 （2）.
③ 习近平. 努力成为世界主要科学中心和创新高地 ［N］. 人民日报，2021 – 03 – 16 （1）.

自主创新非常紧迫。

不过，自主创新不等于封闭式创新。习近平总书记强调，"科学技术是世界性的、时代性的，发展科学技术必须具有全球视野。不拒众流，方为江海。自主创新是开放环境下的创新，绝不能关起门来搞，而是要聚四海之气、借八方之力"①。伴随经济全球化快速推进，研究开发的国际化、分散化、全球创新网络化发展趋势明显，加上知识经济迅猛发展，通信、半导体、电子产品和软件等高科技产业技术创新环境呈现复杂快变的特点，现代高科技产品创新复杂度和风险急剧提升，任何组织都不可能在所有科技领域占据优势，单一企业难以完全依靠自身力量完成产品研发，无法独揽全部前沿技术。例如，2009 年 1 月至 2021 年 6 月，新一代信息技术产业全球专利申请量 262. 49 万件，排名第一的专利权人京东方科技集团在行业内全球占比不足 1% （见表 1 - 1）。据吉尔罗伊和阿玛托（Gilroy and Amato，2009）估计，2008 年有超过 2 700 个独立实体申请第四代蜂窝无线网络和设备相关专利。据德国专利信息分析机构 IPLytics 研究报告"Who is leading the 5G patent race?"，截至 2021 年 2 月，全球 5G 标准必要专利（essential patent）声明前五的公司分别是华为、高通、中兴、三星电子和诺基亚（见表 1 - 2）。在这种背景下，任何企业尤其是高科技企业往往需要其他创新主体配合与协同。以 EUV 光刻机为例，包括十多万个零部件，涉及全球 5000 多个零部件供应商技术协作，其中 32% 在荷兰和英国，27% 供应商在美国，14% 在德国，27% 在日本。现代管理学之父彼得·德鲁克（1995）曾说过："工商业正在发生的最伟大变革，不是以所有权为基础的企业关系的出现，而是以合作伙伴关系为基础的企业关系的加速增长。"

表 1 - 1 2009 ~ 2021 年新一代信息技术产业全球专利申请家族数排名前 10 位申请人

排名	申请人	专利家族数（族）	全球占比（%）
1	Boe Technology Group Co Ltd（京东方）	25 473	0. 97
2	Canon Kk	20 111	0. 77

① 习近平. 努力成为世界主要科学中心和创新高地［N］. 人民日报，2021 - 03 - 16 (1).

续表

排名	申请人	专利家族数（族）	全球占比（%）
3	Samsung Electronics Co Ltd	19 931	0.76
4	Huawei Tech Co Ltd（华为）	19 160	0.73
5	LG Display Co Ltd	14 810	0.56
6	Samsung Display Co Ltd	14 808	0.56
7	Sharp Kk	13 637	0.52
8	Ricoh Co Ltd	13 425	0.51
9	ZTE Corp（中兴）	13 211	0.50
10	SEIKO Epson Corp	12 232	0.47

资料来源：新一代信息技术产业专利态势分析［EB/OL］. 武汉大学，https：//news. whu. edu. cn/info/1015/64671. htm，2021 - 06 - 11.

表 1 - 2　　　全球 5G 标准必要专利声明份额排名前 20 的
专利权人（截至 2021 年 2 月）　　　　单位：%

排名	专利权人	5G 专利家族数份额（含申请与授权）	5G 专利家族授权数份额	5G 专利家族美欧授权数份额
1	华为	15.39	15.38	13.96
2	高通	11.24	12.91	14.93
3	中兴通讯	9.81	5.64	3.44
4	三星电子	9.67	13.28	15.10
5	诺基亚	9.01	13.23	15.29
6	LG 电子	7.01	8.70	10.30
7	爱立信	4.35	4.59	5.25
8	夏普	3.65	4.62	4.66
9	Oppo	3.47	0.95	0.64
10	大唐移动	3.44	0.85	0.46
11	苹果	3.21	1.46	1.66
12	NTT Docomo	3.18	1.98	2.25
13	小米	2.77	0.51	0.23

续表

排名	专利权人	5G 专利家族数份额（含申请与授权）	5G 专利家族授权数份额	5G 专利家族美欧授权数份额
14	英特尔	2.37	0.58	0.32
15	Vivo	2.23	0.89	0.08
16	InterDigital	1.43	1.60	1.79
17	联想	0.9	0.32	0.38
18	NTT	0.88	1.82	0
19	摩托罗拉	0.78	0.72	0.59
20	NEC	0.71	1.19	1.42

资料来源：Who is leading the 5G patent race? ［EB/OL］. IAM, https：//www.iam-media.com/who-leading－5g-patent-race，2018－12－12.

越来越多高科技企业使用专利池来应对复杂产品开发和专利分散化（patent fragmentation）带来的挑战。高科技产业中大量专利是复杂产品开发无法绕开的"必要专利"。这些"散落"在不同企业的专利往往组建"专利池"，在技术层面互补配套，交叉许可。有的企业甚至与竞争对手合作开发技术，以降低产品创新的成本和风险。在产品市场上，有的企业成为其他企业的零部件供应厂商或者生产厂商（OEM），比如，三星和高通公司是苹果公司的重要零部件供应商；英特尔（Intel）、AMD 公司本身并不生产 CPU 风扇，他们通常找日本三洋公司这样的专业电机制造企业贴牌生产；苹果、华为、高通公司也并不生产手机芯片，而是交由三星电子和台积电等公司生产。专利池内高科技企业共存共生、共同进化，形成一个创新生态系统，协同促进高科技产品研发与推广。

然而，专利池内高科技企业并非只有合作，同时存在激烈竞争。为了争夺市场份额、获取经济效益，他们不仅在产品市场上"火拼"，也在技术市场上"火拼"。他们开展人才争夺、产品仿制、专利开发竞赛、设置专利壁垒等，甚至将合作伙伴告上法庭，发起专利侵权诉讼和专利无效诉讼。比如，韩国三星电子虽然与美国苹果公司加入了"1394"（一种数字图像信号传输接口标准）、AVC（也称 H.264 标准，一种数字视频压缩格式标准）、HEVC（AVC 标准升级版）专利池，三星电子还是苹果公司重要的零部件生产商与供应商，但是，智慧芽数据库检索结果显示，截至 2018 年底，苹果公司起诉三星电子的专利达 66 项，三星起诉苹果的专利也有 60 项。智慧芽英策数据库检索结果显示，2009～2018 年，苹果公司因专利侵权而被起诉的专利权人中（仅包括发生美国、中国、日本、英国的诉讼），三星电子在所有原告中排名第一。苹果公司诉讼最多的 50 件专利中，专利权人为三星电子的有 12 项，诉讼案件数达到 118 次（见表 1-3）。同样，三星电子尽管与爱立信都加入了 AVC 专利池，双方在技术开发、标准制定与 4G 设备等方面也有合作，但爱立信有 75 项专利起诉三星，而三星也有 14 项专利起诉爱立信。再如，尽管多媒体专利信托公司（Multimedia Patent Trust，阿尔卡特朗下属公司）与 LG 电子都是 MPEG-2 专利池，但在 2010 年 12 月，该公司起诉 LG、苹果、佳能和 TiVo，称其侵犯了本公司视频压缩专利。图 1-1 和图 1-2 分别列出了世界知名专利池管理公司 MPEG LA 的 12 专利池成员企业的入池和专利诉讼的情况。类似的现象还出现在信息通信、LED 等行业。在企业之间合作竞争互动关系中，技术竞争在市场竞争中日益凸显。

表 1-3　　　　2009～2018 年苹果公司与三星电子诉讼最多的专利

序号	专利号	专利名称	涉案数（件）	最近立案时间
1	US7675941	在移动通信系统中使用预定长度指示符发送/接收分组数据的方法和装置	12	2015 年 12 月
2	US7362867	用于在 UMTS 移动通信系统中生成扰码的装置和方法	12	2015 年 12 月
3	US7447516	在支持增强上行链路服务的移动电信系统中进行数据传输的方法和装置	12	2015 年 12 月
4	US7200792	用于 HSDPA 移动通信系统中的符号映射的交织设备和方法	12	2015 年 12 月
5	US7386001	用于 CDMA 通信系统中的信道编码和多路复用的装置和方法	12	2015 年 12 月

续表

序号	专利号	专利名称	涉案数（件）	最近立案时间
6	US7069055	能够显示世界时间的移动电话及其控制方法	12	2015 年 12 月
7	US7050410	用于控制多路分解器的装置和方法以及用于移动通信系统中的速率匹配的多路复用器	9	2015 年 12 月
8	US6928604	Turbo 编码/解码设备和根据 QoS 处理帧数据的方法	9	2015 年 12 月
9	US7577460	用于发送/接收和图像的便携式复合通信终端及其操作方法和通信系统	7	2015 年 12 月
10	US7698711	便携式终端中的多任务设备和方法	7	2015 年 12 月
11	US7456893	控制用于有效再现的数字图像处理设备的方法和使用该方法的数字图像处理设备	7	2015 年 12 月
12	US7079871	便携式电话和显示其数据的方法	7	2015 年 12 月
合计	—		118	—

资料来源：通过智慧芽英策数据库（https：//www.zhihuiya.com/analytics）检索并整理。

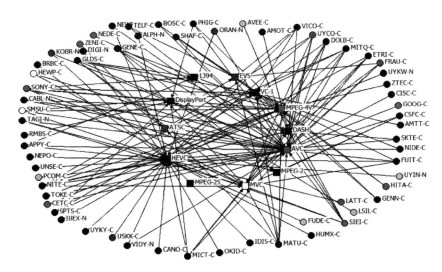

图 1 - 1　MPEG LA 专利池成员 2018 年底加入的专利池网络

注：圆圈为池内专利权人的德温特代码，正方形为 MPEG LA 管理的专利池。

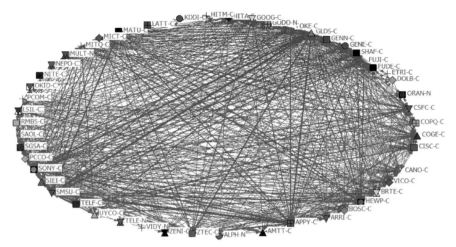

图1-2 截至2018年底MPEG LA专利池成员之间的专利诉讼网络

注：箭头指向一端为被告，箭头另一端为原告，线条粗细表示专利诉讼强度。

专利池内高科技企业的技术竞争可能给企业带来不利影响。

一是为双方技术合作蒙上阴影。联盟伙伴之间的技术竞争会导致双方的紧张关系，这会破坏双方的关系资本，限制联盟伙伴对联盟的资源交换、专有知识共享等承诺，并破坏联盟的稳定甚至导致联盟提前终止，导致企业的长远利益受损，难以实现加入高科技企业专利池的战略目标。

二是导致核心能力扩散和技术缺陷暴露。高科技企业专利池营造沟通交流与知识分享环境，使池内成员更加便于行业前沿信息跟踪、知识学习和资源积累。技术竞争导致高科技企业的关键信息、隐性知识（tacit knowledge）与技术诀窍（know-how）等核心能力有可能被扩散或泄露到联盟伙伴。久而久之，企业技术缺陷与弱点可能被暴露，联盟伙伴在此基础上改进产品技术，对企业产品形成精准攻击。

三是企业在短时间内难以寻找可替代的合作伙伴。苹果公司是三星电子处理器、存储芯片的大客户。三星电子在未涉足智能手机市场之前，和苹果公司是完美的搭档。但三星电子推出智能手机后，两公司在智能手机行业成为竞争对手。双方长期就各自产品的外观、触感以及功能等方面专利侵权问题进行诉讼。苹果为了摆脱三星电子，加剧了去三星化步伐，在

2013 年 6 月与中国台湾集成电路制造股份有限公司（以下简称"台积电"）签署芯片购买协议①。苹果希望向台积电投资，或者让台积电留出空间专门为其生产芯片，然而却因为台积电希望保持独立性和灵活性而遭到拒绝。② 苹果公司试图摆脱三星电子的诸多努力并未取得显著成效。随着技术的不断成熟，苹果在零部件方面的选择并不多，能够与其结为合作伙伴的大公司越来越少，因此不得不一直从三星电子购买零部件。

四是可能引发不正当竞争，深陷专利纠纷。专利池内的高科技企业技术竞争会引发"搭便车"等机会主义行为，可能被联盟伙伴视为不正当竞争。如果涉嫌侵犯联盟伙伴专利，企业很可能陷入专利纠纷甚至专利诉讼。专利诉讼尤其是西方国家的专利诉讼具有持续时间长、诉讼成本高、赔偿额度大等特征。专利诉讼案件往往比较复杂，因此持续时间特别长，有的专利诉讼时间甚至长达七八年。2011 年，苹果起诉三星专利侵权，法院判处三星电子 5.39 亿美元赔偿，三星电子不服判罚，提起反诉。2018 年 6 月，历经 7 年多的专利诉讼终于达成和解。智慧芽英策数据库检索结果显示，苹果公司诉讼时间最长的 50 件专利中，诉讼时间长达 7.5 年。专利诉讼往往需要聘请专家证人（含技术专家、专利法专家和财务专家）和律师。在美国，他们都按小时收费，每个专家证人每小时 100～400 美元，律师费每小时 300～450 美元。专利诉讼的复杂性与长周期性导致这笔费用非常高昂。每个专家证人的费用也从几万美元到几十万美元不等，律师费平均达到 120 万美元。专利诉讼中一旦败诉，企业可能面临高额赔偿。对于故意侵权，美国专利法还规定罚金可增加至法定赔偿额的三倍。日立集团子公司麦克赛尔（Maxell）与我国中兴集团都是 AVC 专利池成员，2016 年 11 月，Maxell 就智能手机省电控制、拍照功能、导航功能及音频解码等技术向中兴集团发起专利诉讼。2018 年 6 月，美国得克萨斯东区法院判中兴集团故意侵权，重罚 4 330 万美元。

---

① 苹果加速"去三星化"与台积电签署芯片代工协议 ［EB/OL］. 融合网，http：//dwrh. net/a/xinpian/prox/2013/0707/176432. html，2013－07－07.

② 明雨. 苹果和高通欲 10 亿美元投资台积电吃闭门羹 ［EB/OL］. Techweb，https：//www. techweb. com. cn/it/2012－08－29/1231333. shtml，2012－08－29.

综上可以看出，高科技企业通过专利池开展技术合作是大势所趋，然而专利池合作的背后是市场利益的争夺，技术竞争在市场竞争中日益凸显，为高科技企业带来诸多潜在风险。因此，亟待深入研究专利池内高科技企业的技术竞争问题，包括：为什么高科技企业专利池内存在合作竞争（coopetition）现象，合作伙伴之间技术竞争背后的战略意图是什么？合作伙伴之间技术竞争的影响因素有哪些？高科技企业专利池技术合作到池内成员技术竞争传导机制是什么？这种传导机制会受到哪些因素的影响？企业在面临合作伙伴技术竞争时有哪些应对策略？对这些问题的深入研究有助于建立更全面的战略联盟企业之间行为模式，不仅具有重要的理论价值，而且对预防企业过度技术竞争、培育创新生态、推动我国高质量发展具有十分重要的现实指导意义。

1.1.2　研究意义

1. 理论意义

第一，本书回顾了国内外专利池内高科技企业技术合作与技术竞争的相关文献，剖析了技术竞争的内涵与特征，对合作竞争的测度进行了深入梳理，采用专利池关系强度和关系持久度测度高科技企业专利池技术合作，用专利诉讼测度合作伙伴之间技术竞争。客观数据为合作与技术竞争的关系提供了一个可信度较高的方法，解决了问卷调查数据存在的共同方法偏差、效度不足等问题，为合作竞争的实证研究提供了新的思路、方法和证据。

第二，本书研究提出了高科技企业专利池技术合作影响技术竞争的机理模型，并研究了专利池关系强度和关系持久度的不同作用机制。前人的研究大多只关注企业之间合作或竞争，较少同时将合作与竞争纳入研究框架。本书深入研究专利池技术合作对技术竞争的影响，进行"合作—竞争"双维联合分析，有效弥补了前人研究的不足。

第三，本书揭示了"专利池技术合作—双元创新—联盟伙伴技术竞争"和"专利池技术合作—联盟学习—联盟伙伴技术竞争"影响路径，深化了焦点成员的专利池技术合作对联盟伙伴技术竞争的内在影响机理，探讨了焦点成员双元创新和联盟学习对联盟伙伴技术竞争的影响，探讨了双元创新、联盟学习的中介效应，厘清了双元创新与联盟学习的中间机制如何发挥作用。

第四，本书验证了探索式合作、网络中心位置和技术相似性的调节作用。检验了焦点成员处于不同的网络位置，以及联盟伙伴不同的探索式合作和技术相似性的情况下，专利池技术合作如何影响联盟伙伴技术竞争。

2. 实践意义

第一，引起国家、产业和企业对高科技企业专利池合作竞争的重视。高科技企业往往要面对不确定性较高的经济与市场环境，专利池技术合作作为正式制度的有效补充，能够帮助高科技企业获取大量资源，提高企业竞争优势。不过，专利池技术合作可能导致焦点成员遭受联盟伙伴更多的技术挑战与攻击。高科技企业如何通过融入专利池打造竞争优势？高科技企业如何应对联盟伙伴专利诉讼？本书提出了有针对性的管理建议，可以为国家、产业和企业决策提供参考。

第二，帮助高科技企业理解高科技企业专利池技术合作对技术竞争的影响。本书有助于高科技企业认识到专利池关系强度、专利池关系持久度对联盟伙伴之间技术竞争的影响不同。高科技企业专利池合作强度越大，可能越会遭受到联盟伙伴技术进攻。当高科技企业专利池技术合作时间在9.5年左右时，联盟伙伴之间技术竞争强度最大。

第三，有助于高科技企业认识到专利池技术合作起作用的条件。本书引入探索式合作、网络位置和技术相似性三个调节变量，用于分析高科技企业专利池技术合作对联盟伙伴技术竞争影响的条件。开展探索式合作、逐渐提高在专利池中的地位等可以减缓专利池技术合作对技术竞争的影响。

第四，帮助高科技企业认识到双元创新和联盟学习强度的重要性。为了减少专利池伙伴的技术进攻，高科技企业一方面需要平衡企业自身的利用式创新与探索式创新，通过利用式创新来补充探索式创新；另一方面需要提高联盟学习能力，在保护自己的核心能力、防止核心技术泄露的同时，尽量从联盟伙伴汲取隐性知识。

1.2　研究思路与研究内容

1.2.1　研究思路

（1）打开高科技企业专利池技术竞争的"作用黑箱"，构建一个完整的分析框架。全面分析高科技企业专利池技术竞争的影响因素，包括企业特征（资源禀赋、合作经验、学习能力）和企业之间特征（关系强度、关系持久性、技术相似性，网络中心性、网络嵌入性等），深入掌握专利池内高科技企业技术竞争的机理。

（2）进行"合作—竞争"双维联合分析，构建高科技企业专利池技术竞争的理论模型。将合作和竞争同时纳入高科技企业专利池研究框架，将专利池技术合作细分为关系强度和关系持久度，研究专利池关系强度和关系持久度对池内成员之间技术竞争的不同影响，并分析技术创新能力和联盟学习能力的中介作用，探索式合作、网络地位和技术相似性的调节作用。

（3）开展大样本实证研究，检验高科技企业专利池技术竞争相关假设。通过全球知名专利池管理机构 MPEG LA 的 12 专利池内企业 2006～2018 年合作对技术竞争的影响，以企业之间专利诉讼数据测度技术竞争，以专利池关系强度和关系持久度测度池内成员之间的专利池技术合作，客观数据为高科技企业专利池技术竞争影响机制提供了一个可信度较高的方法。

（4）提出对策建议以指导实践应用。在理论分析和实证研究的基础上，提出有关专利池内高科技企业技术合作竞争的管理建议。

1.2.2 研究内容

本书的主要内容包括六个方面。

一是理论基础与文献综述。首先，对研究对象与相关概念进行界定；其次，从合作竞争理论、资源基础理论、组织学习理论和社会网络理论进行理论准备；最后，从专利池组建意图与竞争效应、企业技术竞争、合作对竞争的影响等角度进行研究综述，为本书提供理论基础，为模型构建和影响机理分析做好理论铺垫。

二是构建高科技企业专利池技术合作对技术竞争影响的理论模型。其中包括技术合作原因与合作模式，专利池成员技术竞争的原因、方式及影响方式，专利池技术合作影响技术竞争的理论依据，以及直接效应、中介效应和调节效应理论模型。

三是研究高科技企业专利池技术合作对技术竞争的直接影响机制。分析了专利池关系强度、专利池关系持久度对池内成员之间技术竞争的影响并提出研究假设。介绍了本书的数据来源以及收集过程。本书基于国际知名专利池管理机构 MPEG LA 中 12 个专利池数据，构建池内成员之间联盟配对，描述其技术合作与竞争类别与积累情况，针对研究假设开展实证研究，并讨论了内生性问题，开展了稳健性检验。

四是研究高科技企业专利池成员双元创新与联盟学习的中介机制。将双元创新能力和联盟学习能力纳入高科技企业专利池技术合作对技术竞争的影响框架，提出双元创新能力、联盟学习是高科技企业专利池技术合作影响技术竞争的中介变量；收集相关数据对变量进行测度，针对研究假设检验中介效应。

五是研究高科技企业专利池成员探索式合作、网络位置与技术相似性的调节机制。引入联盟伙伴探索式合作、网络位置与知识距离作为调节变量，分析其权变影响并提出假设。用合作授权专利数测度探索式合作，用 Ucinet 软件计算的中心位置测度网络中心位置，用技术相关系数测度技术相似性，针对研究假设开展实证研究，并进行稳健性检验。

六是探讨分析实证研究结论，为高科技企业更好地开展专利池技术合作竞争提供管理建议。

1.3 研究方法与技术路线

1.3.1 研究方法

本书运用规范研究与实证研究相结合、定量分析与定性分析相结合的方法，具体包括文献研究、理论推演、社会网络分析与统计计量分析等。

一是文献研究法。利用中国知网、万方、维普、Web of Science、Elsevier 等数据库，检索国内外最近十年有关专利池、技术竞争、合作竞争、专利诉讼的经典文献。通过文献阅读，归纳国内外相关研究的理论与方法，梳理本书的理论基础，在此基础上提出研究目标与研究问题。

二是理论推演法。分析了高科技企业专利池技术合作对技术竞争的影响机理，专利池成员双元创新与联盟学习能力的中介作用以及探索式合作、网络位置与技术相似性的调节作用，并在此基础上提出研究假设。

三是社会网络分析法。通过收集加入 MPEG LA 专利池的高科技企业之间技术合作和专利诉讼数据，构建社会关系网络矩阵，通过数据分析与转换，并采用社会网络分析法及 Ucinet 软件，刻画专利池成员合作与竞争关系结构图，计算企业所处自我中心网络的关系与结构指标等。

四是统计计量分析法。结合高科技企业专利池成员技术竞争、技术开发合作、技术推广合作、联盟学习能力、网络地位、技术相似性、技术创新能力等数据在研究假设的基础上，开展统计与计量经济分析，对研究假设进行实证分析与稳健性检验。

1.3.2 技术路线

本书的研究思路与技术路线如图 1－3 所示。

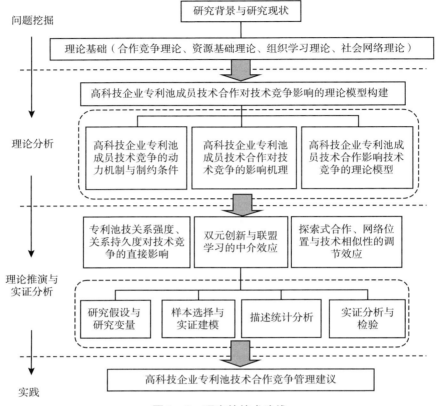

图 1 – 3   研究的技术路线

1. 问题挖掘

围绕"专利池""合作竞争""技术竞争"等展开文献综述，涉及的内容有专利池技术合作，技术竞争的表现形式、动因、特征、影响因素及战略等。对前人研究分析总结，指出研究不足。针对高科技企业专利池技术合作竞争共存的现实，主要探讨的基本问题是：高科技企业开展技术创新，为什么要与其他企业技术合作，甚至与竞争对手合作？为什么高科技企业在加入专利池与其他企业合作的同时，还要与合作伙伴开展技术竞争，其战略意图和动因是什么？专利池技术合作对技术竞争的影响机理是什么，各有什么不同？焦点成员技术创新能力、联盟学习、联盟探索式合作、技术距离和网络中心位置对专利池技术合作与技术竞争的关系有什么影响？企业在加入高科技企业专利池与其他企业合作时如何保护企业知识产权，在面临技术竞争时应该采取什么对策，如何预防、应对和开展技术竞争？

2. 理论推演

基于合作竞争理论、资源基础理论和组织学习理论，借助社会网络分析方法，将高科技企业专利池技术合作分为专利池关系强度与专利池关系持久度；深入探讨这两种技术合作的不同作用机理，提出直接效应、中介效应和调节效应理论模型。

3. 实证分析

采用 MPEG LA 专利池入池企业之间的专利诉讼数据，结合专利合作开发、专利引用等数据，运用计量经济模型进行实证检验。（1）高科技企业专利池技术合作对技术竞争的直接影响；（2）引入双元创新与联盟学习能力作为中介变量，分析其对高科技企业专利池技术合作与技术竞争关系的作用机理；（3）引入探索式合作、网络位置和技术相似性作为调节变量，分析其对高科技企业专利池技术合作与技术竞争关系的不同影响。

4. 实践应用

本书就高科技企业专利池成员如何开展和应对技术合作竞争提出管理建议。

5. 研究总结

全面总结高科技企业专利池技术合作如何影响技术竞争，提出主要研究结论，并阐述本书的研究局限与不足，并对进一步的研究重点与方向提出建议。

1.4　主要创新点

本书创新点主要体现在高科技企业合作伙伴互动路径发现、专利池成员技术竞争理论模型构建以及大样本实证研究，它们之间具有层次性和一定的逻辑关系。

第一，本书发现合作伙伴之间互动路径不仅可能从技术合作到进一步技术合作，还可能从技术合作到技术竞争甚至专利诉讼，对战略联盟的核心研究领域作出了贡献。前人大多只关注企业之间合作或竞争，较少同时将它们纳入研究框架。以前的竞合研究更加强调合作，而对合作之后的竞争的关注较少。在竞合动态中，尽管竞争与合作同等重要，但很少有研究关注竞合中的竞争动力学。虽然有学者研究了先前的合作如何促进合作伙伴之间进一步合作，但本书通过研究技术合作是否会导致合作伙伴之间激烈的技术竞争来增加这一研究范围。本书突出竞合中的竞争，揭示竞争对手如何基于技术合作进行技术竞争的机制，进一步拓展和完善了企业在技术市场中的合作对竞争影响的相关研究。本书发现，除了合作伙伴互动的路径依赖范式（之前合作导致未来合作）之外，高科技企业之间合作关系还可以带来新的互动路径，即从技术合作向技术竞争过渡。

第二，本书提出了高科技企业专利池成员技术竞争的理论模型。虽然一些学者研究了合作伙伴之间的竞争性学习，但集中于产品市场领域，在技术市场领域，竞争性联盟对联盟伙伴之后技术竞争尤其是专利诉讼的影响仍然知之甚少。虽然一些学者研究专利池合作竞争，但主要从法学或经济学视角进行分析，鲜有学者从管理学视角关注专利池合作竞争的现实特质。本书关注了专利池成员池内合作、池外竞争的现状，进行"合作—竞争"双维联合分析，以高科技企业专利池技术合作竞争为切入点，整合联盟学习、合作竞争、社会网络、知识管理等理论，引入合作竞争、组织间惯例、联盟学习、关系资本、知识距离等分析视角，深入研究高科技企业专利池技术合作对技术竞争的直接效应，并分析技术创新、联盟学习的中介效应和探索式合作、网络中心位置和技术相似性的调节效应。具有以下三处创新：（1）构建了一个完整的分析框架，将高科技企业专利池技术合作细分为关系强度和关系持久度，分析了高科技企业专利池技术合作可能遭到联盟伙伴更高强度的技术进攻，分析了专利池关系强度和关系持久度不同的作用机理；（2）将双元创新和联盟学习纳入高科技企业专利池技术合作对技术竞争的影响框架，解释了高科技企业专利池技术合作影响技术竞争的"作用黑箱"；（3）考虑并验证联盟伙伴之间探索式合作、网络中心位置和技术相似性对高科技企业专利池技术合作影响技术竞争的调节作用。本书是对合作竞争理论与社会网络理论的发展。

　　第三，本书为联盟伙伴之间技术合作竞争研究提供了新的经验和证据。目前有关合作竞争的研究以案例研究较为常见，大样本实证研究较少。有关专利池的研究主要着眼于专利池形成机制、治理机制、促进与限制竞争效应、激励与阻碍创新效应，较少关注专利池成员之间技术竞争，且极少关注各专利池产生的密集的企业间合作网络对专利诉讼的影响。本书对专利池内密集存在的企业间专利池技术合作开展实证研究，发现专利池技术合作并不能防范联盟伙伴的技术进攻，反而可能遭到联盟伙伴更大强度的技术进攻。本书为高科技企业技术合作竞争提供了新的经验和证据，拓展和完善了专利池技术竞争效应相关研究，尤其是大样本实证研究。

第 2 章　理论基础与文献综述

2.1　相关概念界定

2.1.1　专利池

专利池起源于美国，国际上一般被称为"patent pool"。它有多种称呼，在 DVB 标准中被称为"essential patents pool"，在 3G Patent Platform 中被称为"essential patent platform"，在 MPEG – 2 标准中被称为"essential patent portfolio"。我国一般将其翻译为"专利池""专利战略联盟""专利联盟"或"专利联营"，不过也有"联合授权""专利平台""专利共有""必要专利文件夹"等译法。可以从协议安排和联盟组织两个角度来理解专利池。专利池是两个及以上专利权人之间的协议，用以相互许可或向第三方许可他们的一个或多个专利（Vakili，2016）。我国政府 2015 年首次对专利池进行定义。《关于禁止滥用知识产权排除、限制竞争行为的规定》（2015 年 4 月由国家工商行政管理总局出台，2020 年 10 月由国家市场监督管理总局修订）将其定义为"两个或者两个以上的专利权人通过某种形式将各自拥有的专利共同许可给第三方的协议安排"。

不过，为了促进专利技术实施与推广，各专利权人往往组建联盟组织。专利池是由多个专利拥有者，为了能够彼此之间分享专利技术或者统一对外进行专利许可而形成的一个正式或者非正式的联盟组织（Shapiro，

2001）。李玉剑（2004）从专利持有企业的竞争战略角度，将专利池界定为专利战略联盟（以下简称"专利联盟"），即由多个专利拥有者为了能够彼此之间分享专利技术或者统一对外进行专利许可，而通过专利交叉许可所形成的战略联盟组织。专利池是一种中间层组织，专利交叉许可是其重要的运行模式，是一种典型的非股权战略联盟组织形式。专利池一般是由专利池成员、专利池管理机构、被许可者三种实体组成。专利池管理机构可以有多种组织形式，包括成立合资公司、委托某个联盟成员或独立的第三方机构进行管理。如 DVD 6C 专利池是由联盟成员日本东芝公司（Toshiba）负责所有必要专利许可，美国 MPEG－2（moving picture experts group，动态图像专家组）、MPEG－4、无线充电 Qi 专利池成立了独立的第三方机构 MPEG LA 进行管理，我国数字音视频编解码技术（audio video coding standard，AVS）专利池也有独立的管理机构——AVS 专利池管理中心。

根据专利池应用产业的技术密集程度，专利池可划分为高科技企业专利池和非高科技企业专利池。现代智能手机包含通信技术、显示技术、半导体芯片技术、人机交互技术、应用软件等诸多方面，相关专利在 10 万项左右，其中芯片、底层协议和操作系统涉及 3 000 件基础专利（张胜等，2018），因此有 GSM、CDMA、TD－CDMA 等高科技企业专利池。高科技企业专利池是指面向一个或多个具体相关的高新技术产业市场化应用，由多个创新主体联合起来协同开发、共同组建，可以供特定技术范畴内零部件、互补配套品、扩展及衍生品等各种不同类型的技术开发商直接采纳或二次开发采纳的一揽子障碍性专利与互补性专利集合体。它具备"多边市场用户、交叉网络外部性、不对称价格结构、高私有性、高垄断性、可二次开发、市场应用性强、投资大、高风险高回报"等典型特征。本书以信息技术领域高科技企业专利池为研究重点，一般意义上具有纯粹"公共品"典型属性、基础性强、距离市场应用较远的产业技术专利池、传统产业专利池等非高科技企业专利池不是本书的研究重点。

2.1.2　专利池技术合作

《大辞海·管理学卷》认为"技术"泛指根据生产实践经验和自然科

学原理发展而成，把生产要素投入转化成产品和服务等产出的理论知识和实践知识以及各种工艺操作方法与技能。《大辞海政治学·社会学卷》认为技术是人类用以改造客观世界所采取的方法、手段与活动的总和，是人类在生产、文化及社会活动中主客体的中介。合作亦称"协作"。《辞海》认为"合作"是在同一目的下，作共同的努力。《大辞海·经济卷》认为"合作"是由两个或两个以上的个人或团体为一个共同的目标而交集在一起采取的联合行动。参与合作的个人或团体应具有共同的目标、相近认识、相互协调及信任，方可达到合作预期的结果。社会经济越发展，合作就会越频繁，合作的范围就会越广泛。企业技术合作是两个或两个以上的企业为了实现特定目标，在科学技术领域按照合同或协议的相互配合、共同协作。企业技术合作动机包括：（1）获得规模经济；（2）弥补技术、资金、人才等资源不足；（3）使技术成果外部效应内部化；（4）形成产品标准；（5）降低过度竞争；（6）降低研发成本；（7）分散研发风险。

随着分类标准的变化，技术合作有不同类型。根据合作范围不同，技术合作分为国际技术合作（含国际技术合作研发、国际技术转让、国际技术捐赠等）、区域技术合作、产学研技术合作、企业技术合作等；根据合作内容的不同，技术合作分为合作创新、共同勘察与设计、技术转让、技术情报与经验交流、互派专家交流等活动。合作创新通常以共同利益为基础，以资源共享或优势互补为前提，有明确的合作目标、期限和规则。合作各方在技术创新的全过程或某些环节共同投入、共同参与、共享成果与共担风险。依据参与合作的微观主体不同，技术合作分为产学研合作和战略联盟两种模式。前者是企业与高校、科研机构等开展合作，而后者是为了应对激烈市场竞争，提高创新效率和自身竞争力，通过形成企业与企业间联盟，实现技术的合作（杨震宁等，2018）。根据合作稳定程度以及时间持久性差异，技术合作分为契约型合作和非契约型合作。契约型合作包括战略联盟、伙伴关系、联合、合资、特许、研究团体和各种网络组织等，比较紧密、稳定和持久；非契约型合作是基于社会标准和信任基础上的合作，比较松散，自由灵活。根据功能的不同，技术合作分为探索式合作和利用式合作（Stettner and Lavie，2015）。前者通过开展密集互动、共享隐性知识和发展关系资本，为探索新知识与新技术、开发新产品而开展（Cui et al.，2018；Lavie，2007；Rothaermel and Deeds，2004），一般发生在价值链上游，实现长期利益。后者通过交换现有资源，为改善产品技术性能而开展，如共同组建专利池（Rothaermel and Deeds，2004；Lavie and Rosenkopf，2006），一般发生在价值链下游，实现短期利益。本书所指的技术合作包括专利研发合作与专利池技术合作，前者属于探索式合作，后者属于利用式合作，是一种战略联盟。

专利池技术合作是指专利池内成员为了降低交易成本、赚取统一对外许可费、促进学习与模仿、实现技术互换或优势互补、联合技术开发、促进标准化技术推广应用、避免或减少专利诉讼等特定目标（张运生等，2020），将各自拥有的一个或多个专利联合组建专利池，通过协议形式相互许可或向第三方许可的合作方式。

专利池组建后，池内成员之间形成了专利池技术合作关系。关系是一种重要的战略性资源，它最早由凯利和贝尔伊德（Kelley and Berscheid，1983）提出，用于心理学领域对婚姻质量关系的研究。杨（Young，1995）将其引入到战略联盟中联盟伙伴关系质量研究，将其划分为关系强度（relationship strength）、关系持久性（relationship duration）、关系频率（relationship frequency）、关系多样性（relationship diversity）、关系灵活性（relationship facilitation）和关系公平性（relationship symmetry）六个维度。本书基于数据的可得性以及专利池成员关系的实际情况，将专利池技术合作分为关系强度和关系持久度两个维度。

1. 专利池关系强度

关系强度主要是指在合作伙伴之间关系契约的强度（Young，1995）。关系契约包括结构性和社会性两个部分。结构性部分是关系资本（含物质资本和人力资本）投资的专用性程度。投资专用性越强，关系强度也越强。社会性部分是指在专用性投资过程中围绕这些资产发生的合作活动，尤其是合作企业雇员之间的关系互动。合作活动发生越频繁，关系强度越强。在高科技企业专利池中，关系强度为焦点成员与联盟伙伴之间亲密关系强弱的程度，反映焦点成员与联盟伙伴关系嵌入性（Cui et al.，2018）。

2. 专利池关系持久度

关系持久度也被称为关系持续性、关系存续期限、关系稳定性等，是指合作关系可察觉的时间维度，包括已合作的持续时间和将来合作的预期时间两个维度（Young，1995）。合作关系已经持续的时间越长，表明关系持久度越好，网络关系越稳定。在高科技企业专利池中，我们用焦点成员与联盟伙伴加入相同专利池的时间长度表示。

2.1.3 企业技术竞争

竞争可以从生物学、社会学和经济学等角度理解。"物竞天择，适者生存。"生物学意义上的竞争是指两个及以上的个体或族群为了自身利益而与他方进行斗争。《大辞海》指出竞争是指个人或群体为达到各自目的或同样的目标，力求超过对方的行为方式和过程。经济学意义上的竞争是指通过激励和惩罚手段增进公共利益的过程（朱振中，2007）。整个经济学发展的过程是以竞争为主线，竞争在经济学中举足轻重。亚当·斯密（Adam Smith）倡导自由竞争，让·巴蒂斯特·萨伊（Jean – Bap tiste Say）提出的萨伊定律（Say's Law）否定竞争会带来生产剩余。1933 年，张伯伦（E. H. Chamber lin）提出垄断竞争理论，罗宾逊（Joan Robinson）提出不完全竞争理论。20 世纪 60 年代，克拉克提出有效竞争理论，即垄断竞争利润最大化的长期行为有利于技术创新，可以获得规模效益。竞争的根源是资源的相对稀缺性。诺贝尔经济学奖得主乔治·斯蒂格勒（George J. Stigler）将竞争定义为个人、国家或团体间角逐，只要资源未能完全满足各方需求之和，就会出现竞争。

企业参与竞争的手段主要包括产品竞争、价值竞争、价格竞争、信息竞争、人才竞争、技术竞争，体现为提高产品质量、提升产品服务水平、增加产品使用价值、降低产品价格、率先获得市场信息、占领原材料等资源、吸纳优秀人才、增加产品特色、提高产品技术含量，等等。企业主要通过产品竞争和技术竞争两种形式增加公众利益（朱振中，2007）。企业技术竞争是指企业之间运用技术手段或形式，通过增加生产经营过程或产品技术含量，以提高产品（服务）功能和性能，提高产品（劳务）附加价值，扩大或保证市场占有率，获取经济利益的博弈活动（欧阳新年和周景勤，2001）。技术竞争是多元主体之间的博弈过程，其物质内涵是增加生产经营过程或产品的技术含量，提高产品或服务的功能和性能，本质是降低产品或劳务的个别价值，扩大或保证产品市场占有率，目的是使企业获取高经济利益（欧阳新年和周景勤，2001）。成功企业的技术竞争行为一般具有以下基本特征：技术开发以市场需求为导向；高度重视技术的改进与创新，特别是获得专利或技术诀窍；抢占技术制高点，输出核心产品（欧阳新年和周景勤，2001）。技术标准竞争是更高层次的技术竞争。跨国公司全球技术竞争往往包括全球技术研发竞争、技术垄断竞争和技术利用竞争，竞争路径是企业技术化→技术专利化→专利标准化→标准垄断化→市场垄断，最终形成技术与市场"双边垄断"（彭光映和曾繁华，2008）。跨国公司为了确保其竞争优势，利用其雄厚实力，为竞争对手技术创新设置重重壁垒，这些壁垒包括技术壁垒、资金壁垒、创新网络壁垒、无形资源壁垒和管理壁垒等，其中技术壁垒包括技术复杂性壁垒、技术累积性壁垒和技术垄断壁垒，资金壁垒包括规模经济壁垒和绝对成本壁垒（吴贵生，2017）。

企业技术竞争主要包括企业技术基础、技术战略和技术竞争途径三个层次。技术战略包括领先型、跨越型、跟踪型、引进型和自主创新型等基本模式（欧阳新年和周景勤，2001）。发达国家跨国公司技术竞争战略包括全球技术研发、技术垄断和技术利用三方面（彭光映和曾繁华，2008）。技术竞争途径包括产品的开发与创新、工艺技术提高与创新、全面提高综合技术水平。根据竞争手段是否合法或是否符合商业伦理，技术竞争可以分为正当技术竞争与不正当技术竞争。前者受到法律法规鼓励和保护，如《科学技术进步法》《促进科技成果转化法》《专利法》《商标法》等；后者主要指欺诈、假冒、引诱、窃密、非法利用、诋毁、虚假、贬低、混淆、干预、串通等不正当技术竞争行为。企业如果存在不正当技术竞争行为，就要受到《反不正当竞争法》《技术合同法》《专利法》《商标法》

《产品质量法》《消费者权益保护法》等法律追究制裁。垄断技术竞争行为有合法技术垄断和非法技术垄断之分。专利制度确保了专利权人在一定程度上技术垄断的合法性。专利权能够帮助企业保持技术领先、保护品牌、帮助形成行业标准，专利保护成为企业技术竞争的有力武器。非法技术垄断主要是采用非法的垄断手段对技术竞争削弱、限制和控制市场，以攫取非法垄断利润（欧阳新年和周景勤，2001）。

专利诉讼是高科技企业技术竞争的重要工具。高科技企业专利池并非只有合作，同时也存在激烈技术竞争。近年来，高科技企业专利池成员之间专利诉讼战此起彼伏。为此，本书以专利池成员之间专利诉讼作为技术竞争的研究重点。专利诉讼表面是技术竞争，实质是市场和商业利益的竞争（张运生等，2020）。尽管专利诉讼投入成本高、持续时间长、商业风险高（岳贤平和顾海英，2005；文家春等，2008），但既可以作为开拓市场、打击竞争者的进攻手段，也可以作为巩固竞争优势的防御措施（任声策，2007），已成为高科技企业竞争的重要工具。

2.2　理论基础

2.2.1　合作竞争理论

合作竞争（coopetition）理论源于对竞争对抗性本身固有缺点的认识和适应当今复杂的经营环境。合作竞争概念最初由雷·诺尔达（Ray Noorda）在 20 世纪 80 年代提出，认为企业之间可以同时存在竞争和合作（Bouncken et al.，2015）。该理论融合了竞争动力学、博弈论、战略联盟、资源基础观（RBV）、社会网络理论，其代表人物是耶鲁大学巴里·内勒巴夫（Barry J. Nalebuff）和哈佛大学亚当·布兰登勃格（Adam M. Brandenburger）。合作竞争也称为"竞合"，是组织网络中合作和竞争的关系集合。组织之间既合作又竞争，他们为创造更大的公共利益而合作，为在公共利益中获得更大比例的私人利益而竞争，两者共同作用、相互影响，并在一定条件下相互转化。合作竞争是一种非零和博弈，与包括竞争对手在内的参与者合作，可以发挥合作伙伴各自优势，共同开拓市场、参与市场竞争，实现共赢（Brandenburger and Nalebuff，1996）。合作竞争战略具有动态性、互动性和适应性，结合了合作以及竞争两者的优势，突破了传统研究常用的单纯强调合作或单纯强调竞争的视角（周杰等，2017）。

合作竞争有不同的类型。按照合作与竞争的均衡情况，可以分为竞争主导型、合作主导型和均衡型；按照企业性质的差异，可以分为同质企业竞合和异质企业竞合，或者横向竞合和纵向竞合（彭珍珍等，2020）；按照竞合参与者的规模差异情况，分为依附型竞合和共生型竞合（万幼清和王云云，2014）；按照竞合主体数量情况，分为相互竞合（双边参与）和多角竞合（多方参与）；按照资源依赖性和市场相似性情况，分为友好型（强竞强合）、伙伴型（弱竞强合）、对抗型（强竞弱合）、孤立型（弱竞弱合）（Luo，2007；吴菲菲等，2019）。从价值链先后顺序看，靠近客户一端的往往更偏向于竞争，远离客户一端的则更倾向于合作，即研发、生产等价值链前端环节可能合作多于竞争，而在分销、市场推广、客户管理与服务等价值链末端环节则可能竞争多于合作（刘科文，2016）；从二元创新角度来看，突破式创新更倾向于合作，渐进式创新更倾向于竞争（侯吉刚等，2009）。

合作竞争在高科技企业中广泛存在。现代高科技产品创新复杂度和风险急剧提升，任何组织都不可能在所有科技领域占据优势，单一企业难以完全依靠自身力量完成产品研发，无法独揽全部前沿技术。此时，高科技企业往往需要其他创新主体甚至是竞争对手的配合与协同。专利池集中了高科技产品开发无法绕开或难以绕开的必要专利（essential patent），专利之间相辅相成、互补配套，为用户带来完整的解决方案。尽管这些专利属于不同专利权人，但通过交叉许可解决了"专利丛林"（patent thicket）问题，避免了"相互套牢"（hold up）和"反公共地悲剧"（the tragedy of the anticommons）。池内高科技企业共存共生、共同进化，形成一个创新生态系统，协同促进高科技产品的研发与推广。然而，专利池内高科技企业并非只有合作，同时也存在激烈竞争。为了争夺市场份额、获取经济效益，他们往往进行人才争夺、产品仿制、价格战、专利开发竞赛、设置专利壁垒等，有的甚至将合作伙伴告上法庭，发起专利侵权诉讼或无效诉讼。

2.2.2 资源基础理论

资源基础理论在 20 世纪 40 年代萌芽，20 世纪 70 年代开始被广泛运用于组织研究（马迎贤，2005）。1984 年，伯格·沃纳菲尔特（Birger Wernerfelt）发表《企业资源基础论》，标志着该理论创立，之后蒂斯（Teece）、皮萨诺（Pisano）、彼得拉夫（Peteraf）等学者对其进行丰富和完善。伯格·沃纳菲尔特（Birger Wernerfelt，1984）认为企业资源是"企业永久性所拥有的（有形和无形的）资产"，而巴尼（Barney，1991）则认为是"一个企业所控制的并使其能够制定和执行改进效率和效能之战略的所有的资产、能力、组织过程、企业特性、信息、知识等"。企业是一系列资源的集合，其竞争优势源自所拥有的独特资源（Wernerfelt，1984）。这种资源需符合 VRIN 条件，即有价值（valuable）、稀缺（rare）、无法模仿（imperfectly imitable）且难以替代（non-substitutable）。彼得拉夫（Peteraf，1993）将资源基础观的经济学原理整合转化为资源和企业绩效的简约模型，提出同时满足行业内异质性、事后限制竞争、不完全的资源流动和事前限制竞争四个特性的企业资源能够产生竞争优势。戴尔（Dyer，1998）认为竞争优势的四个潜在来源包括关系专用资产、知识共享机制、互补资源/能力和有效的治理。资源是竞争优势的基础，资源反映企业竞争力并极大地影响竞争行为，是企业之间竞争与合作的关键考虑因素。

资源基础理论源于社会交换理论。资源基础理论的核心假设是任何组织不具备生存发展所需的全部资源，需要与外界环境交换资源来维持竞争优势。外部组织包括高等院校、政府部门、供应商、分销商、客户等，甚至是同行业的竞争者。布拉斯（Brush，2001）研究了新创企业的资源识别与资源获取过程，指出不同阶段新创企业的关键资源需求，证实了资源整合对新创企业绩效的积极影响。企业可以借助于各类组织实现资源互换获取资源的方式包括企业兼并、战略联盟、知识联盟、技术合作等。例如，一部智能手机涉及十万项专利技术。为了保持产品商业化的能力，智能手机制造商必须设计各种机制，例如专利池和专利组合的交叉许可，以获得彼此专利。

企业资源包括内部资源（含人力资源、财务、物质、知识等）与外部资源（基于关系）。随着世界科技革命和产业变革加速推进，创新全球化广度与深度不断拓展，以技术创新为核心的高科技企业竞争日趋激烈。任何一家企业不可能在资源、技术和知识等方面都拥有绝对优势（Teece，1986），也不可能单独完成企业发展所需的全部创新。对于研发活动多、产品开发周期长、资源投入大的高科技企业更加如此。企业利用其有限资源获取或保持竞争优势的难度越来越大，企业创新、发展所需的关键性资源很可能超越组织边界。如果企业技术创新能获得外部组织的必要互补资产并防止他人模仿，该企业可能会在一段时间内垄断创新租金（Teece，1986）。公司与他人的关系也可以视为一种资源，它是嵌入公司关系中的外部资源，公司通过这种关系获得了其合作伙伴资源的访问权（Gulati，1995；Lavie，2006）。专利池成为企业获取和控制关键技术资源的重要途径。与未加入专利池的企业相比，池内企业能够获得他们所不能或难以获取的资源。这是因为各个企业都为专利池组建提供产品必不可少或难以绕开的专利，专利之间相辅相成、互补配套，共同为用户带来完整的解决方案。加入专利池，可以实现技术互换与优势互补，减少池内专利纠纷，降低交易成本与研发费用，赚取统一对外许可费，促进隐性知识分享与学习交流、推动联合技术开发与推广，提高企业核心竞争力。

2.2.3　组织学习理论

1965 年，甘吉洛西（E. Cangelosi）和迪尔（W. Dill）发表《组织学习：对一个理论的观察》，开创了组织学习理论的先河。哈佛大学的克里斯·阿吉瑞斯和舍恩（Argyris and Schon，1978）提出了具有深远影响的单环学习和双环学习理论。1990 年，学习型组织之父彼得·圣吉（Peter

M. Senge）出版《第五项修炼——学习型组织的艺术与实践》，掀起了组织学习理论的研究高潮。组织学习是一个过程，李和迈耶多伊尔（Lee and Meyerdoyle，2017）认为组织学习是组织在与环境互动过程中学习并改变组织行为的过程。克里斯·阿吉瑞斯和舍恩（Argyris and Schon，1978）将组织学习分为发现、发明、执行和推广四个阶段。科尔布（Kolb，1984）将组织学习分为数据（data）、信息（information）、知识（knowledge）、智慧（wisdom）四个阶段。斯莱特和纳沃（Slater and Narver，1995）将组织学习分为信息获得、信息扩散和共同解释三个阶段，最终将共同解释作为组织记忆的方式进行贮存，在需要时能重新被提取进行再加工。知识是企业竞争优势的主导性来源，而组织学习是对组织知识的建立、补充和管理。组织以过去的知识和经验为基础，通过分享组织的见解、知识和心智模式的方式来学习，带来组织的知识变化，包括认知、惯例和行为的变化。组织学习可以通过促进组织内部知识转移、降低创新复杂性，提高产品和流程创新绩效（Kim，2007）。

组织学习理论的研究方法包括权变理论、心理学、信息理论和系统动力学。传统组织学习理论侧重组织内部学习，其经典理论包括组织学习系统论、心智模式、转换理论、直觉—制度框架、基于文化历史活动理论的组织学习动态模型等（Nevis，1995；Kim，1998；Crossan，1999；Virkkunen and Kuutti，2000）。野中郁次郎（Nonaka）和竹内弘高（Takeuchi）于1995年出版《创新求胜》（The Knowledge – Creating Company），提出SECI螺旋上升式组织学习模型，将创造场、交流场、虚拟场和实践场四种知识场分别对应知识转化的四个阶段和模式：第一阶段是酝酿个人心得，表现为社会化（socialization）模式，第二阶段是总结群体经验，表现为外显化（externalization）模式，第三阶段是沉淀组织智慧，即融合化（combination）模式，第四阶段为创造知识成果，表现为内隐化（internalization）模式。

随着创新环境变化日渐剧烈、产品技术更加复杂、技术创新风险提升，高科技企业仅通过内部学习远远不够，组织间学习对企业获得竞争优势具有重要意义。组织学习能促进组织间关系和创新绩效提升（Panayides，2007）。知识转移的有效性在相当程度上决定了合作创新的成功与否

（邹艳等，2009）。不过，只有获得和吸收合作伙伴知识，并在企业运营时加以利用，联盟学习才会发生（Zahra and George，2002）。只有具备联盟学习的三个决定因素——学习意图（动机）、吸收能力（能力）和透明性（开放性）时，才会增强联盟学习（Hamel，1991）。高科技企业专利池存在着密集的组织间学习与知识等资源交换，是池内成员的组织间"学习俱乐部"。组织间学习能够帮助池内企业从合作伙伴处获取自身以往不曾拥有的异质性知识资源，并通过组织内化为己所用，作用于自身技术创新提升。当然，专利池作为一种竞争性战略联盟，池内成员之间私人利益的争夺会引发学习竞赛，即在不断学习与掌握联盟伙伴关键信息、隐性知识与技术诀窍等核心能力的同时，设法防止核心能力泄露（Hamel and Doz，1989；Hamel，1991；Khanna et al.，1998）。组织学习理论在分析高科技企业专利池技术合作、池内成员学习竞赛、联合技术开发、组织间知识溢出与流动、专利诉讼等方面具有独特优势。

2.2.4　社会网络理论

社会网络理论起源于 20 世纪 30 年代莫雷诺（Moreno，1933）提出的"社群图"概念，用节点表示社会行动者，用线表示社会行动者之间的关系。1940 年英国人类学家拉德克利夫·布朗（Radcliff Brown）开创了结构功能论，在《论社会结构》中首次提出"社会网络"（social network）的概念。社会行动者（包括个体、群体和组织）形成一系列关系和纽带，构成了社会网络系统。每个社会行动者在这个整体的社会网络系统中，占据一个相对位置，巴弗拉斯（Bavelas，1950）将其称为网络中心性。克洛德·列维—施特劳斯（Lévi - Strauss，1963）通过矩阵方式表达社会行动者之间的结构。之后，大量学者使用图论、矩阵等方法分析社会网络结构。

社会网络是若干个行动主体相互间形成的某种社会关系（如合作、竞争、沟通等）的集合（Emirbayer and Goodwin，1994）。社会网络包括个体网（ego-networks）、局域网（partial networks）和整体网（whole network）三种类型，具备三个特征：（1）存在一定量的行动主体（包括个体、团体和组织等）；（2）网络中每一个行动主体都与其他行动主体存在或多或少、或直接或间接的联系；（3）网络关系能够影响网络内各个行为主体的行为（包括获取资源、制约行动等）。社会网络结构理论主要包括强/弱关系、社会资本（social capital）、结构洞（structural holes）和小世界（small world）等理论（Granovetter，1973；Burt，1992）。学者们通过计算均衡性、中心性、凝聚性、关联性、对等性、一致性等来分析社会网络结构。随着计算网络技术发展，Ucinet、Gephi、Pajek、NetMiner等社会网络分析软件被成功开发，以分析社会网络产生的几何级数据，并通过可视化图形展现社会网络。

战略联盟是一种典型的社会网络，因此社会网络理论被广泛地应用于战略联盟研究。加里洛和卡洛斯（Jarillo and Carlos，1989）将社会网络的思想与战略联盟结合，认为战略联盟成员形成的社会网络具有重要的战略作用，可以促进联盟治理与提升联盟绩效。组织的网络地位由其社会资本决定，占据网络中心位置的组织能从网络中获取更多知识，促进创新绩效提升。网络关系强度对企业知识获取具有重要影响，强关系有助于获取隐性知识，弱关系则更适用于获取显性知识（Elfring and Willem，2003）。社会网络是企业之间隐性知识转移的主要渠道，转移效率受到网络密度、联结强度、网络位置、信任、网络角色等因素的影响（周晓宏和郭文静，2008）。企业在研发网络中的合作关系越密集，合作关系数量越多，其研发绩效越佳（栾春娟等，2008）。

高科技企业专利池作为以专利技术为纽带的战略联盟，形成多个维度的社会网络：（1）各成员可能加入不同专利池，形成了密集的专利池技术合作网；（2）池内成员通过专利交叉许可、信息共享与交流，促进隐性知识的转移与流动，形成了知识转移与学习网络；（3）池内成员之间可能开展进一步技术开发合作，形成池内成员联合技术开发网络；（4）池内成员为了在公共利益中获得更大比例的私人利益，可能相互竞争甚至发起专利诉讼，形成池内成员专利诉讼网络。社会网络理论在分析池内成员之间专利池技术合作、联合开发技术合作、组织间知识溢出与流动、专利诉讼等方面具有独特优势。

2.3　研究综述

2.3.1　专利池

1. 专利池的类型及组建意图

近年来，全球科技资源流动与重组急剧提速，高科技企业为了避免自身技术被竞争对手模仿剽窃，竞相推行技术专利化战略，全球"专利竞赛"空前火爆。新一代全球信息技术创新复杂度急剧提升，单一企业难以独揽全部前沿技术，这些"散落"在不同企业的专利在技术层面互补配套，大量专利是复杂产品体系开发无法绕开的"必要专利"，导致全球范围内高技术企业之间的专利侵权诉讼案件此起彼伏。为了减少专利诉讼、节约交易费用、赚取统一对外许可费、营造创新生态系统、促进学习与模仿、实现技术互换与优势互补、联合技术开发与推广等，在产品市场上火拼的高科技企业在技术层面合作组建专利池，推动高科技领域竞争由"单项专利之争"升级为"专利池之争"。专利池发挥了单个专利难以发挥的战略作用（胡坚和李向东，2011）。

专利池是由多个专利权人联合组建的正式或非正式联盟（Shapiro，2001），是专利权人就专利许可事宜达成的合作协议、实施知识产权战略的一种形式（李玉剑和宣国良，2004；王震，2007；李薇，2014）。专利池最早可以追溯到 1856 年组建的美国缝纫机联盟，先后经历逐渐普遍（1856~1899 年）、发展受阻（1900~1911 年）、陷入低谷（1912~1989 年）、快速兴起（1990 年至今）的曲折发展阶段，在生物医药、信息通讯等产业得到快速发展（赖流滨和张运生，2019）。

专利池可根据开放程度、规模大小、是否对外许可、组建目的等标准进行分类。根据专利池是否对外许可，划分为开放式（open pools）和封闭式（closed pools）两种。开放式专利池允许池内专利向池外公司许可；封闭式专利池只对池内成员进行专利交叉许可，不对外进行专利许可。根据是否包括所有必要专利（essential patent）的专利权人，划分为完全专利池和不完全专利池，前者是指所有持有必要专利的专利权人都加入专利池，后者指存在必要专利持有人没有加入的情况。19 ~ 20 世纪由于飞机、汽车、无线电等行业而产生的专利池几乎涉及整个行业生产商。不完全专利池一般只集中在某一特定技术领域，依靠成员间的协议约束。根据组建目的不同可划分为两类。一类是以建立行业标准为目的形成的专利池，如MEGP - 2、W - CDMA 等；另一类是以公益为目的组建的专利池，如传染性非典型肺炎（SARS）医药专利池、金色水稻专利池等。若将专利池视为一个完整的产品架构，则其由多个专利产品组成。按照产品功能映射关系差异，可划分为模块化专利池和集块化专利池（张胜等，2018）。模块化专利池的入池专利是互补关系，产品之间彼此独立、互相分离，各自具有与其他专利不同的物理功能，且各功能结构与专利产品之间呈现出一对一的功能映射，如 GSM 专利池。集块化专利池的入池专利往往相互交叉、重叠，属于障碍关系，各专利之间功能并非一一对应，而是存在着复杂的交叉关系。专利不仅包含自身专利功能，同时还涉及其他专利部分功能，专利呈现出"你中有我，我中有你"的产品状态，难以将其划分开来，如美国航空专利池。部分专利池及其管理机构如表 2 - 1 所示。

表 2 - 1   部分专利池管理机构及相关专利池

专利池管理机构	机构总部所在国	专利池名称
MPEG LA	美国	EVS、HEVC、DASH、DisplayPort、ATSC、AVC/H. 264、MVC、VC - 1、MPEG - 4 Visual、MPEG - 2、MPEG - 2 Systems、1394、MPEG - 4 Systems、Qi wireless power
Via Licensing	美国	AAC、LTE、W - CDMA、AGORA - C、802. 11（a - j）、MPEG - 4 SLS、MPEG Surround、OCAP/tru2way、Digital Radio Mondiale、xHE - AAC、OPA

续表

专利池管理机构	机构总部所在国	专利池名称
One – Blue LLC	美国	蓝光
Bluetooth Qualification Body	美国	蓝牙
Sisvel Group	意大利	MCP、LTE/LTE – A、3G、WIRELESS、Wi – Fi、MPEG Audio、H. 264 SVC、DVB – T、DVB – T2、DVB – S2X、ATSS、WSS、Recommendation Engine、DSL、LBS、TOP TELETEXT、DECT、TELEMETRY、Wireless、CDMA2000
HD – DVD 推广协会	日本	HD – DVD
UOPF	日本	UOPF（Ubiquitous Open Platform Forum）
Sipro Lab Telecom Inc.	加拿大	AMR – WB、AMR – WB +、G. 711. 1、G. 711. 1 Appendix Ⅰ、G. 711 Appendix Ⅲ、G. 722 Appendix Ⅳ、G. 723. 1、G. 729、G. 729. 1、W – CDMA
AVS 工作组	中国	AVS 产业联盟
闪联信息技术工程中心有限公司	中国	闪联产业联盟
中国高清光盘产业联盟	中国	中国高清光盘产业联盟
TD 产业联盟	中国	TD – SCDMA 产业联盟
第三代半导体产业技术创新战略联盟	中国	第三代半导体产业技术创新战略联盟

　　企业加入专利池的战略意图包括：（1）降低交易成本。专利池可以使企业通过直接与专利池管理公司而不是与每个专利权人分别协商，可以有效降低"敲竹杠"等机会主义行为，节约专利协调成本、技术实施成本（刘林青等，2006；任声策等，2010；杜晓君等，2010）。（2）赚取统一对

外许可费。专利池常见的许可费收取方式是按产量缴纳许可费（陈欣，2007）。企业加入专利池可以通过对外许可专利进行收费。例如，为获得其他企业专利许可，苹果、亚马逊、Facebook、Netflix等每家公司每年的许可费超过1亿美元。（3）促进学习与模仿。专利池会产生技术溢出（技术扩散）效应，企业可以通过加入专利池的方式接近和获得联盟伙伴的关键信息、技术诀窍或能力，为自身的发展创造价值。联盟学习是企业获取知识的一种成本较低的方式。专利池营造了交流沟通、知识分享环境，使池内成员便于知识学习和资源积累，提升学习能力和创新实力（任声策，2007；周青和陈畴镛，2012）。（4）实现技术互换或优势互补。加入专利池成为企业申请专利、实施专利布局的战略性动机之一。企业通过入池专利的交叉许可，可以使用联盟伙伴的专利技术，穿过"专利丛林"。专利许可对被许可企业技术创新具有显著促进作用（刘凤朝等，2015）。（5）联合技术开发。为促进利益共享、风险共担，入池企业往往与联盟企业联合开发技术、联合申请专利，共同推动技术标准升级。（6）促进标准化技术推广应用。高科技产业的竞争首先体现为不同技术标准范式之间的惨烈竞争，往往是产品未动，标准先行，逐渐形成"技术专利化"升级为"专利标准化"的基本格局。专利池往往与技术标准"捆绑"在一起，联合组建专利池可以促进技术标准的形成，激发同一技术范式的直接网络效应、不同种类互补配套技术产品的间接网络效应，促进技术扩散与推广。技术标准胜出者攫取了行业中绝大部分的利润。具有网络效应与技术锁定效应的技术标准拓展了专利权人获益空间和时间，企业加盟专利池的欲望强烈，专利池促进技术扩散，获取高额的研发回报，从而刺激企业技术创新（Dequiedt and Versaevel，2013；朱雪忠等，2007）。（7）避免或减少专利诉讼。随着专利申请和授权量快速增长，各产业形成"专利丛林"，企业稍有不慎就可能侵犯知识产权，引起专利侵权纠纷。通过入池专利的交叉许可，可以消除"专利丛林"导致的专利障碍，避免或减少产品生产与销售时的专利诉讼（岳贤平和顾海英，2005）。

几乎所有现代专利池都依附于一定产业技术标准，通过专利池，企业可促进技术标准使用，专利池成为技术标准推广不可或缺的重要环节。

表 2 - 2 列出部分专利池与技术标准的"捆绑"情况。高科技企业专利池通常与技术标准捆绑，利用其网络效应与锁定效应，为池内成员带来巨额经济利益（詹映和朱雪忠，2007；姚远和宋伟，2011；张米尔等，2012）。

表 2 - 2　　　　　　　　　部分专利池与技术标准相结合情况

专利池	对应技术标准	专利池管理机构
MPEG - 2 （Moving Picture Experts Group - 2）	MPEG - 2	MPEG LA
HEVC	HEVC （H. 265，MPEG - H Part 2）	MPEG LA
AVC/H. 264	AVC/H. 264 （MPEG - 4 Part 10）	MPEG LA
VC - 1	VC - 1 （SMPTE 421M - 2006）	MPEG LA
EVS （Enhanced Voice Services）	EVS	MPEG LA
1394	IEEE 1394 - 1995，IEEE P1394a，IEC 61883 - 1，IEEE P1394b	MPEG LA
Qi wireless power	Qi	MPEG LA
AAC （Advanced Audio Coding）	AAC	Via Licensing
MPEG Surround	MPEG Surround	Via Licensing
AMR - WB （Adaptive Multi - Rate Wideband）	AMR - WB	Sipro Lab Telecom
AMR - WB + （Extended Adaptive Multi - Rate - Wideband）	AMR - WB +	Sipro Lab Telecom
AVS （Audio Video coding Standard）	《信息技术　先进音视频编码　第 2 部分：视频》（AVS1）	AVS 工作组
AVS （Audio Video coding Standard）	《信息技术　先进音视频编码　第 16 部分：广播电视视频》（以下简称 AVS +）	AVS 工作组
AVS （Audio Video coding Standard）	《信息技术　高效多媒体编码　第 2 部分：视频》（AVS2）	AVS 工作组
AVS （Audio Video coding Standard）	《信息技术　智能媒体编码　第 2 部分：视频》（AVS3）	AVS 工作组

2. 专利池规制与入池专利评估

专利池受到严格监管。各国纷纷出台相关法律，规制专利池知识产权滥用。美国出台《知识产权许可的反托拉斯指南》《反垄断执法与知识产权：促进创新与竞争》，导致专利池在近 90 年（1900～1989 年）的时间内发展缓慢。日本出台《技术标准和专利池协议指南》《标准化与专利池安排指南》《关于专利、技术秘密的许可使用合同的禁止垄断法上的指针》等，欧盟出台《技术转让规章》。相对而言，我国相关法律政策十分不完善（詹映和朱雪忠，2007）。兰佩和莫瑟（Lampe and Moser，2012）通过实证研究发现过于宽松的法律政策环境使专利池的社会福利降低。

专利是专利池的核心，因此入池专利审核是组建专利池的关键步骤之一。专利评估需遵循独立评估、勤勉尽职、动态评估、最小评估、评估不可诉等原则（姚远和宋伟，2010）。判断一项专利是否具备入池资格，应看该项专利对实施相关技术标准是否必不可少，包括技术必要性与经济必要性（徐明华和陈锦其，2009）。此外，须将专利的技术范围、地域范围、权利要求范围、前向与后向引用、审批与维持时间等专利特征以及所属专利权人特征均纳入审核范围（刘林青等，2006）。尽管入池专利由第三方机构评估，但主导企业仍可能利用谈判优势及信息不对称将非必要专利纳入其中（Baron and Delcamp，2010）。

3. 专利池的竞争促进与限制效应

企业主要通过产品竞争和技术竞争两种形式增加公众利益，产品竞争主要指为消费者提供更多现有产品，技术竞争主要是指为消费者开发与更新更好的产品（朱振中，2007）。朱振中（2007）、杜晓君（2007）从经济学视角辨析了专利池的促进竞争（pro-competitive）和限制竞争（anti-competitive）效应。

专利池的限制竞争效应（朱振中，2007）具体如下：（1）具有主导甚至垄断倾向。专利池往往与技术标准相结合，池内成员可能利用技术标准的网络效应"赢者通吃"，主导市场甚至垄断市场。美国航空专利池——

飞机制造商协会于 1917 年成立，但在 1917～1935 年因涉嫌垄断被调查 20 余次，最终于 1975 年被美国司法部取消（张胜等，2018）。（2）方便卡特尔行为。专利池通过集中专利和对竞争者进行许可，可以协调产量控制和制定共同价格。（3）可能成为提高竞争对手成本的手段。提高竞争对手成本，可以排除竞争或进行掠夺式定价。21 世纪初，我国 DVD 企业遭遇专利收费困扰，每生产一台 DVD 就要向 6C 联盟、3C 联盟、汤姆逊等标准组织缴纳的专利费最高达到 26.2 美元，占产品成本的 20%～30%。当创新是企业间竞争的一个重要方面时，降低竞争对手创新动机的知识产权滥用可以减少创新竞争。（4）降低研发动机等。池内成员必须共享成功的研究成果，每一成员都能在其他成员研发过程中"搭便车"。专利池具有"网络效应"，池内成员利用其"安装基础"优势尽量保护现有标准和技术，缺少进一步研发激励。

不过，随着各国反垄断法规的不断完善和反垄断实践活动的丰富，专利池知识产权滥用情况和限制竞争效应逐步得到遏制。美国出台了《知识产权许可反垄断指南》（1995 年出台，2017 年修订）、《反垄断执法与知识产权：促进创新与竞争》（2007 年），欧盟出台了《技术转让规章》，包括"《欧共体条约》第 81 条适用于技术转让协议的指导规则"（2004 年）和"《欧盟运行条约》第 101 条适用于技术转让协议的指导规则"（2014 年），日本出台了《技术标准和专利池协议指南》《标准化与专利池安排指南》《关于专利、技术秘密的许可使用合同的禁止垄断法上的指针》，我国出台的法规包括《反垄断法》《合同法》《专利法》《对外贸易法》《反不正当竞争法》《技术进出口管理条例》等。根据各地反垄断竞争管理机构的要求，只有对所有竞争参与者是必要专利的条件下，这种专利才能进入专利池。这避免被许可人在生产未使用许可专利的产品时支付使用费，形成公平竞争。反垄断竞争管理机构利用"许可限制评估框架"规制专利池运营，以促进专利池竞争。为了防止池内成员知识产权滥用，国际标准化组织提出了"FRAND"（Fair，Reasonable，and Non‑Piscriminatory Terms）政策，即公平、合理和不带歧视性许可条款，专利权人需要作出 FRAND 承诺，对于潜在的被许可人采用相同标准收取许可费。

促进竞争效应包括三种成本。第一，降低交易成本。随着专利爆炸时代的到来，授权专利数不断增多，潜在交易成本也不断增长。一方面，专利池为清除障碍性专利提供了方便的"一站式许可"，弱化了企业技术整合能力的相对重要性。企业可以直接与专利池管理公司而不是与每个专利权人分别协商，降低专利搜索和谈判成本，也可以有效降低"敲竹杠"等机会主义行为。另一方面，专利池必须以 FRAND 原则向任何利益相关方提供专利许可，避免个别公司过高的专利许可费，降低许可成本（Shapiro，2001；Vakili，2016；Lampe and Moser，2016）。

第二，整合互补配套技术，促进技术创新与推广。通过入池专利的交叉许可，池内成员可以穿过"专利丛林"，可以较低费用或免费使用池内专利，实现技术互换，优势技术互补配套，扫清了专利实施障碍，避免了相关专利潜在侵权，加快技术发展（Vakili，2016）。此外，高科技企业专利池是一个知识共享平台，促进技术学习与模仿。专利池会产生技术溢出效应，企业可以通过专利池获得关键信息、技术诀窍或能力（Hamel，1991；Khanna et al.，1998）。专利池往往与技术标准"捆绑"在一起，联合组建专利池可以促进技术标准的形成，带来合法性、声誉和地位，激发同一技术范式的直接网络效应、不同种类互补配套技术产品的间接网络效应，促进技术扩散与推广。专利池的宣传作用促进成员企业的品牌知名度，使得企业的实力得到宣传，加上这种品牌的杠杆作用，带动其他研发成果的可信度，专利许可工作变得相对容易。

第三，清除专利障碍，降低侵权诉讼风险。高科技产品开发往往需要大量专利组合，而这些互补性或阻碍性专利分别由不同专利权人持有，产品开发需要自主研发或者获得专利权人许可，而这两种选择都会面临潜在侵权风险（杜晓君，2007）。一方面，信息的不完全性导致自主研发存在侵权风险。由于专利申请的一定"隐蔽性"和专利申请程序的时间差，企业无法在研发时就产品涉及的核心技术进行全球范围内专利检索，往往是在侵权纠纷产生后才凸显出专利侵权问题。发生这种侵权纠纷时，专利权人的"敲竹杠"行为会使下游厂商处于两难境地。另一方面，专利许可协议不完善产生侵权风险。专利许可过程中，许可协议很难完善，如果协议太详细，会使协议无法覆盖产品开发所需的所有必要专利（essential patent）；如果协议太宽泛，则可能涉及不属于其所有但在许可范围内的必要专利，一旦许可协议"越界"，就可能导致专利侵权。为避免障碍性或互补性专利带来的侵权风险，企业不得不推迟新产品开发。专利池整合了互补专利，清除了障碍专利，避免了"反公共品地悲剧"的发生。交叉许可协议避免或减少了侵权诉讼（岳贤平和顾海英，2005），加快新产品开发与上市。从专利池160多年的发展历程来看，包括全球第一个专利池——缝纫机专利池在内的许多专利池都是在行业竞争者相互提出专利诉讼的情况下成立的。

此外，专利池还可以为新进入者铺平道路。在没有专利池时，新进入者可能因为专利许可谈判烦琐或许可费用太高，导致无法获取相关技术。专利池确保了专利许可的无歧视性，使相关企业平等地获得专利技术。

不少学者通过数学建模论证专利池的技术创新效应，但尚未形成一致结论。如戴尼卡罗（Denicolo，2000）构建两阶段研发竞赛模型，证明专利池可以促进研发并提高社会福利；权等（Kwon et al.，2008）建立三阶段博弈模型，发现专利池对纵向一体化与科研型企业研发具有激励效应；杜晓君和梅开（2010）使用三阶段动态博弈模型证明纵向结构专利池对成员创新具有激励效应；德奎特和维舍维尔（Dequiedt and Versaevel，2013）建立多阶段创新竞赛模型，证明专利池在成立前对企业创新具有激励效应，且专利联池规模越小，激励效应越显著，在专利池成立后则激励效应消失。然而，数学建模需要对很多现实情况进行简化，因此有学者通过案例和大样本数据实证分析专利池的创新效应。乔西等（Joshi et al.，2011）、布伦纳（Brenner，2009）、兰佩和莫瑟（Lampe and Moser，2010；2016）研究发现专利池通过弱化 R&D 竞争减缓技术进步速度；任声策等（2010）以 DVD 6C 专利池为研究对象，也发现专利池在成立前促进创新，而在池成立后并不能促进创新；张运生和杨汇（2020）实证发现专利池削弱池内企业竞争，降低创新动力，且越处于网络中心位置，越遏制创新；杜晓君等（2014）以 MPEG - 2、TD - SCDMA 和闪联为例，发现专利池能促进专利研发、运用与推广，激励企业创新；张运生等（2019）发现专利池与创新绩效具有倒"U"形关系,探索式合作、学习强度和网络位置具有负向调节作用;而 Vakili(2016)认为现代专利池在法律上有义务以公平价格向任何利益相关方进行专利许可,抑制专利池的反创新效应,发现专利池促进了创新。

专利池促进了专利技术推广应用。高科技企业专利池通常与技术标准捆绑,通过其网络效应和锁定效应加速技术扩散,而且专利质量越高,技术扩散速度越快,扩散范围越广(张运生等,2020)。兰佩等(Lampe et al.,2012)发现飞机产量由 1916 年的 83 架上升到 1918 年 11 950 架,飞机专利池促进了技术扩散。杜肖海(2014)选取 AVS – P2 视频编码技术标准为例,发现国外专利技术向中国技术扩散。朱雪忠等(2007)以 TD – SCDMA、AVS 专利池为对象,发现专利池能够促进技术扩散和技术溢出。

尽管专利池可以减少池内专利侵权纠纷,但它并不能天然地避免专利诉讼。专利侵权、专利搭售或中断许可关系、价格歧视或许可价格过高、专利限制性条款等情况,可能引发池内专利纠纷甚至诉讼(曹勇和杜蔓,2018;Vakili,2016;Gupta and Snyder,2014)。专利技术范围、地域范围、权利范围、专利寿命、专利前向与后向引用等专利属性对池内专利的诉讼概率具有影响(赖流滨和张运生,2019)。

目前有关专利池的研究大多只关注专利池内企业之间的合作或竞争,较少文献将合作与竞争同时纳入专利池研究框架,且理论分析、案例研究居多,大样本实证研究比较缺乏,亟待深入研究。

2.3.2 企业技术竞争

1. 企业技术竞争与技术战略

如果以动力和竞争方式作为企业发展的两个坐标轴,可以将企业发展大致分为三个阶段:第一阶段动力是以劳动力要素为主,竞争方式以价格竞争为主;第二阶段动力以资本要素为主,竞争方式以生产标准产品和提高服务效率为主;第三阶段动力以技术要素为主,竞争方式以激励技术创新、输出核心产品为主（周寄中，2004）。随着环境的变迁、经济结构的改变，全球化竞争日趋激烈，企业之间竞争已经逐步由产品、服务和品牌上的竞争发展到技术竞争。技术支配着企业生产过程、市场运作过程、组织变革过程以及企业管理过程，技术竞争是企业竞争的基础（欧阳新年和周景勤，2001）。面对全球性、全方位、高强度的市场竞争，高科技企业必须比竞争者更快地创造、传播和使用新知识和新技术，方能获得核心竞争力，保持持续竞争优势。核心产品（技术）开发过程就是企业核心竞争力的积累过程（Prahalad and Hamel，1990）。

技术竞争的研究内容主要如下。（1）新旧技术竞争。主要指有庞大安装基础优势的旧技术与没有安装基础的新技术的竞争，认为网络外部性导致技术采用的无效率（Katz and Shapiro，1986；Farrell and Saloner，1986）。（2）网络外部性下企业技术竞争。由于忽视安装基础效应，网络外部性可能导致 R&D 项目的社会最优与个体最优之间的不同（Kristiansen，1996；Choi，1992）。在网络外部性下，企业可以通过加入专利池等技术联盟、共同开发技术标准、营造创新生态系统、获得互补配套品支持和利用创新预告等策略开展技术竞争（文守逊和幸昆仑，2009）。（3）技术竞争特征。欧阳新年和周景勤（2001）认为：以市场为导向开展技术研发，高度重视技术改进与创新，抢占技术制高点。陈慧慧（2015）指出，推动技术标准化、提高技术兼容性是技术竞争的有效手段；合作与竞争交织；抢先获得消费者青睐与信任是技术竞争获胜的关键；利用转换成本可以锁定技术竞争优势。

技术战略属于职能战略，是企业竞争战略的组成部分，20 世纪 80 年代引起技术管理学术研究的注意。迈克尔·波特（Porter，1980）指出技术战略是企业开发和运用技术的根本性方法。福特（Ford，1998）指出技术战略是组织获取、管理和开发使用技术知识和资源来实现业务和技术目标的政策、计划。纳拉亚南（Narayanan，2001）提出技术战略是企业技术选择的表现形式，这些选择包括为获取、维持、利用和放弃技术能力而投入的资源。技术战略管理的目标是通过管理与运用企业的技术资源为企业获得竞争优势。企业技术战略管理一般应该包括技术定位、竞争者分析乃至研发战略导向等内容，必须解决三个重大问题：（1）研究开发什么技术？（2）如何寻求与确立企业适当的技术地位；（3）如何发挥自身技术的影响力（Porter，1980）。其核心是决定企业占有、开发、使用的技术种类。达文波特等（Davenport et al.，2003）基于技术的获取、管理和使用，提出了技术战略框架模型。任声策（2007）根据专利活动的主要领域，提出了基于专利获取（patenting）、许可（licensing）和诉讼（litigation）的专利战略 PLL 框架模型。

根据标准不同，技术战略有多种分类。伊戈尔·安索夫和斯蒂优德（Ansoff and Stward，1967）以进入市场时机战略不同，提出领先进入市场战略、追随者战略、应用工程战略和模仿战略四种技术战略；艾尔斯（Ayres，1969）在研究技术预测事项时，提出成本最低化、销售最大化和产品性最大化三种竞争战略；弗里曼（Freeman，1974）将公司在技术变化时的战略分成六种，包括攻击型、防御型、模仿型、依赖型、传统型和机会主义型；根据技术环境的测试与技术定位，分为领先型、跨越型、跟踪型、引进型、合作开发型和自主开发型等技术战略（欧阳新年和周景勤，2001），其含义及特点如表 2-3 所示。内部和外部因素共同影响技术战略选择。内部因素包括领导角色和权力中心，外部因素包括技术进步、技术生命周期和产品生命周期及竞争动态（Antoniou and Ansoff，2004）。企业往往因内外因素变化采取多种技术战略。基耶萨和曼齐尼（Chiesa and Manzini，1998）提出竞争力深化、培育、补充、振兴和破坏五种动态技术战略，并提出相应获取方式，其中竞争力深化与培育技术战略通过内部研发方式获得，竞争力补充技术战略以许可、联盟和合资等方式获得。

表 2-3　　　　　　　　　　技术战略种类及其特点

战略名称	含义	优势	劣势
技术领先型	在特定产品或工艺上追求技术领先	树立起自身的信誉；优先占据有利地位；获得独特的销售渠道；有利于增加或获得各种设施、投入或其他稀有资源；有利于影响标准制定和法规确立	需求不确定；技术转换成本太高；面临技术不连续性的威胁；跟踪竞争者模仿成本低

续表

战略名称	含义	优势	劣势
技术超越型	超越原有技术，利用行业内、国内或国际领先技术，或自行研发领先型技术，进行技术改造或重建生产线、生产工厂，提高产品技术含量	技术水平跨越式发展，企业规模扩张；技术根本性变革，产品更新换代；市场占有率和利润较高；超越型优势转化为领先型优势	技术衔接难度大；资本投入规模大；员工培训和企业学习成本高；技术先进程度难以评价；市场需求风险大，市场开发难度大
技术跟踪型	关注行业内外技术发展态势，但自身并不研究与开发新技术，待技术较为成熟并有大量运用潜力和较高利润预期时应用	技术开发投入相对较少；无技术开发风险；比较准确预测新技术引起的市场需求变化，决策效率和成功率较高；有效了解对跟踪技术的接受程度和接受新技术的必要性	难以得到最先进技术；技术转让时机与价格难以理想；技术领先者制定由技术形成的市场规则，使技术跟踪采用的效应大大降低；可能造成对采用某一技术的过度竞争
技术引进型	直接从国外引进技术，实现生产工艺流程或产品技术进步	贯彻国际技术标准和国外先进技术标准，提高国际竞争力；技术同世界水平接轨；吸收国外资本；引进国际先进管理思想、管理模式和组织经验	引进技术并不是最先进的技术；容易受输出方的限制；受到引进方消化吸收能力制约；受到企业资本数量限制
合作开发型	以资金、人才、成果等形式，通过契约或隐形契约，联合企业、科研院所、高校和政府等外部组织共同开发技术	实现研发资源优势互补；分摊高额研发投入，节约交易成本；降低创新风险；缩短技术开发周期；应对紧急事件的威胁	协调难度较大；技术泄露等机会主义行为
自主开发型	主要依靠自身能力研究与开发技术	根据企业实际研发技术；充分发挥自身技术优势，形成技术特色；确保可持续发展，减少企业波动	资金投入大；创新风险高；容易形成自我封闭

资料来源：欧阳新年，周景勤. 企业技术竞争与创新激励机制［M］. 北京：国际文化出版公司.

2. 专利诉讼的原因与影响因素

专利诉讼是有关专利纠纷的一种法律救济手段，包括权属诉讼、侵权诉讼、无效诉讼、合同诉讼、行政诉讼和其他诉讼。专利诉讼可以阻止不正当技术竞争，确立竞争优势、提升盈利水平、增强企业综合实力。专利诉讼传达了目标专利有效性的强烈信号，构建专利权人的权威和强势形象，对竞争对手具有震慑效应，可以防止专利侵权（Choi，1998）。专利诉讼还可以帮助专利权人建立一种隔离机制，形成技术屏障和市场壁垒，使竞争对手无法通过模仿获取利益，保证专利权人处于优势地位，维护企业权益（任声策，2007；Lanjouw and Schankerman，2001）。如果胜诉或和解，专利诉讼还可以为专利权人带来经济赔偿，推动专利许可。

专利诉讼的目标是从特定技术资产中获取适当的价值（Stephen et al.，2021），可以从浅层次原因（直接原因）、中间层次原因及深层次原因（战略意图）三个角度来解释。直接原因包括：（1）专利侵权行为；（2）专利权属纠纷；（3）技术秘密窃取；（4）专利无效；（5）违反 FRAND 条款，如专利拒绝许可、许可价格过高、价格歧视、专利搭售、专利限制性条款等（曹勇和杜蔓，2018；Vakili，2016；Gupta and Snyder，2014）。

中层次原因主要包括三个：（1）预期偏离（differential expectations）。完全不确定性导致诉讼双方对诉讼结果的预期存在差异（Priest and Kleln，1984）。有关讨价还价的心理学研究表明，这种差异会因为在估计可能结果时的自我服务偏向（self serving biases）而恶化（Lanjouw and Schankerman，2001）。（2）非对称收益（asymmetric stakes）。诉讼双方可能对诉讼结果的价值评价存在差异，当一方从败诉中损失而另一方获益时，会消除"讨价剩余"，导致专利诉讼（黄颖，2011；Lanjouw and Schankerman，2001）。专利诉讼伴随着成本与收益。诉讼成本包括审判成本、证人和律师成本、侵权赔偿成本（如果被判专利侵权）、时间成本等，收益包括专利权价值和起诉的其他间接收益（如声誉加强、后续活动中讨价还价能力的增强）。诉讼概率随着审判成本相对于和解成本比例的提高而降低，随着潜在利益增加而增加（Lanjouw and Schankerman，2001）。（3）信息不对称（asymmetric information）。诉讼概率随着信息不对称程度增加而增加（Lanjouw and Schankerman，2001）。

专利诉讼战略动机包括专利权人希望构建强势形象、保护皇冠明珠、将竞争对手挤出市场、收取高额专利许可费（Rudy and Black，2018；黄颖，2011；Somaya，2003）。专利诉讼可以产生公开效应（publicity effect）

和威慑效果。它暗示目标专利有效的强烈信号，暗示他人不要步侵权者后尘（Choi，1998）。专利诉讼带来两种竞争优势，一是建立一种隔离机制，防止专利侵权；二是申请防御型专利组合，它也是对抗专利诉讼的筹码（Somaya，2003）。专利诉讼的表面是技术竞争，实质是市场和商业利益的竞争（张运生等，2020）。专利诉讼逐渐从保护自身合法权利、促进创新的工具转变为打压竞争对手、争夺市场份额、获取最大经济效益的战略武器（Hu et al.，2017；张米尔等，2013）。

专利诉讼发生概率与专利属性有很大关系，包括：（1）专利技术范围。刘立春和漆苏（2015），哈霍夫和雷茨格（Harhoff and Reitzig，2004）认为技术覆盖范围越广，潜在的不同领域的无效请求越多，诉讼概率越高。（2）权利范围。勒纳（Lerner，1994）通过生物公司专利研究发现，专利权要求范围提高了专利诉讼 21% 的可能性。（3）优先权数。对于研发周期较短的行业，优先权数量越多，对后续专利申请越有利，诉讼可能性越低（Mann and Underweiser，2012）。（4）专利寿命。专利审批周期越长，越会引起侵权行为（Liu et al.，2018）。专利维持时间越长，越可能引发关注与侵权（Deng，2007；张米尔等，2013）。（5）专利引证情况。兰友和香克曼（Lanjouw and Schankerman，2001）发现美国专利公开与专利诉讼负相关，张玉蓉等（2010）研究发现美国金融商业方法专利公开与专利诉讼正相关。赖流滨和张运生（2019）发现专利池必要专利（essential patent）的非专利文献引用数对专利诉讼影响不显著，专利文献引用数有负向影响，专利被引数有正向影响。（6）加入专利池的情况。企业加入专利池的专利数越多，专利诉讼概率越大，而专利池专利规模越大，专利诉讼概率越小（赖流滨和张运生，2019）。此外，专利诉讼还受到企业规模、研发强度、合作研发的深度与广度、潜在诉讼双方的相对经济实力、技术实力、学习能力、知识距离和行业地位等影响。

3. 合作竞争的动机、影响因素与效应

合作竞争是指企业之间同时存在竞争和合作（Bouncken et al.，2015）。它是一种战略性动态过程，在这个过程中，企业通过合作互动共同创造价值，同时竞争以获取部分价值（Bouncken et al.，2015）。合作竞争结合了两种通常涉及强烈对立逻辑的互动方式（Dorn et al.，2016），但并不相互排斥，而是共存。合作竞争具有规模、成本、协同和创新等效应，企业可以从联动中创造利益（Ritala et al.，2016），因此是一种高层次竞争。

与竞争对手结成联盟的动机包括以下几个方面。一是减轻竞争压力，这与经营环境条件有关（Hoffmann，Lavie Jeffrey J. Reuer，et al.，2018）。一方面，高科技产业具有技术的出现或融合、产品生命周期缩短以及成本和风险降低等典型特征（Gnyawali and Park，2011；Raza – Ullah，Bengtsson，and Kock，2014），这些特征促使高科技企业为减缓竞争压力选择与竞争对手合作。另一方面，传统产业的成熟或衰落加剧了竞争压力，进而诱发了合作（Luo，2007）。二是学习和访问所需的资源、进入新市场并减少不确定性（Gnyawali，He，and Madhavan，2008；Gnyawali and Park，2009；Luo，2007；Hoffmann，Lavie Jeffrey J. Reuer et al.，2018）。企业资产和产品市场的不对称性，可能会驱动企业之间资源相互依赖，从而引导其竞争或相互合作的动机（Raza – Ullah et al.，2014；Gnyawali and Park，2009）。合作竞争的影响因素包括企业特征、企业之间特征和外部环境特征（周杰等，2017）。其中，企业特征包括资源禀赋（如技术创新能力、资金冗余水平、资产规模水平等）（Gnyawali and Park，2009；2011；Mascia et al.，2012）、企业战略（Gnyawali and Park，2009；2011）、感知的内外部风险（外部风险如新的竞争对手进入市场等，内部风险如业绩不佳、资源缺乏等）（Gnyawali and Park，2009）、与竞争对手的合作经验（Schiavone and Simoni，2016；Pathak et al.，2014）。企业之间的特征包括关系特征（如目标一致性、技术不对称性、技术相似性、权力地位、联系、信任、承诺等）（Gnyawali and Park，2009；2011；Dorn et al.，2016）和结构特征（如网络地位、网络中心性、网络密度、网络嵌入性等）（Gnyawali and He，2006；Peng and Bourne，2009）；环境特征包括市场特征（如行业进入门槛、行业结构等）（Gnyawali and Park，2009；Mascia et al.，2012；Salvetat and Geraudel，2012）和技术特征（如研发成本与风险、技术融合、技术不确定性、技术复杂性、技术密集性、技术变化速度等）（Gnyawali and Park，2009；2011；Bengtsson and Johansson，2014）。本特松等（Bengtsson et al.，2010）提出影响合作竞争的四种力量，即过度嵌入（over-embedding）、距离（distancing）、对抗（confronting）和共谋（Colluding），并将竞合划分为弱合作弱竞争、强合作强竞争、强合作弱竞争、强竞争弱合作四种不同类型。

竞合关系在促进知识管理和技术创新（Park et al.，2014）的同时，也可能由于联盟伙伴带有欺诈性自利动机与行为，即产生机会主义风险，导致企业利益受损，对创新产生负面影响（Fredrich and Bouncken，2019）。学术界在竞合关系对知识共享、创造与获取等方面取得很多成果（Levy et al.，2003；Li et al.，2011），但是并未得到一致结论。李东红等（2020）研究了竞合对中国制造企业创新的影响，发现本土竞合有助于创新绩效提升，境外竞合无法提升其创新绩效；研发强度对境外竞合与创新绩效间关系无显著调节作用，负向调节本土竞合与创新绩效间关系；市场竞争正向影响创新绩效，但市场竞争程度高时境外竞合降低创新绩效；境外非竞争性合作会削弱竞合对创新绩效的影响。高茜滢、吴慈生和王琦（2022）对从合作竞争转向协同创新的创新联合体进行了研究，发现制造企业和服务企业能够产生显著的协同创新效应。竞合关系还对经济、金融、市场等其他绩效产生影响（杨蕙馨和冯文娜，2010；2011）。

2.3.3　合作对竞争的影响

1. 合作对竞争的直接影响

竞合是竞争与合作动态变化过程，可能由竞争转向合作，也可能由合作变为竞争（Engtsson et al.，2016；Chiambaretto et al.，2019）。琼斯等（Jones et al.，2021）研究了创新生态系统中企业间冲突如何促使企业重新配置合作关系，发现冲突会维持甚至增加与竞争者的合作。竞争是竞合中一个不可忽视的重要因素（Harrigan，1988；Wu，2012）。竞合过程中，合作追求共同利益最大化，竞争追求自身利益最大化，因此不可避免地会存在矛盾与冲突。参与竞合的企业面临自身利益与共同利益的内在冲突（Bengtsson et al.，2010；Bengtsson and Kock，2000），引发竞合各方之间学习竞赛，这使竞合关系充满张力和矛盾（Bengtsson et al.，2016）。崔等（Cui et al.，2018）研究了产品市场合作伙伴间合作对竞争的影响，通过1984~2003年美国制药行业数据实证分析，发现相对探索（即企业与合作伙伴之间的合作投资组合中探索性联盟的比例）与企业对合作伙伴发起的竞争性进攻呈倒"U"形关系（Cui et al.，2018）。

组织之间竞争关系导致知识泄露和机会主义行为风险（Raza - Ullah et al.，2014）。创新网络中包含的主体越多并且主体扮演角色越多（如某个企业同时扮演供应商、顾客、合作伙伴、竞争者等角色），网络成员之间的关系就越复杂，可能导致角色冲突，容易出现"搭便车"、知识泄露以及成本上升等问题，而竞争关系更易导致合作伙伴间不信任、承诺失效、知识分享受阻（杨震宁和赵红，2020）。企业间关系可能因为信息共享、共同销售和机会主义行为等事件从合作演化为竞争。随着合作深入与市场蛋糕做大，私人利益争夺变得激烈，竞争关系逐步成为主导，进而产生机会主义行为以及不信任（杨震宁和赵红，2020）。合作过程中存在知识整合与知识泄露的矛盾（应瑛等，2018；Zobel et al.，2017），合作促进知识整合，但竞争威胁知识泄露并警醒合作伙伴保护核心知识，且高程度竞争加剧了知识整合和保护的张力，导致企业在利用合作伙伴知识的同时，减少企业有价值知识的流出，从而破坏互惠互信（杨震宁和赵红，2020）。

企业与竞争对手联盟可能反映一种面向合作的联盟，从而限制他们之间的竞争。彼得和尚利（Peteraf and Shanley，1997）认为，竞争者之间的直接联系有助于产生战略性群体认同，这表明了竞争者之间相互理解。这种相互理解会导致采取集体行动，从而有助于降低竞争强度（Kim，2017）。波多尔尼和斯科特·莫顿（Podolny and Scott - Morton，1999）、贝克和福克纳（Baker and Faulkner，1993）认为竞争者之间的社会关系是降低竞争者之间竞争强度的渠道。童和鲁厄（Tong and Reuer，2010）发现竞争对手之间合资可以促进企业间协调并削弱行业竞争。与竞争对手结成联盟会增加相互依存关系，可能有助于削弱焦点企业与竞争对手之间的竞争强度（Podolny and Scott–Morton，1999），与竞争对手的合作伙伴合作，可能会增加焦点企业与其竞争对手之间的竞争强度（Kim，2017）。张运生和赖流滨（2022）通过 MPEG LA 专利池成员研究发现，专利联盟水平与成员遭受联盟伙伴专利诉讼强度呈正向关系。

尽管互补性需要彼此创造价值，但为了获得适当价值也会竞争。在进行投资并且客户对系统有固定估价之后，互补者对其产品收取的费用越多，其他人这样做的余地就越小（Casadesus–Masanell and Yoffie，2007）。企业可能会遇到来自市场竞争对手的直接竞争，以及来自供应商和/或客户的纵向竞争。创新可能促进企业与其供应商合作，也可能促使他们在下一阶段竞争（Peng and Liang，2016）。企业与供应商的合作可以通过改进产品和更好的服务创造附加值。然而，在竞争对手迎头赶上之后，利润减少可能会引起企业与供应商之间的讨价还价。强大的供应商可以通过纵向一体化将其市场边界延伸到下游行业，反之亦然。转让给供应商或客户的知识、技术，可能成为对付焦点企业自己的武器（Casadesus–Masanell and Yoffie，2007）。企业可能会遇到来自市场竞争对手的直接竞争，以及来自供应商和/或客户的纵向竞争。创新可能促进企业与其供应商合作，也可能促使他们在下一阶段竞争（Peng and Liang，2016）。企业与供应商的合作可以通过改进产品和更好的服务创造附加值。然而，在竞争对手迎头赶上之后，利润减少可能会引起企业与供应商之间的讨价还价。强大的供应商可以通过纵向一体化将其市场边界延伸到下游行业，反之亦然。转让给供应商或客户的知识、技术，可能成为对付焦点企业自己的武器（Peng and Liang，2016）。

现实中有不少企业之间关系从合作走向竞争。微软与英特尔曾经在很长时间合作密切，20 世纪 80 年代组建 Wintel 联盟，依靠微软 Windows 系统的升级换代和英特尔的摩尔定律，共同辖制 PC 生产商，不断攫取暴利，成功取代 IBM 公司在 PC 机市场的主导地位，垄断桌面端 20 多年。不过，两家公司存在冲突。例如，英特尔一直在努力在硬件平台上创新，当软件落后时，就会给英特尔造成瓶颈，而微软则希望除了满足新计算机需求外，还为计算机的安装群体提供服务。再如，英特尔不从装机基数中获利，而微软从中获利，安装基数是英特尔和微软之间冲突的根源。微软从每台新计算机销售操作系统（OS）和向安装用户销售应用程序中获利，而英特尔的利润来自 PC 机上微处理器的销售。英特尔对安装用户群没有（直接）兴趣，更喜欢在某一代产品生命早期就收取高价，而微软则偏好在早期收取低价，以增加安装基数，之后逐步提价。随着平板电脑和移动设备的兴起，Wintel 联盟出现裂痕，他们都开始寻找新的合作伙伴。微软加强与英特尔的新竞争者 ARM 公司合作，宣布 Windows 8 操作系统支持 ARM 处理器。在移动领域，以 ARM 为核心的芯片占据七成，其中一个原因是 ARM 芯片能耗比较低，而移动设备对能耗的要求比桌面 PC 来得更苛刻。英特尔则与谷歌安卓系统合作，因为在移动领域中，安卓系统市场份额最大。Wintel 联盟可能被分解为微软—ARM 与英特尔—谷歌两大阵营。

在我国，吉安特（Giant）与美利达（Merida）是从合作走向竞争的典型案例。2005 年，中国台湾自行车行业两个最大的竞争企业——吉安特和美利达组建战略联盟，以应对大陆自行车制造商的激烈竞争。彭安等（Peng et al.，2017）研究了这两家企业的合作如何影响他们各自的行为方式，包括竞争行为。此外，小米公司与美的集团也是从合作走向竞争的典型案例。2014 年底，美的发布公告称，美的将向小米科技定向发行 5 500 万股股份，募集资金 12.66 亿元，小米将持有美的 1.29% 股权，双方准备在智能家居产业全面合作。不过，双方仅在资本上合作，没有建立长远合作机制。小米全面进军家电，产品线与美的产品高度重合，形成竞争关系；而美的不断加大对智慧家居的布局，除了牵手京东、华为等互联网巨头，还在全球启动"百万年薪揽人才"的星计划，对智慧家居人才进行储备，在顺德打造全球智能家居的研发总部，在硅谷开设未来科技中心。①

总之，在联盟尤其是横向联盟中，企业合作并不是根本和最终目的，合作的背后是竞争。为了共同利益，他们携手组建联盟（Borch and Soles-

---

① 陈鹏丽．美的和小米往事：从好搭档到竞争者？［EB/OL］．每日经济新闻，http：//www. nbd. com. cn/articles/2018 – 03 – 15/1199306. html，2018 – 03 – 15.

vik，2016），同时，为了更高的私人利益，他们往往开展激烈竞争（Cui et al.，2018；Yang et al.，2015）。

2. 双元创新与企业技术竞争

根据创新过程中的知识来源，技术创新分为利用式和探索式创新。利用式创新表示企业对知识存量中的现有知识元素不断深入理解和整合，不断挖掘潜力的过程，而探索式创新则表示企业突破自身边界，从外部环境获取新知识，并成功将其应用的过程（Guan and Liu，2016）。利用式创新有助于技术能力和竞争优势提升，研发成本和风险较低（徐露允等，2018）；探索式创新的成本和风险较高，但使企业技术领域更广，可能为技术发展带来突破，避免陷入技术轨迹相同的困境（Garcia-vega，2006；徐露允等，2018）。

探索式创新可能遭到更大的技术进攻。甘科等（Ganco et al.，2020）通过 2002～2010 年美国公司的数据研究发现，如果企业丧失诉讼能力，企业将降低其进入新技术领域的可能性。企业探索式创新时刻受到关注，当联盟伙伴觉得企业的探索式创新能力不足时，更容易受到联盟伙伴攻击（Ganco et al.，2020）。另外，探索式创新往往需要企业引进新领域的人力资本。当企业试图从竞争者获取人力资本时，竞争者可能使用知识产权相关诉讼来阻止企业这样做，或通过同业保密协议、竞业限制条款等方式阻止企业使用嵌入在人力资本中的知识（Agarwal et al.，2009）。2010 年前后，苹果公司陆续对安卓手机厂商发动专利战，微软也要求安卓手机厂商支付专利费。为了维护安卓阵营，2011 年，谷歌斥资 125 亿美元收购了摩托罗拉移动，主要看重的是其硬件开发总裁、硬件工程师以及 17 000 项授权专利和 9 000 项申请专利组合。通过收购，谷歌弥补了专利短板，成功帮助安卓阵营抵御苹果和微软等竞争对手的专利诉讼。2018 年，谷歌又以 11 亿美元的价格收购 HTC Pixel 团队，增加 2 000 多名智能手机专家以在高端手机市场与苹果公司竞争。[①]

---

① 晓明. 谷歌购买 IBM 千项专利抵御 Android 专利诉讼［EB/OL］. Techweb，https：//www. techweb. com. cn/news/2011 – 09 – 15/1093798. shtml，2011 – 09 – 25.

利用式创新有利于企业发起技术进攻。在大多数行业，特别是在复杂技术中，单个专利难以完全覆盖全部创新点，因此被认为相对无效（Arundel，2001；Cohen et al.，2000；Levin et al.，1987；Sattler，2003）。公司不仅要对核心技术申请专利，还要将无法纳入到核心专利的创新点通过衍生专利保护起来，使外围衍生专利不断扩散，从而构筑成专利组合，形成一个强大的专利围墙（专利壁垒）（刘立春，2015；Guellec and Van Pottelsberghe，2007）。企业凭借专利数量和质量优势，既可以向现有和潜在竞争对手传递本企业雄厚的技术研发能力信号，也可以发起技术进攻，通过打击侵权行为索取赔偿，限制竞争对手或阻止竞争者模仿，达到长期垄断市场的目的（Cohen et al.，2000；Levin et al.，1987；Sattler，2003）。

利用式创新也有利于防御企业遭受竞争者或潜在竞争者技术进攻。一家担心会侵犯竞争对手专利的公司可能会增加自己专利，以便对抗侵权诉讼（Hall and Ziedonis，2001；Lanjouw and Lerner，2001）。防止模仿和阻止竞争对手是申请专利的最重要原因（Cohen et al.，2000；Levin et al.，1987；Sattler，2003）。开展利用式创新，不仅可以阻止潜在竞争对手进入市场和现有竞争对手模仿跟进，还可以减少劫持风险和对抗侵权诉讼，为随时参与专利诉讼做准备（Cohen et al.，2000；Hall and Ziedonis，2001；Ziedonis，2004）。刘立春（2015）认为，基于防御型专利诉讼战略，为完全规避现有技术进行专利创新，形成基于专利的最优化及协调的竞争优势，不断完善的专利价值链使专利诉讼风险逐渐降低。被诉侵权人通过改进原始创新获得大量衍生专利形成专利组合，当被指控专利侵权时，可以利用专利组合抗辩侵权指控，甚至可以对原告提起反诉（刘立春，2015）。尹志锋（2018）认为专利储备有利于企业在使用创新技术进行生产经营时避免专利侵权，或在对方发起专利诉讼时，能够进行有效抗辩。黄颖（2011）认为攻击型专利诉讼战略需要高质量专利或专利组合作为支撑。

3. 联盟学习与企业技术竞争

战略联盟要达到一些战略目标，联盟成员必须相互学习。资源基础观（Resource Baced View，RBV）、关系观（relational view）等重要流派，均提出企业接触和吸收联盟伙伴资源、知识往往是联盟成立的目的之一，也是联盟成功的关键所在（Joshi and Nerkar，2011；Oxley and Wada，2009）。联盟学习的内容是合作伙伴有价值知识，既包括技术级知识，也包括系统级知识和战略级知识，既包括专利、技术、发明等显性知识，也包括专家意见、经验、操作技巧等隐性知识。

企业在联盟中的收益可分为私人利益与公共利益（Khanna et al.，1998）：私人利益是指企业把在联盟中学到的有价值的知识运用于同联盟无关的领域而取得的收益，而公共利益则是把共同学习应用于联盟领域活动所取得的收益。私人利益促使合作伙伴之间利用学习机会开展竞争。各方都想向合作伙伴学习以取得更大私人利益，而不是把取得公共利益作为首要目标。与联盟公共利益和私人利益相对应，联盟学习可分为合作性学习和竞争性学习两种情况。当联盟伙伴不认为他们有根本的竞争性或具有长期的不相容利益时，联盟成员间可能产生合作性学习，主要包括两种方式：一是向伙伴学习，包括联盟伙伴的产品工艺技术、组织技能及有关适应新环境的知识；二是与伙伴共同学习，共同学习可以产生经验转移，这种转移在很大程度上通过经验分享、高级管理层见解的连贯性以及合作技术创新而产生，主要运用于合作知识创造与创新。

竞争性学习是合作一方想要尽可能多地向另一方学习，共同学习不是首要任务。企业希望通过与合作伙伴的合作来分享和学习知识。然而，学习竞赛使得企业变得更加注重从对方学习而不是分享知识，并努力通过快速学习获得比合作伙伴更有利的地位（Hamel，1991）。拉尔森等（Larsson et al.，1998）指出，当合作双方尽力占有集体学习的共同成果时，学习合作状态难以为继，尤其是削弱了相互信任。哈默（Hamel，1991）把这种矛盾状态描绘成"能力竞争"。他指出，不对称学习可能是因为他们无法或不愿意把合作关系转变成内在固有的组织关系。缺乏完全的一致性使合作者无法在联盟内达到操作的整体统一性，合作者之间会产生向对方学习的竞争，因为他们为私人利益而不是联盟公共利益学习。另外，竞争中的行为与合作者之间谈判权利相联系。在联盟形成过程中，处于谈判优势的一方会创造有利于自身获得不对等学习条件，例如，他们可以坚持要求合作伙伴把技术公开。如果合作伙伴采取竞争的策略，他们可能会采取防御措施保护自己的知识。如果合作双方都采取这一策略，则隐性知识很难向合作伙伴转移。当一方背信而大量获得利益时，联盟双方的机会主义就会受到鼓舞，这种行为破坏了所有合作者获利的可能性。当联盟双方公开透明，相互信任，联盟成员可能学到更多东西。

杨等（Yang et al.，2015）通过 1984～2003 年美国计算机和生物制药行业 610 个研发联盟实证分析，发现一个企业相对于其合作伙伴的学习能力越强，其股票收益越好，且股权联盟治理抑制竞争性学习，从而降低特定学习能力差距对股票收益的正向影响，而合作伙伴之间市场的相似性加剧了竞争性学习，增强了特定学习能力差距的正向影响。专利池创造一个知识分享和学习的环境，使池内成员可以在专利池内部更容易学习知识和积累资源（任声策，2007）。张运生等（2019）实证研究发现，专利池成员联盟学习强度负向调节联盟关系强度与创新绩效的倒"U"形关系。

4. 网络位置的调节效应

企业在联盟网络中所处地位影响其可触及的信息与资源数量（Godart et al.，2014），代表着企业网络权力（Shipilov et al.，2011）。崔等（Cui et al.，2018）研究了产品市场合作伙伴之间合作对竞争的影响，通过 1984～2003 年美国制药行业数据的实证分析，发现相对探索（即企业与合作伙伴之间合作投资组合中的探索性联盟的比例）与企业对合作伙伴发起的竞争性进攻呈倒"U"形关系，而关系嵌入、位置嵌入和结构嵌入会对这种关系产生负向调节作用。

彭伟和符正平（2012）研究发现，企业越处于联盟网络中心位置，其创新绩效越不理想。戴海闻（2018）通过搜集 2004～2010 年中国汽车产业相关数据，发现在网络中可达效率越高，企业标准联盟商业关系对主导设计形成的作用越大；越处于结构洞贫乏的位置，企业标准联盟政治关系对主导设计形成的作用越大。张运生等（2019）以国际专利池管理机构 MPEG LA 管理的 12 个专利池为实证样本，发现专利池成员在专利池的相对核心地位削弱了专利联盟关系与创新绩效之间的倒"U"形关系，即池内成员越处于专利池中心位置，专利联盟关系与池内成员创新绩效的倒"U"形越平缓。张运生和杨汇（2020）以高技术产业专利池 MPEG－2 为实证样本，发现加入专利池遏制了池内处于中心位置的企业技术创新，却促进了池内处于边缘位置的企业技术创新。赖流滨和张运生（Lai and Zhang，2024）研究发现网络中心性削弱了专利联盟关系强度与企业技术创新绩效的正向关系，即与外围企业相比，联盟关系强度对中心企业的技术创新促进作用较小；网络结构洞削弱了专利联盟关系强度与技术创新绩效的正向关系，即与结构洞匮乏的企业相比，联盟对结构洞丰富企业的技术创新促进作用较小。

5. 技术相似性的调节效应

技术相似性（technological similarity）由格瑞里茨（Griliches，1979）首次提出，通常也被称为技术距离（Gilsing，et al.，2008）。技术距离越小，表明知识之间的相似性越高。技术相似性是不同企业之间、企业内不同部门之间技术创新的前提条件（曾德明和陈培祯，2017）。联盟伙伴之间知识共享会导致知识溢出和本地学习，随着时间的推移，双方关系密切程度不断提高，知识交流不断深化，会促进技术构成趋于相似（Jacob and Duysters，2017）。夸特拉罗（Quatraro，2009）研究发现，知识密集型行业知识之间认知距离呈减小趋势。

企业知识的认知距离对技术创新和企业发展具有重要影响（Quatraro，2009；Colombelli et al.，2013）。科隆贝利等（Colombelli et al.，2013）研究表明知识认知距离对企业存活具有负向影响。李东红、乌日汗和陈东（2020）研究发现相似性可以更有效地促进企业相互学习，提升创新绩效。曾德明和陈培祯（2017）以 1989～2013 年电子及通信设备制造业上市公司作为研究样本，发现知识基础宽度与二元创新（探索式和利用式创新）绩效呈倒"U"形关系，知识认知距离负向调节知识基础宽度与利用式创新绩效的关系。赖流滨和张运生（Lai and Zhang，2024）研究发现专利池成员之间的技术相似性削弱了专利联盟关系与企业技术创新绩效的正向关系。

2.3.4　专利池技术合作对竞争的影响

《知识产权许可的反托拉斯指南》指出，专利池有利于结合互补技术、降低交易成本、清除障碍专利、避免专利诉讼、促进技术扩散，从而促进竞争。高科技企业专利池内成员之间属于"竞合"（coopetition）关系。一方面，池内成员需要通过专利池汇集互补配套技术和知识，与联盟伙伴共同创造价值，另一方面，与合作伙伴竞相开展竞争，以获取最大比例的私人收益（Cui et al.，2018；Yang et al.，2015）。三星不仅与苹果是 AVC、1394、HEVC 专利池成员，还向苹果供应超过 50% 的 iPhone 零部件，而且都是关键零部件，包括硬件引擎、CPU、闪存、显示器、电池等，但也以自己的品牌在世界智能手机市场上与苹果展开竞争。

有关专利池技术合作影响技术竞争的文献凤毛麟角。专利池技术合作通过交叉许可协议，可以减少或避免池内专利纠纷，不过，这无法保证池内成员之间池外专利的诉讼，即专利池技术合作无法减少池内成员之间技术竞争。专利池技术合作的背后是市场和商业利益竞争。张运生和赖流滨（2022）实证研究发现池内成员之间专利池技术合作关系越多，专利池成员之间专利诉讼强度也会增加，而且这种关系还受到池内成员之间探索式合作、联盟学习、知识距离、网络地位的影响。池内成员之间探索式合作水平越高，成员之间专利诉讼的强度越低；池内成员向联盟伙伴的学习能力越强，焦点成员受到联盟伙伴专利诉讼攻击的强度越大；越处于专利池网络中心位置，专利池成员受到联盟伙伴专利诉讼攻击的强度越大；专利池成员之间技术相似性强化了专利联盟与池内成员受到合作伙伴专利诉讼攻击的正相关关系。

2.3.5　文献评述

综上可知，国内外在专利池与技术合作竞争方面取得了丰硕研究成果，为本书的研究奠定了坚实基础。但现有研究还存在以下不足，为本书提供了研究空间。

第一，在理论研究方面，基于合作的竞争问题在竞合研究中很少被注意到。在与竞争对手合作的背景下，竞争是一个内生因素，在研究合作竞争时不应忽视这一因素。虽然一些学者研究了合作伙伴之间竞争性学习，即合作伙伴通过竞争来增加私人利益而不是共同利益（Cui et al.，2018；Hamel，1991；Khanna et al.，1998；Yang et al.，2015；Lavie，2007），但集中于产品市场领域（Cui et al.，2018；Peng et al.，2017；Chi et al.，2007；Andrevski et al.，2016），在技术市场领域，竞争者之间的联盟合作对他们之间技术竞争尤其是专利诉讼的影响仍然知之甚少。在竞争对手合作之后，人们对竞争的关注更少。要了解合作竞争动态，不仅要看合作方面，而且要看竞争方面。在与竞争对手合作时，竞争对手将如何基于合作进行竞争？合作如何影响竞争对手在竞争中的行为？基于此，本书从竞争的角度来探讨合作伙伴之间的竞争行为。

第二，在理论研究方面，少有文献从合作伙伴的视角深入研究技术竞争的机理。现有竞合关系的研究主要用竞争动力学、博弈论、战略联盟、资源基础观（RBV）、社会网络分析理论分析竞合关系的影响因素及其效应、竞合关系的冲突及其解决（Bouncken et al.，2015；Brandenburger and Nalebuff，1996），文献以定性分析、案例分析和数学建模与仿真居多，少量实证研究文献是从产品合作层面研究，将合作与竞争同时纳入研究框架的文献较少。技术竞争的研究主要是分析其原因、动机、评价标准、特征、战略与策略及其后果（欧阳新年和周景勤，2001；任声策，2007；Kristiansen，1996；Choi，1992；文守逊和幸昆仑，2009；陈慧慧，2015；波特，2003；Ford，1998；Davenport et al.，2003），但集中在理论与案例分析，大样本实证研究较少，且主要从竞争对手之间竞争开展研究，很少有文献从合作伙伴的视角深入研究技术竞争机理。技术合作对技术竞争的影响机理缺乏深入剖析，技术竞争影响因素的黑箱没有打开。没有发现有文献将专利池技术合作细分为关系强度和关系持久度两个维度并同时纳入研究范围。

第三，在实证研究方面，虽然研究人员在理论上分析了加入专利池可以减少专利诉讼，但并没有得到实证检验。专利池相关数据资料较为分散，以理论分析和案例研究居多，实证研究较为匮乏，科学性、客观性和准确性难以验证（詹映和朱雪忠，2007）。目前有关专利池的研究集中在专利池形成机理（张利飞和王杰，2017；杜晓君等，2010）、治理机制（Shapiro，2001；Lampe and Moser，2013；周青和陈畴镛，2012；任声策等，2010）、竞争促进与限制机制（朱振中和吴宗杰，2007）、创新激励与阻碍机制（张运生等，2019；张运生和杨汇，2020）。很少有文献深入研究专利池内合作伙伴之间技术竞争影响机制问题。少数文献研究了专利池专利诉讼（Gupta and Snyder，2014；Horner，2014；Vakili，2016），但主要是从理论上进行分析，没有得到实证检验。事实上，竞争是市场的规则，战略联盟是一种竞争行为，专利池作为一种横向联盟，通常具有较强的竞争倾向（Chen，1996；Chiambaretto and Fernandez，2016）。加入专利池也极有可能因为竞争性学习（Hamel，1991；Khanna et al.，1998；Yang et al.，2015）、知识同质化（Dussauge et al.，2000）而加剧企业之间技术竞争甚至专利诉讼。

第3章 专利池技术合作对技术竞争影响的理论模型构建

3.1 专利池运行机理

3.1.1 专利池运营模式与架构

专利池是由多个专利持有者,为了能够彼此之间分享专利技术或者统一对外专利许可而形成的一个正式或者非正式联盟组织(Shapiro,2001),其运营模式如图3-1所示。

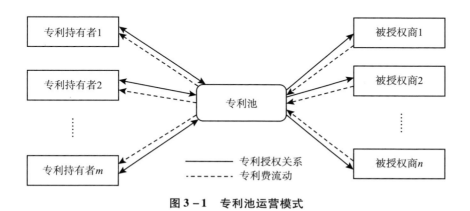

图3-1 专利池运营模式

资料来源:郑素丽,章威,卞秀坤.专利池代际演化的过程、模式与启示 [J].科学学研究,2021,39(1):119-128.

按照产品功能映射关系差异，可将专利池划分为模块化专利池和集块化专利池（张胜等，2018）。模块化专利池的入池专利是互补关系，专利产品之间相互独立、分离，各自具有与其他专利不同的物理功能，且各功能结构与专利产品之间一一对应。集块化专利池的入池专利往往相互交叉、重叠，属于障碍关系，专利之间的功能存在着复杂的交叉关系。

假设专利池 A 为生产某种产品需要 P1、P2、P3 共 3 项专利。对于模块化产品，入池专利产品 P1、P2、P3 之间互相独立、分离，各自具有与其他专利不同的物理功能，且各功能结构与专利产品之间一一对应，互相依赖，专利之间属于功能互补关系，如图 3－2（a）所示。P1、P2、P3 的专利持有人为生产某种产品必须相互许可专利或者共同成立专利池。当各组件相互耦合时，标准化成为可能。而对于集块化产品，生产该种产品所需的这 3 项专利之间的功能并非一一对应，而是"你中有我，我中有你"，呈现复杂的交叉关系。如 P1 不仅包含自身专利功能，同时还有 P2 和 P3 专利部分的功能，可细分为 P11、P12、P31 等专利，导致很难将其划分开来，如图 3－2（b）所示。其特点在于专利之间相互交叉、重叠，池内专利通常表现为障碍性专利。若 P1 与 P2、P3 专利持有人存在竞争关系，则可能不会将专利许可给他们，从而阻碍专利池组建。

模块化与集块化专利池在组建、运行及治理过程中将表现出不同特征，具体如表 3－1 所示。模块化专利池，尤其与技术标准相结合的模块化专利池，有利于技术标准制定与推广，但也可能通过滥用专利权攫取经济利益。

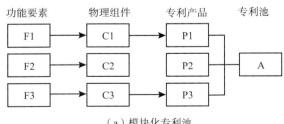

（a）模块化专利池

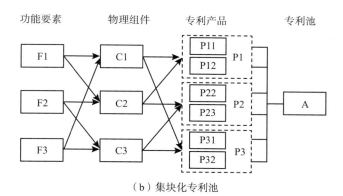

（b）集块化专利池

图 3 - 2　模块化与集块化专利池模式产品构架比较

资料来源：张胜，黄欢，李方．产品架构视角下专利池治理机制——GSM 与航空专利池案例研究［J］．科技进步与对策，2018，35（5）：96 - 105．

表 3 - 1　　　　　　　产品架构视角下专利池组建、运行与治理特征

	过程	模块化专利池	集块化专利池
组建	组建需求	解决技术互补问题	清除前控技术障碍
	发起人组建	市场驱动型	政府主导型
	必要专利入池	选择互补性必要专利	选择基础必要专利
运行	运行模式	成员间普遍交叉许可，推动行业标准形成	成员间普遍交叉许可，允许对外许可
	管理机构	发起企业占据管理主导优势	委托或组建独立第三方管理机构
治理	治理策略	以市场为主体建立专利池；采用FRAND 原则；促进互补性技术发展等	重视政府协调作用；采用区别化、分级化管理模式；预防形成垄断等

资料来源：张胜，黄欢，李方．产品架构视角下专利池治理机制——GSM 与航空专利池案例研究［J］．科技进步与对策，2018，35（5）：96 - 105．

3.1.2　专利池运行机制

专利池通过整合机制、许可机制、成本机制和交流机制清除专利实施障碍，降低交易费用，促进社会福利的提高。

1. 专利池整合机制

行业领域的专利之间存在着竞争性、互补性、障碍性和不相关四种关系。较早开发的专利是基本专利（dominant patent）。在基本专利的基础上开发的专利叫从属专利（subservient patent）。基本专利与从属专利之间是障碍性关系。没有基本专利的许可，从属专利无法实施，而没有从属专利的辅助，基本专利往往难以商业化推广。因此，有必要推动障碍性专利的交叉许可。高科技产业的迅猛发展和专利体系本身的不完善导致了专利碎片化和重叠化，形成了"专利丛林"（Shapiro，2001）。互补性专利由不同专利权人开发，这些分散的专利分别覆盖某一项技术的一个方面，彼此无法互相替代。竞争性专利的功能类似，他们不是相互补充和依赖，而是互相替代。如果没有有效的制度安排，障碍性和互补性专利的开发利用会十分困难甚至不可能实现。专利池是一种有效的制度安排，它通过整合互补性和障碍性专利，有利于消除专利实施障碍，促进专利开发利用。夏皮罗（Shapiro，2003）指出完全互补型的专利池能够整合分散专利、消除专利许可和实施的障碍。专利池将分散的产权集中起来，交由单独的决策者控制，不仅可以避免专利碎片化、专利重叠带来的"反公共地悲剧"问题。不过，值得注意的是，如果专利池集中了竞争性专利，则很可能导致垄断行为。

2. 专利池许可机制

专利池通过对内交叉许可和对外打包许可两种专利许可机制，实现价值在不同专利权人之间的分享。对内交叉许可是一种基于谈判的、在产品或产品生产过程中，需要对方拥有的专利技术的时候，而相互有条件或无条件容许对方使用本企业专利技术的契约。契约内容没有统一的标准，除了容许双方使用各自已被授权的专利技术外，可以包括固定或可变动的许可费，同时还可以包括双方拥有的所有专利或部分专利以及未开发专利等。对外打包许可一般应遵守 FRAND 原则。许可费计算方法包括市场法、收益法和成本法等。标准必要专利许可费率常受到标准化组织的限定，一般不超过专利产品净售价的 5%。专利池打包许可一般还有专利回授（grant back）条款，要求专利池被许可人对许可人或者其他被许可人就其拥有的知识产权提供一定程度许可，回授许可范围可能包括被许可人已经享有的专利权，也可能包括其将来可能享有的专利权（任声策，2007）。

3. 专利池成本机制

专利池"一站式"打包许可降低了专利使用成本，提高了专利利用效率。专利使用者无须与每个专利权人逐一谈判，节约了交易成本，包括搜寻成本、信息成本、议价成本、许可成本等，消除了"敲竹杠"风险（Shapiro，2001）。在 19 世纪的缝纫机行业，直到 1856 年，制造商支付了 25 美元的统一费用以获得伊莱亚斯·豪（Elias Howe）的平缝技术专利许可。当该池在当年成立时，它将成员的许可费降至 5 美元，外部公司的许可费降至 15 美元（Lampe and Moser，2013）。李玉剑和宣国良（2004）研究发现，现代专利池能够帮助有效节约技术交易成本，包括协调成本、机会主义成本和诉讼成本等。专利池能保护企业免于繁杂的专利纠纷，大大降低了专利诉讼成本。卡尔森（Carlson，1999）指出专利池有利于减少专利侵权诉讼和无效诉讼，加速企业技术进步。专利池在减轻企业负担的同时，也减少了社会法律资源浪费。

4. 专利池交流机制

专利池是一个先进技术的集合体（任声策，2007），本质是一个知识共享机构，专利池内部成员之间技术相似，彼此之间学习和知识吸收更为容易（Lerner et al.，2003）。专利池在成员之间搭建了一个信息交流和知识共享平台，促进了专业知识在池内成员之间交流、传播、分享。池内成员能够根据自身需求开发相关技术，避免盲目和重复研发投入，减少了创新资源浪费。专利池管理机构与池内成员签订契约，一般要求成员披露已经核准公布的专利信息，池内成员在专利池组建过程中有义务检索专利，披露可能涉及自己的专利信息，并表示许可意向。如果池内成员故意隐瞒其可能涉及的核心专利，或者不做专利检索，但在专利池运行后主张该核心专利权利，阻碍专利池运行，则可以认为其违反披露义务。披露内容既包括已获得授权核心专利和非核心专利信息，也包括尚未获得授权但正在申请的、将来可能获得授权的与专利池技术有关的专利信息（任声策，2007）。

3.1.3　不同生命周期专利池的运作

自然生命体通常会经历出生、成长、成熟以及衰退等生命周期。基于仿生视角对专利池生命周期进行阶段划分，更能体现专利池的发展特性。专利池分为形成、发展、成熟、衰退四个阶段（刘介明等，2010）。在不同阶段，专利池的组织管理模式和行为特征随着其资源禀赋变化而变化，市场影响力和获益主体也发生相应变化，如图 3 - 3 所示。在形成阶段，往往由拥有核心技术的一家或几家企业相互许可，形成具有专利池性质的松散型组织，主要由这几家核心企业协调管理，受益主体也是核心主导企业。

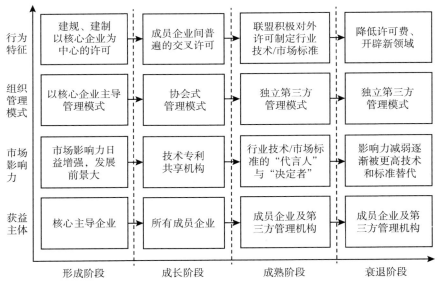

图 3 - 3　专利池生命周期各阶段运作机理模型

资料来源：刘介明，游训策，柳建容. 基于生命周期理论的专利联盟运作机理研究［J］. 科学学与科学技术管理，2010，31（4）：56 - 60.

该阶段运作目标：规范加盟企业知识产权管理；加强专利积累和扩充；搭建池内企业技术交流平台。运作内容：在保证技术优势的基础上，搭建技术交流平台，积极推进专利池必要专利技术在池内成员之间扩散；加大专利池技术开发力度，扩大必要专利组合规模；构建各种规章制度，制定完备的专利池专利许可协议，规范专利许可活动。

在发展阶段，用户安装基数迅速攀升是最大特征，也是专利池正常成长的重要保证。加入专利池的企业越来越多，专利池技术得到迅速推广，行业影响力得到显著加强，并开始在行业内具有一定话语权，采取协会式管理模式。主要目标：池内成员在技术上共同"合法"垄断市场；共享许可费收益，共享技术资源。主要运作内容：加强池内成员之间广泛、深入合作与交流；广泛开展池内成员之间专利交叉许可、回授；规范池内成员的加盟与退出管理。

在成熟阶段，专利池成为行业"代言人"与"决定者"，可以制定行业技术标准与市场标准。随着规模的扩大，专利池管理模式主要采取独立第三方管理模式。运作目标：控制行业技术标准与市场标准；保持专利池市场竞争力和生命力；尽可能获取利润，合法构筑技术壁垒。运作内容：制定或修改行业技术标准与市场标准；不断追求创新，吸纳最新专利，剔除无效专利；积极对外许可，扩大专利池标准使用范围；完善利益分配与风险防范机制。

在衰退阶段，专利池技术被更先进技术迭代，专利池影响力逐渐减弱。运作目标：尽量获取残余利润；避免专池内成员矛盾激发；为过渡到另一专利池作好准备。运作内容：积极推行专利池技术标准，降低许可费用；规范专利池退出机制；做好技术跟踪与预测工作，为顺利过渡到升级版专利池做准备。

3.2　专利池成员技术竞争动力机制与制约条件

3.2.1　专利池成员技术竞争动力机制

专利池成员技术竞争动力是研究其激励机制的核心问题，由内部要素和外部要素构成。在企业内部，产权结构决定了作为经济组织的企业内在地追求经济利益。在企业外部，市场结构和经济政策调节着企业追求经济利益的强度及方式，而企业家是联结企业和市场的中坚作用。根据这个框架，将技术竞争动力分为三个方面：一是产权动力，包括经济利益和知识产权；二是外部环境动力，包括市场结构、政府激励与规制、市场拉动与技术推动；三是企业家动力，即企业家精神（欧阳新年和周景勤，2001）。

1. 经济利益

技术竞争是为利益竞争服务的。利益目标是池内成员技术竞争的目标所在。在价值规律支配下，追求最大经济利益并为此激烈竞争是一切市场经济活动的根本动力。专利池成员技术能力和对专利池的贡献往往不相同。贡献更大的企业往往享有更大的权利和更高的专利许可收益。为了从公共利益中分得更大比例的私人利益，池内企业纷纷相互竞争。池内领先企业因技术创新产生的示范效应与利益效应，会在池内企业之间造成不平衡和压力感，对其他企业起到激励与促进作用，引起其他企业与领先企业技术竞争和学习竞赛，这样也造成其他企业对池内领先企业的激励。池内企业甚至可能将池内合作伙伴告上法庭。只要新技术的创新力仍然存在，成员之间的经济利益还没有平衡，这种激励及由此而产生的技术竞争过程会自动持续下去。

2. 知识产权

产权的产生和运用在于确立一种经济秩序。美国经济学家哈罗德·德姆塞茨（Harold Demsetz，1967）指出，产权界定人们如何受益及如何受损，因而谁必须向谁提供补偿以使他修正人们所采取的行动。专利制度就是运用知识产权来保持和确立池内成员的技术竞争优势。专利制度规定发明者对其发明产品和技术有一定年限的垄断权，排除了模仿者对创新者权益的侵犯。专利权人可以运用一定时期的垄断权来维持技术优势，有效地激励技术创新，并运用这种优势选择技术扩散的时机和对象，进而获得技术转让或许可收益（欧阳新年和周景勤，2001）。专利池往往与技术标准"捆绑"在一起，联合组建专利池可以促进技术标准形成，激发同一技术范式的直接网络效应、不同种类互补配套技术产品的间接网络效应，促进技术扩散与推广。技术标准胜出者攫取了行业中绝大部分利润。具有网络效应与技术锁定效应的技术标准拓展了专利权人获益空间和时间，进一步提升池内企业技术竞争力（Dequiedt and Versaevel，2013；朱雪忠等，2007；Lerner and Tirole，2004）。

3. 市 场 结 构

市场结构对专利池成员技术竞争也有一定影响。市场结构不同，市场竞争程度也不相同，对技术创新所产生的驱动力也就不同。一般来说，垄断竞争下的市场结构，既存在一定程度的垄断，又保持中等程度竞争，存在竞争对手的威胁，最有可能促进技术创新（欧阳新年和周景勤，2001）。首先，企业创新动机始于竞争压力和对市场份额的需求。技术创新可以降低生产成本，使创新产品价格低于创新前产品价格。创新的目的在于获得这种价格差。其次，创新者面临众多竞争者的模仿性竞争。创新者从本质上希望垄断这种创新成果，以期获取较长时期垄断利润。但竞争导致垄断不可持续化，垄断必然在某一时期被冲破。冲破垄断的力度和时间在于竞争者突破创新者技术的速度或利用另外的创新替代原创新者的创新。由此，竞争不断发生，竞争与垄断不断交合，给企业不断注入技术创新的竞争动力。

4. 政 府 激 励 与 规 制

在技术竞争全球化时代，政府通过各种措施与政策激励企业技术创新，提高技术竞争力，包括：（1）创新税收优惠政策，如针对研发活动的加计扣除税收优惠、针对新产品开发的税收优惠、出口退税等；（2）直接投资措施，如建立科学技术基础设施；（3）融资政策，如鼓励风险投资、设立科技银行、完善资本市场（新三板、创业板等）等；（4）科技人才发现、培养、激励机制；（5）扩大对技术创新及其技术产品的服务或需求，包括政府采购等；（6）知识产权保护政策，如对商标、专利合法权益的保护；（7）其他创新政策，包括环境导向、创新扩散、战略联盟、合作研究等。

专利池与技术标准相伴相生，而政府是技术标准化进程中的重要参与者，因此政府在支持技术标准形成与推广的同时也提高了专利池成员技术竞争力。通过行政审批、舆论宣传、政府采购以及税收、贴息、减免租金等财政支持政策，政府谈判、组建专门的技术标准机构、参与制定技术标准战略等方式，政府为技术标准化进程提供了一定支持，有助于引导和推动技术标准形成、指引技术标准发展方向（蒋明琳等，2014；2016）。政府牵头、联合各创新主体组建的技术标准战略联盟，可以有效降低市场推广成本，在技术标准形成和国际推广过程中发挥着重要作用（刘彤等，2012；Van et al.，2013）。

高技术企业专利池涉嫌垄断和妨碍竞争，因此受到严格规制，主要包括法律规制和政府规制。法律规制主要包括针对专利保护不足的专利保护规制以及针对专利保护过度的标准必要专利（standard essential patent）滥用及垄断规制等（丁亚琦，2017；Kang and Bekkers，2015），政府规制主要包括舆论规制、财政规制与直接规制等（Audenrode et al.，2017；蒋明琳等，2016）。美国对专利池垄断的法律规制经历了从宽松放任到强硬严格再到"回暖"的变化，经历了兴起、反垄断、理性发展等阶段。相关法律法规包括美国《谢尔曼法》《知识产权许可的反垄断指南》，日本《禁止私人垄断及确保公正交易法》《专利和技术秘密许可协议中的反垄断法指导方针》《标准化与专利池安排指南》，欧盟《技术转让规章》《专利许可条例》《技术许可协议集体豁免条例》，世界知识产权组织《技术转让合同管理示范法》，联合国《国际技术转让行为原则》等。我国反垄断法律规制主要是通过标准化法、专利法与反垄断法（汪方军等，2008；朱相宇和乔小勇，2015；郑伦幸，2018；刘珊和庄雨晴，2016）。反垄断司法裁决以联盟中限制性许可条款、专利回授条款、专利的必要性与有效性、许可费比例、FRAND原则、专利评估专家的独立性等为判断依据（张俊艳等，2016）。专利池规制有利于保障开放的信息交流，促进资源互补、利益共享、风险共担局面形成（姚远和宋伟，2011），对于解决市场失灵、推动池内成员技术竞争具有积极作用。

5. 企业家精神

企业家要对企业技术竞争作出决策，确立技术竞争战略，并通过组织和控制，最终获得技术竞争优势（欧阳新年和周景勤，2001）。在这一系列具体活动中，企业家主要执行技术竞争的决策职能，并承担其风险。决定企业家技术竞争的是企业家精神。企业家精神包括创新精神、冒险精神、实干精神、拼搏精神和奉献精神等，但是竞争贯穿于企业家精神的精髓。企业家精神是企业技术竞争的强大推动力。技术创新是企业家精神在企业技术竞争中的实践，企业家不满足于企业技术体系（包括产品技术、生产工艺技术、生产设备技术和管理技术）的现状，力求改变现状，用创新推动企业不断发展。创新意识使企业家不断地寻求技术创新机会，运用合适的技术手段，确立技术优势。

6. 市场拉动与技术推动

在市场竞争条件下，科技发展和市场需求相互作用的力量构成专利池成员之间技术竞争的基本动力。市场需求为企业提供创新思路和创新机会，诱导企业形成以市场为导向的技术竞争战略，诱发和刺激企业家的内在动力。科技成果积累，会使创新主体对技术选择有更大余地。如果技术选择正确，会使创新主体独辟路径，获取丰厚利润，甚至形成新产业。但如果选择不当，创新活动则会因市场没有需求而失败。因此，需求拉动和技术推动对技术竞争同时产生作用（欧阳新年和周景勤，2001）。

专利池成员技术竞争各动力要素之间的有机联系和协调运作循环，构成了专利池成员技术竞争动力机制，如图 3 - 4 所示。

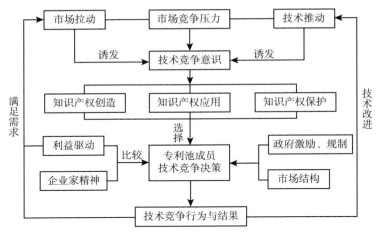

图 3-4　专利池成员技术竞争动力机制

3.2.2　专利池成员技术竞争制约条件

1. 信息

信息在企业技术竞争中具有关键作用。企业技术竞争的着眼点在于进入和占领国内外市场。引起企业技术竞争动机的乃是市场信息。技术竞争的背后是经济利益动机。引起企业技术竞争的信息具有结构层次性和多元性。首先是国内外经济信息，包括由技术变动而引起的产品技术指标变化和性能价格比，由技术变动而引起的市场供求变化，以及适合技术变化的经营管理信息、环境变化信息等。尤其是在国际市场上从事生产经营，国际经济信息更是起着导向作用，谁掌控了这个导向，谁就会赢得国际市场，在竞争中立于不败之地。其次是国内外科技信息。企业作为技术组织将时刻关注科技发展信息以及由此引起的产业变动。产业的发展往往受科技导向影响。信息工作能及时提供支持企业所采用技术的相关理论研究和产品开发工作。从而使企业及时地掌握可供利用的技术信息，运用技术开发新产品，以满足市场需求，也可以避免由于技术变动而引致的市场风险。再次是市场反馈信息。通过市场反馈信息，可以检验企业产品对市的适应程度，以调整产品的技术含量和技术层次，满足市场需求。

另外，环境条件信息和产业信息也可以引起或促进企业技术竞争。环境条件信息包括政策、法律等方面的信息，政策环境可以表达政府对有关技术发展的政策导向，法律环境条件可以保证企业技术发展的有法可依程度。产业信息可以提供产业的技术层次、技术种类、技术水平以及技术在产业之间的渗透与扩散状况，使企业进行产业技术定位，从而确定相应的技术竞争战略与策略。

随着高科技的发展，信息正在发展成为一个大的产业。企业对信息的需求更大，而对信息的处理更加复杂。信息的结构、形态、功能越来越深刻和多元化。对同一信息的不同理解和处理，可以给企业带来截然不同的风险和结果，因此，必然要求企业不断地提高运用和驾驭信息的能力，改善加工处理信息的手段和方法。从某种意义上讲，竞争能力取决于对信息的处理能力。

信息对技术竞争的促进作用，表现为信息促进技术转移和扩散。技术发明和应用可以给企业带来巨大经济利益。率先发明或应用的企业所产生的利益效应，会在信息传播中引起其他企业对该项技术的渴求。如果企业具备应用该技术的能力和经济需求，会促使企业由围绕应用该技术的竞争，发展成为对市场份额的竞争。在这里信息优势将转化为技术优势，进一步转化为市场优势。在技术保护和垄断的情况下，企业会综合运用技术、法律或其他信息，以获得技术优势。

2. 资本

技术竞争需要一定的资本投入，其资本制约主要表现在以下几个方面：（1）技术形成一定的生产经营能力要求以最低的资本规模为基础。技术含有一定数量和质量。技术数量和质量理论上可以分解，但实际不具有可分割性。技术实施必须有一个最低规模的资本额度，否则就无法实施这一技术。例如由某一技术所决定的生产线或总装车间等，就不能再分割。如果要建立这种生产线或总装车间，必须具备与其相适应的资本规模。（2）实现经济规模所必需的技术规模要求企业具备经济规模所要求的资本规模。实现了某一技术规模运用所要求的资本规模，不一定能达到企业运行的经济规模。要实现经济规模，必须在技术质量一定的情况下，扩张技术数量，使技术规模适应经济规模，表现为对资本规模的要求与技术扩张一致。现实往往是资本规模限制了技术规模扩张。（3）技术开发需要连续不断的资本投入。技术能力的积累和形成，往往是资本投入的函数。如果企业具有持久的资本投入能力，一般地讲，就会具有较强的技术开发能力。正是那些通过连续不断投入技术研发的企业，往往在产业中具备领先地位，不断开发出新工艺和产品，占据并不断扩大市场份额。（4）技术竞争风险必须以其足够的资本规模补偿。技术竞争往往具有高风险。如果技术竞争成功，可能给企业带来巨大经济效益。通过资本支持，可以防止由于竞争失败而使企业陷于失败。（5）技术竞争以一定的技术项目或工程项目为载体。这些项目必须具有资本的配套，否则项目难以正常运行。

综上所述，资本成为企业技术竞争的关键性制约因素。企业所面临的问题，并不是单纯的技术问题，而是技术和资本的协调问题。资本的实力决定了企业技术竞争的能力。在现实中，企业往往受资本的限制，面临技术创新和金融创新的双重任务。技术竞争取决于企业能否筹集到与技术要求相适应的资本。

3. 企业对技术的需求

企业对技术的需求极大影响着企业技术竞争的强度。当企业表现出对技术的强烈需求时，技术竞争便会发生，并且相当激烈；当企业对技术需求弱化时，技术竞争就会比较平静。企业对技术的需求取决于三个因素：（1）新旧技术的示范比较。如果旧技术能带来一定经济利益，采用新技术的需求就可能弱化；但如果采用新技术能够起到良好的示范作用，采用新技术所获取的经济利益远远大于旧技术的经济利益，企业就可能增加对新技术的需求。新技术的示范作用往往通过最先使用者的展示。如果这种作用良好，后续企业就可能害怕落伍而纷纷采用新技术。在这种情况下，会加速原有技术的淘汰进程，增加对新技术需求，技术竞争变得激烈。（2）新技术开发成本与其收益的比较。新技术开发需要一定成本，必须在其未来收益中得到补偿。如果新技术开发能够带来巨大的预期收益，企业对新技术的开发需求就会增加。如果不能补偿成本并获益，企业就不会开发，从而减少对新技术的需求。（3）利用技术获取竞争优势的渴望强度。当企业强烈地希望通过技术扩张谋取竞争优势时，对新技术的需求强度会增加。当一批企业在原有技术基础上对市场瓜分均衡时，那些力求占领更大市场份额的企业往往会采取技术突破的方式，运用新技术进行产品改革，增加新技术需求，而后续企业为了保住市场份额，会纷纷寻找和开发新技术。技术竞争十分激烈，对新技术的需求也很强劲。

4. 技术积累与技术能力

企业的技术积累是指企业在生产经营过程和技术研究与开发过程中所具备和掌控的、能够影响企业生产经营能力的技术种类、技术规模、技术质量水平等的总称，包括技术研发机构状况，员工技术素质，生产经营设施所包含的技术积累，产品开发中的设计、测试、投入生产的技术能力积累，信息处理能力的技术积累。企业技术能力主要是指技术创新和采用能力。技术创新能力是指运用自身的技术积累、结合市场需求信息、创造新技术的过程表现。它不仅包括从事技术创新的物质实力，也包括组织创新的精神力量。这一能力所形成的技术具有产权，容易形成技术优势。技术采用能力主要指技术跟踪和引进消化吸收能力。企业的技术竞争伴随着技术积累与技术提高的活动。如果不能在竞争中进行有效的技术积累并创造技术优势，其竞争力将大大削弱。

3.3　专利池技术合作对技术竞争的影响机理

3.3.1　资源禀赋视角下的影响分析

高科技企业专利池技术合作为池内成员技术竞争提供大量互补配套资

源。专利池技术合作是获得新技能的一种及时、低成本的机制。没有一家企业在资源、技术和知识等方面具有绝对优势（Teece，1986），也无法独自完成企业发展中所需要的全部创新。对于研发活动多、产品开发周期长、资源投入大的技术密集型企业尤其如此。企业与他人的关系可以视为一种资源，它是嵌入公司关系中的外部资源，因为通过这种关系可以获得合作伙伴资源的访问权（Lavie and Rosenkopf，2006）。高科技企业专利池为池内成员构建了关系网络，加速了池内成员技术积累，提高了池内成员技术能力。通过入池专利的交叉许可，池内成员可以穿过"专利丛林"，使用池内专利，实现技术互换，优势技术互补配套，推动了企业专利技术实施，提高池内成员技术竞争力（Vakili，2016）。加入专利池，可以获得互补配套技术，并且避免实施这些专利的纠纷，加快技术发展（Carlson，1999）。技术标准下的专利池成员可以通过标准实施、利用其网络外部性控制庞大的市场（朱雪忠等，2007）。此外，专利池对行业技术采用、成员企业专利宣传和品牌强化都有正面作用，这些作用会进一步作用于池内成员的专利战略（任声策，2007）。

高科技企业通过专利池技术合作可以促进专利技术推广、增加专利许可收入，可以为促进池内成员技术竞争提供资本支持。高科技企业竞争首先体现为不同技术标准范式之间的竞争，往往是产品未动，标准先行，逐渐形成由"技术专利化"升级为"专利标准化"的基本格局。专利池往往与技术标准"捆绑"在一起，联合组建专利池可以促进技术标准的形成，带来合法性、声誉和地位，激发同一技术范式的直接网络效应、不同种类互补配套技术产品的间接网络效应，促进技术扩散与推广。技术标准胜出者攫取了行业中绝大部分利润。具有网络效应与技术锁定效应的技术标准拓展了专利权人获益的空间和时间，企业加盟专利池欲望强烈，专利池促进技术扩散，通过对外许可赚取技术标准（专利）对外许可费，获得高额研发回报，从而刺激企业技术创新（Lerner and Tirole，2004；Dequiedt and Versaevel，2013；朱雪忠等，2007）。

池内成员通过高科技企业专利池技术合作可以减少交易成本和诉讼成本，降低研发投资与风险。专利池可以使企业通过直接与专利池管理公司而不是与每个专利权人分别协商，可以有效降低"敲竹杠"等机会主义行为，节约专利协调成本和技术实施成本。专利池许可包括许可费标准、许可方式等条款（陈欣，2007）。专利池通过入池专利的交叉许可消除专利丛林形成的专利障碍，可以避免或减少产品生产与销售时的专利诉讼（岳贤平和顾海英，2005）。

池内成员通过高科技企业专利池知识共享平台，可以学习到更多的行业前沿信息，促进池内成员的技术学习与模仿，提高池内成员双元创新能力，进而提高技术竞争力。专利池会产生技术溢出（技术扩散）效应，企业可以通过加入专利池的方式接近和获得联盟伙伴的关键信息、技术诀窍或能力，为自身的发展创造价值（Hamel，1991；Khanna et al.，1998）。联盟学习是企业获取知识的一种成本较低方式，专利池营造了交流沟通、知识分享环境，使池内成员便于知识学习和资源积累，池内成员或相似或互补，有助于提升学习意愿和能力（任声策，2007；周青和陈畴镛，2012）。

3.3.2　组织学习视角下的影响分析

高科技企业专利池技术合作促进池内成员学习竞赛。在联盟组合中学习是企业之间合作竞争的支点。从知识学习角度来讲，技术联盟是建立在以知识学习为纽带的多维度互动过程，包括联盟成员之间知识传递、分享、整合以及知识再创造。专利池营造了交流沟通、知识分享环境。池内成员在专利池知识共享平台，可以学习到更多的行业前沿信息，促进池内成员学习与模仿。通过组建联盟的方式接近和获得联盟合作伙伴关键的信息、技术诀窍或能力，是池内成员加入专利池的重要原因。专利池成员往往具有相似的"主导逻辑"（dominant logics），他们面临类似的难题，有助于增强学习意愿，提升知识吸收能力（任声策，2007；周青和陈畴镛，2012）。联盟学习不仅可以激发联盟伙伴合作，还可以促进竞争性的"学习竞赛"，即在竭力学习池内其他企业能力的同时防止自己的缄默知识、技术诀窍、核心能力泄露给其他企业。卡纳等（Khanna et al.，1998）用私人利益和共同利益的概念解释了联盟中的学习竞赛。每个成员企业都想利用联盟伙伴的知识获得私人利益，且私人利益越大，学习动机就越强，学得就越快。

联盟学习会影响池内成员之间的技术竞争。专利池成员向联盟伙伴学习的强度越大，对联盟伙伴的各类技术资源的整合力度就越大，其在专利申请中引用联盟伙伴的专利就越多。专利引用和申请的过程也是企业在联盟伙伴"基本专利"的基础上开发"从属专利"的过程，引用力度越大，专利之间越容易形成障碍关系，越容易导致专利丛林。在没有得到"基本专利"许可的情况下实施其专利，或者在没有得到"从属专利"许可的情况下实施专利，都可能引发专利侵权和诉讼，即学习强度越大，发生专利诉讼的可能性越大。学习强度越大，越可能赢得联盟合作的学习竞赛（Hamel et al.，1989；Hamel，1991；Khanna et al.，1998），越能提高技术竞争力，增加专利申请和授权规模，促进企业成长和竞争优势提升，进一步提高企业维护专利权、保护企业利益的决心。企业专利权一旦受到侵犯或可能受到侵犯，不管侵犯方是否为池内企业，专利池成员都将通过专利诉讼等手段来阻碍竞争对手、推动专利许可、争夺市场份额、获取经济效益和提升品牌知名度。

3.3.3　知识基础视角下的影响分析

知识基础理论认为组织都是异质性的知识承载实体，他们将知识应用于产品生产（Foss，1996）。知识基础理论假定知识并非由整个组织而是由单个个体创造、储存和适应的。组织是储备生产性知识的仓库，不同知识储备决定了其效率的差异，有助于提高竞争优势。技术是知识的具体体现形式。基于知识基础的视角分析以资源稀缺和知识学习为目的的战略联盟，可以看出联盟成员的不同知识储备是相对竞争优势的来源，不同的知识储备也决定联盟成员在未来的技术水平上差距。知识储备和技术领域的多样性共同构成了"技术空间"。在这个空间中，各企业技术可能有不同距离（Breschi et al.，2003）。吉尔森等（Gilsing et al.，2008）将技术距离定义为企业间技术知识库的差异。技术距离将成为战略联盟企业选择合作伙伴、形成合作关系以及进一步技术创新的基础。高科技企业专利池各成员拥有不同的知识储备，具有一定的知识水平差距，体现出不同企业间技术能力的差别，形成了池内成员之间的技术距离。技术距离直接反映了不同背景企业与合作伙伴相比在自身所处行业的技术能力差别，也决定了池内成员的技术创新水平。

企业之间的认知距离与焦点企业创新绩效存在一定关系（Nooteboom，2007）。技术和知识结构上的相似性是行业内不同企业之间、企业内不同部门之间技术创新的前提条件（曾德明和陈培祯，2017）。企业知识的认知距离对技术创新和企业发展具有重要影响（Francesco et al.，2009）。高认知距离的企业更有可能徘徊于多个熟悉的技术领域，导致企业战略决策定位不明，无法开展针对性创新，难以形成核心竞争力（曾德明和陈培祯，2017）。高认知距离会增加知识学习的难度以及新旧知识整合成本，创新效率降低（Colombelli et al.，2013）。高认知距离会降低彼此交流的意愿，导致技术部门之间沟通壁垒增大，企业将承担更多交流、协调和整合等官僚成本，无法享受范围经济带来的好处（Granstrand，1998）。认知距离负向调节知识基础宽度与双元创新（含探索式和利用式创新）绩效之间的关系（曾德明和陈培祯，2017）。

知识距离也会影响专利池成员之间的竞争（Dussauge，2000）。专利池往往由行业竞争者联合组建，他们通常拥有共同的能力基础，使用类似技术并满足类似顾客需求。知识距离越小，说明他们在技术、产品、客户等资源上的重叠度越高，竞争越激烈（张运生等，2020）。

3.3.4　社会网络视角下的影响分析

嵌入网络的企业同时是信息的传递者和接受者，为企业之间的知识流动提供渠道。企业能够从相互交织的联盟网络中获取更广范围的网络资源，接触更多合作伙伴，从而巩固企业的资源储备并提高获取关系租金的能力（Lavie，2006；Hoffmann，2007）。尼尔森（Nielsen，2005）指出紧密的网络结构有利于提高信息交流频率与广度，有利于成员相互信任，共享行为规范，遏制机会主义行为。

网络结构能影响信息扩散的动态性（Funk，2013）以及信息在直接连结与间接连结之间的传递（Phelps，2010）。在专利池中，通过联盟成员相互交织的关系网络，企业能够提高其在网络中的身份辨识度，赢得网络中其他成员的信任，通过参与集体活动获得特权、认知并遵守协作规范（Ozdemir，2016）。基尔达夫和塞（Kilduff and Tsai，2003）将联盟网络结构分为自我中心网与整体网，认为网络结构能够反映网络关系以及联系的配置与密度。纳哈皮特和戈沙尔（Nahapiet and Ghoshal，1998）认为结构资本描述了组织间联结的客观配置情况。部分研究针对整体网结构进行综述，关注密度、中心势以及子网或派系。利帕里尼和洛米（Lipparini and Lomi，1999）认为信息通过网络传递的过程中受到网络结构和产业结构中单个组织位置的影响，大企业在信息传递中扮演更重要作用。索达等（Soda et al.，2004）研究发现过去网络结构往往比现有结构对网络的绩效影响更大。个体网视角一般用于解释个体或组织参与网络会如何影响其行为与结果，相关研究有助于回答以下问题：二元或网络联对组织绩效的影响，哪种类型的关系对网络成员更加有利，哪个网络位置更有影响力，组织网络位置如何随着时间改变（戴海闻，2018）。其测度指标主要包括：

（1）度数中心度。度数中心度指网络中某节点与其他节点保持的直接联系数。如果某节点度数最高，则该节点居于网络中心，属于中心人物，拥有最高权力。如果节点关系是双向的，中心度可分为"点入度"和"点出度"，表示该节点从网络中获得的资源以及从节点流出网络其他节点的资源。

（2）接近中心度。接近中心度指某节点与网络中所有其他节点的捷径距离之和，表示不受其他节点控制的程度。如果与网络中所有其他节点距离都很短，则该节点具有较高的接近中心度。与度数中心度不同，接近中心度被视为交换网络资源的价值机制，体现了行动者对整体网络的控制能力。接近中心度越高，其信息资源、权力、声望及影响力越强。

（3）中间中心度。如果一个节点处于许多其他节点对（pair of nodes）的捷径上，则说明该节点处于中间位置，有较高的中间中心度。该节点具有控制其他节点的交往能力，居于重要地位，它通过控制或者曲解信息的传递而影响网络群体（Freeman，1979）。中间中心度越高，对资源控制程度越高。

（4）结构洞。结构洞指两个节点之间的非冗余联系（Burt，1992）。假设有三个节点 A、B 和 C，如果 A 和 B 都与 C 有联系，而 A 与 B 之间不存在关系，则称 C 与 A、B 之间的关系结构就是一个结构洞。结构洞会成为社会资本，占据者往往扮演着中介人（broker）角色，在网络关系中具有重要影响（Burt，1992）。

专利池技术合作结构是指企业嵌入专利池的结构性特征。学术界在研究如何管理企业自我中心网络上存在不一致的结论。崔等（Cui et al.，2018）以 1984～2003 年美国制药业为样本进行实证分析，发现相对探索（即焦点企业与合作伙伴之间探索性联盟占所有联盟的比例）与产品市场合作伙伴之间竞争呈倒"U"形关系，而关系嵌入和结构嵌入会负向调节这种关系，位置嵌入会正向调节这种关系。张运生等（2019）实证发现专利池技术合作与池内成员技术创新绩效呈倒"U"形关系，位置嵌入对这种关系具有负向调节作用。张运生和杨汇（2020）通过实证分析 MPEG - 2 专利池，发现专利池总体上遏制了池内成员的技术创新，位置嵌入负向调节专利池技术合作对技术创新绩效的影响，具体来说，专利池会遏制专利池网络中心成员技术创新，但激励专利池网络边缘成员技术创新。专利池结构对高科技企业专利池技术合作对成员之间技术竞争有怎样的影响？其影响机理如何？本书认为，应考虑核心企业所处专利池网络结构特征带来的权变效应，因此引入网络位置作为调节变量，在专利池技术合作对技术竞争影响的分析框架中。

3.4 专利池技术合作影响技术竞争的理论模型

3.4.1 直接效应理论模型

有关战略联盟的研究表明，企业之间合作会导致双方进一步合作（Gulati，1995；Barden and Mitchell，2007；Li and Rowley，2002），同时也会导致双方的冲突与竞争（Tidstroem，2009；Cui et al.，2018），而合作对竞争的影响并未得到充分关注（Cui et al.，2018；Peng et al.，2017）。虽然一些学者研究了合作伙伴之间的竞争性学习，即合作伙伴通过竞争来增加私人利益而不是共同利益（Cui et al.，2018；Lavie，2007；Hamel，1991；Khanna et al.，1998；Yang et al.，2015），但集中于产品市场领域（Cui et al.，2018；Peng et al.，2017；Chi et al.，2007；Andrevski et al.，2016），在技术市场领域，竞争者之间的联盟合作对他们之间技术竞争的影响仍然知之甚少。

专利池作为战略联盟的一种重要形式，同样存在合作竞争现象。学术界并未充分关注专利池技术合作对池内成员之间技术竞争的影响。虽然研究人员在理论上分析了加入专利池可以减少专利诉讼，但并没有得到实证检验。专利池相关数据资料较为分散，实证研究较为匮乏（詹映和朱雪忠，2007）。目前的研究集中在专利池形成机理（张利飞和王杰，2017；杜晓君等，2010）、治理机制（Shapiro，2001；Lampe and Moser，2013；周青和陈畴镛，2012；任声策等，2010）、竞争促进与限制机制（朱振中和吴宗杰，2007）、创新激励与阻碍机制（张运生等，2019；张运生和杨汇，2020）。少数文献研究了专利池专利诉讼（Gupta and Snyder，2014；Horner，2014；Vakili，2016），但主要是从理论上进行分析，没有得到实证检验。事实上，竞争是市场的规则，战略联盟是一种竞争行为，专利池作为一种横向联盟通常具有较强的竞争倾向（Chen，1996；Chiambaretto and Fernandez，2016）。加入专利池也极有可能因为竞争性学习（Hamel，1991；

Khanna et al.，1998；Yang et al.，2015）、知识同质化（Dussauge et al.，2000）而加剧企业之间技术竞争。基于以上理论分析，可构建高科技企业专利池技术合作对技术竞争的直接影响理论分析框架，如图 3 - 5 所示。

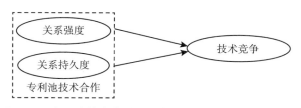

图 3 - 5　专利池技术合作对技术竞争的直接影响理论模型

3.4.2　中介效应理论模型

1. 双元创新的中介作用

高科技企业专利池成员之间的技术竞争尤其是专利诉讼已引起学界和业界的高度关注。学者们不仅关注专利池的竞争促进或限制机制（朱振中和吴宗杰，2007），而且正积极发掘专利池内技术竞争的驱动因素（Gupta and Snyder，2014；Horner，2014；Vakili，2016），但目前主要是理论分析，缺乏实证检验。专利池属于一种竞争性联盟，高科技企业选择专利池技术合作的参与程度是复杂的，但对于高科技企业技术竞争是至关重要的。更广泛的专利池技术合作意味着焦点成员可以使联盟双方更加信任、互补配套技术更加丰富、专利许可收益更高，但也意味着联盟伙伴重叠度更高的业务，可能产生更多机会主义行为、导致核心技术泄露。高科技企业专利池关系强度和持久度是否以及如何影响其技术竞争？作为管理学领域一个新兴研究方向，组织双元性研究的独特视角受到学者广泛关注。另外，多数高科技企业在创新过程中面对一个"两难"问题——是脱离现状开展探索式创新，还是基于过往积累开展利用式创新？探索式创新是指不断追求新知识、开发新产品与新服务的创新行为，主要针对潜在或新兴市场需求的创新（朱明洋等，2020）；利用式创新则强调对质量的持续改进，不断延伸现有技术和知识，扩展现有产品和服务，提高现有流程效率和现有产品的销售率，主要针对当前市场需求的创新（Benner and Tushman，2003；王侃和唐赛君，2021）。组织需要在探索式创新与利用式创新活动中分配资源，因此两者存在竞争关系。探索式创新能够创造全新的技术组合，获取新市场和新机会，但其投资需求大、创新风险高，仅仅重视探索式创新容易陷入"失败陷阱"。

基于此，不少学者研究双元创新的中介作用。例如，王侃和唐赛君（2021）研究了双元创新在战略学习能力与竞争优势间的中介作用。吕途等（2020）研究发现，双元创新在机会利用能力、整合重构能力与新产品开发绩效之间存在部分中介作用，在机会感知能力与新产品开发绩效之间存在完全中介作用。朱明洋等（2020）研究了企业双元创新战略在网络自主权与商业模式创新的中介作用。吴建祖和肖书锋（2015）研究了决策者双元创新在研发投入跳跃和企业绩效之间的中介作用。如何在探索式创新和利用式创新之间进行权衡，优化配置企业资源，同时确保组织的长期绩效与短期绩效，是企业双元创新需要解决的问题，需要深入探讨。

一方面，资源基础理论认为组织需要通过获取外部环境中的资源推动可持续发展，组织必须与环境交换资源。企业通过联合组建专利池，为争取互补配套技术资源，通过积累独特的资源与能力获得持久的市场竞争优势与技术竞争优势。其中，在专利池中积累资源能够影响企业双元创新。另一方面，技术创新是技术竞争的基础。企业发动技术进攻或防备他人技术攻击均离不开技术积累和创新能力。探索式创新侧重于对新知识的学习与探索，利用式创新侧重于对现有知识的提炼与整合，这两种创新方式都对技术竞争有一定影响。诚然，基于内外双重视角，专利池技术合作对企业创新作用大小也受制于企业内部运作状况。网络视角主要强调企业通过构建网络关系以获取外部资源对自身创新活动的显著影响，却忽视了企业内部有效利用资源的综合能力对技术创新的重要性（朱明洋等，2020）。外部资源的灵活运用对企业内部运作与管理柔性提出了一定要求，从内部控制视角，高水平内部协调运作与柔性管理有助于企业所控制资源的高效配置（杨卓尔等，2016）。据此，内部协调柔性可能影响专利池技术合作与企业双元创新战略选择之间的关系，并最终作用于联盟伙伴技术竞争。

2. 联盟学习的中介作用

核心能力是企业以往投资和学习行为所积累的具有特定性的专长，构成了企业竞争优势（Prahalad and Hamel，1990）。核心能力的基础和本质是知识，组织学习能力是提高核心能力的重要途径，是核心能力的核心（Barton，1992）。创新网络是产生新思想和信息的重要来源，通过组织间学习能够获取和使用合作伙伴的知识资源，加快能力发展并最大限度地降低其对技术不确定性的影响，促进企业技术创新与核心能力提高（Powell，1992）。因此，不少学者研究了组织学习的中介作用。例如，朱桂龙（2008）认为组织学习可以影响组织的创新。组织学习可以帮助企业及时掌握技术发展动态，让企业在激烈的技术竞争中保持持续动力，促进企业不断上进，保持技术优势。王雪平（2014）认为，供应链中的高水平信任可以通过组织学习影响供应链伙伴间的合作绩效。蔡莉等（2010）研究发现，组织学习在创业网络和新企业绩效影响中起到中介作用。李支东和金辉（2016）研究发现，产品创新与其网络嵌入性之间存在辐合关系，组织学习起中介作用，具体来说，突破性创新通过开创性学习与规模较大的弱关系进行强联结，渐进性创新通过开发性学习与规模较小的强关系进行弱联结。张慧等（2015）发现，利用性学习在位置中心性、关系紧密性、资源丰富度与创新绩效之间均具有部分中介效应；探索性学习在位置中心性、关系紧密性和创新绩效之间具有部分中介效应，在资源丰富性与创新绩效之间具有完全中介效应。

不同单位加入联盟的目标可能并不一致，但学习在所有联盟中至少是一个隐含目标（Kale et al.，2000）。联盟成员持有不同技术与知识，通过相互依赖以及共同解决问题的过程，从合作伙伴处获取知识与技能（Hamel，1991）。合作伙伴会试图整合双方已有的技能，联盟学习就会自然发生。企业将外部技术知识融合到组织内部的关键在于联盟学习（Steensma，1996）。在技术合作中，企业可以通过简单学习来消化和吸收简单的、与企业现有知识相似的技术；复杂技术则需要付出更多努力进行学习。战略联盟之所以得到迅速发展，与其提供了一个组织间学习平台是分不开的（Hamel，1991；Khanna et al.，1998）。

　　联盟学习是高科技企业专利池成员之间知识流动的纽带。专利池将不同企业技术与知识库整合起来，为池内成员提供了一个学习平台。池内成员通过交互学习，获取互补性的知识、技术、资源、能力等，从而形成竞争优势。但是，现实中联盟学习往往不那么令人满意（Harrigan，1988）。假如只有自己一方无私地分享内部知识，容易遭遇合作伙伴的机会主义行为（Hamel，1991）。私人利益的争夺往往会引发池内成员之间"学习竞赛"，导致联盟学习进入两难境地。一方面，企业最大限度、更快速度地从合作伙伴那里汲取知识。另一方面，尽量保护自己的核心能力，不愿过多分享，削弱合作学习。久而久之，导致越来越少的真正有价值的知识得到共享（Larsson et al.，1998）。具备较强的竞争意识、较低透明程度且吸收能力较强的池内成员往往会在学习竞赛中胜出（Hamel，1991）。可见，将专利池技术合作与联盟学习整合到一个框架下研究两者关系以及两者与池内成员技术竞争的关系具有一定理论价值。

　　据此，本书将资源基础、技术创新和组织学习理论整合到理论框架，探讨企业双元创新和联盟学习在专利池技术合作与技术竞争之间的中介作用，旨在厘清企业双元创新和联盟学习如何发挥作用。综上所述，本书构建高科技企业双元创新和联盟学习对专利池技术合作与技术竞争关系形成的中介作用的分析框架，如图 3 - 6 所示。

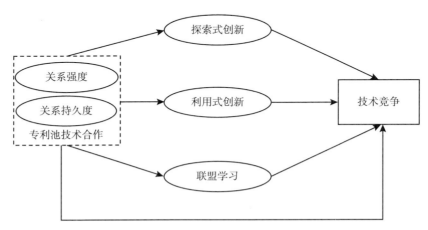

图 3 - 6　专利池技术合作影响技术竞争的中介效应模型

3.4.3　调节效应理论模型

专利池技术合作并不是独立起作用的，而是受到企业之间探索式合作、企业网络位置以及技术相似性等因素的影响。高科技企业专利池成员除了在专利推广和应用方面开展合作外，还可能开展研发合作。双方通过开展密集互动、共享隐性知识和发展关系资本，为探索新知识与新技术、开发新产品而开展（Cui et al.，2018；Lavie，2007；Rothaermel and Deeds，2004）。专利池成员之间的探索式合作会影响专利池成员之间的互动程度、知识共享水平，改善双边治理机制以遏制机会主义动机和自利行为，进而促进技术创新，减少技术竞争。

专利池成员在联盟网络中所处位置代表着企业网络权力（Shipilov，2011），影响其可触及的信息与资源数量，决定其能否从关键利益相关者中获得知识分享（Godart，2014）。网络地位不同，实施机会主义行为的能力、技术竞争的动机和成本也不同，进而影响专利池技术合作与技术竞争之间的关系。

专利池成员之间技术相似性是指彼此知识结构和储备的相似性（Rosenkopf and Almeida，2003）。一方面，它会影响企业之间知识流动的精准性和知识吸收效率，进而影响竞争性学习和技术创新能力（Cohen and Levinthal，1990；Dussauge et al.，2000）。另一方面，技术相似性意味着私人利益和共同利益的张力大小（Hamel，1991；Gimeno，2004）。高科技企业专利池成员通常具有共同能力基础，使用相似技术和主导逻辑，面临相似产品和技术难题，联盟伙伴竞争性学习效率更高（Dussauge et al.，2000；Lane and Lubatkin，1998），但他们往往有相同的业务、类似的服务乃至相同的客户，很可能因激烈的市场竞争而开展技术竞争。

综上，本书引入探索式合作、网络位置和技术相似性相关变量来探析高科技企业专利池技术合作与技术竞争的权变关系，理论模型如图 3-7 所示。

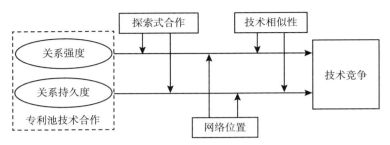

图 3 – 7　专利池技术合作影响技术竞争的调节效应模型

3.4.4　综合理论模型

综合前面的直接效应、中介效应和调节效应理论模型，提出高科技企业专利池技术合作对池内成员技术竞争影响的综合理论模型，如图 3 – 8 所示。

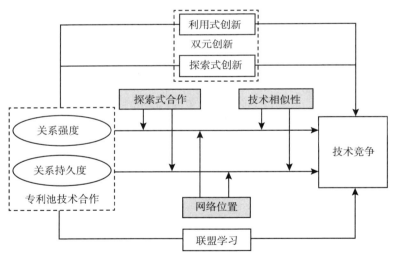

图 3 – 8　专利池技术合作影响技术竞争的综合理论模型

3.5　本章小结

本章分析了高科技企业专利池运营模式与架构、专利池契约与专利许可、不同阶段专利池的运作机理以及专利池技术合作维度，阐述技术竞争动力机制、制约条件以及技术竞争维度。随后，从资源禀赋、知识基础、组织学习和社会网络的视角分析专利池技术合作对技术池内成员技术竞争的影响。最后，从高科技企业专利池技术合作对池内成员技术竞争的直接影响、间接影响和权变影响三个方面阐述专利池技术合作影响池内成员技术竞争的路径和内在机理，确立专利池技术合作对池内成员技术竞争影响的理论模型。

第 4 章　高科技企业专利池技术合作对技术竞争的直接效应研究

4.1　研究假设

4.1.1　关系强度对池内成员之间技术竞争的影响

专利池技术合作意味着共同利益，重复的互动促进了信任，降低池内成员机会主义行为的风险（Vakili，2016；Arora and Gambardella，2010）。专利权人在专利池组建时需要就入池专利签订交叉许可协议，减少了联盟伙伴之间的技术竞争。从专利池 160 多年的发展历程来看，包括全球第一个专利池——缝纫机专利池（1856 年成立）在内的许多专利池都是在行业竞争者相互专利诉讼的情况下成立的。建立专利池关系的首要动机是维护联盟伙伴的合作状态，从而减少总体竞争。专利池技术合作避免了联盟伙伴之间因池内专利的专利纠纷，在一定程度上可以减少联盟伙伴之间的技术竞争。

不过，企业加入专利池的专利数占企业专利总量的比重非常低。现代专利池受到政府和社会大众的监管，专利必须经过独立审查员严格评估后方可加入专利池（Gilbert，2004）。池内专利往往是互补或互为障碍关系，是技术标准无法绕开的专利。因此，企业能够入池的专利数并不多，占企业专利规模的比重很小，而联盟伙伴之间技术竞争包括池内竞争和池外竞争两部分。基于此，本书认为专利池关系强度只能减少池内技术竞争强度，数量有限的入池专利对联盟伙伴之间技术竞争强度的降低作用十分有限。事实上，专利池作为竞争性联盟往往存在池内合作、池外竞争的现象。在专利池外，联盟伙伴之间存在大量的竞争性专利，竞争倾向很强（Chen，1996；Chiambaretto and Fernandez，2016）。截至 2018 年底，AVC 专利池包含 5 403 项专利，MPEG - 2 专利池包含 1 093 项专利，因 AVC 专利池池内专利纠纷引起的联盟伙伴之间的诉讼专利数只有 13 项，因 MPEG 2 专利池内专利纠纷引起的联盟伙伴之间诉讼专利只有 27 项。这些诉讼专利中有 8 项同时加入 AVC 和 MPEG 2 专利池，只有 32 项池内专利引发了联盟伙伴之间专利诉讼（如表 4 - 1 所示），仅占联盟伙伴之间诉讼专利（642 项）的 4.98%。由此可见，联盟伙伴之间技术竞争主要来自专利池之外。

企业加入专利池，可以获得依靠单一企业无法获得或很难获得的利益，如行业内持续竞争优势、实现规模效益、提高市场地位等，但每个成员都希望将专利池共同利益转化为各自的私人利益，如订单增加、利润提高、技术能力提升、设备更新、管理水平提高等。各池内成员为了获得最大化私人利益而开展竞争（Hamel，1991）。专利池关系强度对联盟伙伴之间技术竞争具有正向影响。一方面，专利池强关系会促进学习竞赛，导致知识泄露，使企业竞相从彼此获取有价值的知识产权和组织特定的知识（Khanna et al.，1998），建立企业独立的能力并与联盟伙伴竞争（Hamel，1991；Khanna et al.，1998）。强关系意味着联盟伙伴之间共同利益大，但为了从共同利益中获取更多私人利益，强关系会提高企业机会主义行为倾向，导致联盟伙伴冲突甚至专利侵权纠纷。另一方面，专利池强关系会提高联盟伙伴技术竞争的动机。随着专利池关系强度的增加，池内成员可以针对联盟伙伴开发或改进产品技术，在技术市场上设计精准攻击，也能更全面了解联盟伙伴的技术缺陷与弱点（Uzzi，1997）以及技术侵权行为。此外，强关系会导致联盟伙伴之间技术相似与产品市场重叠，进而提高技术竞争强度。专利权一旦被侵犯，无论侵权方是否为联盟伙伴，企业都将通过专利诉讼等方式保护自己的利益。因此，提出以下假设：

表 4 – 1　　2006～2018 年 AVC 与 MPEG 2 专利池专利池成员因池内专利纠纷导致的诉讼专利基本情况

序号	专利号	所属专利池	申请年份	公开年份	简单同族数（个）	非专利文献引用数（篇）	被引专利数（项）	引用专利数（项）	专利权人	诉讼案件数（个）
1	US8917357	AVC	2013	2014	31	132	0	47	The Trustees of Columbia University in the City of New York	1
2	US8854552	AVC	2012	2014	31	127	0	43	The Trustees of Columbia University in the City of New York	1
3	US8531608	AVC	2010	2013	31	118	0	36	The Trustees of Columbia University in the City of New York	1
4	US8115873	AVC	2009	2012	31	105	11	39	The Trustees of Columbia University in the City of New York	6
5	US7362805	MPEG 2	2006	2008	14	3	6	38	Mitsubishi Denki Kabushiki Kaisha	6
6	US7292657	MPEG 2 , AVC	2003	2007	6	0	22	20	Samsung Electronics Co. , Ltd.	2
7	US7199836	AVC	1998	2007	1	0	43	34	The Trustees of Columbia University in the City of New York	2
8	US7020204	MPEG 2	2002	2006	6	4	45	22	Thomson Licensing	6

续表

序号	专利号	所属专利池	申请年份	公开年份	简单同族数（个）	非专利文献引用数（篇）	被引用专利数（项）	引用专利数（项）	专利权人	诉讼案件数（个）
9	US6680975	MPEG 2，AVC	2000	2004	6	0	42	17	Samsung Electronics Co.，Ltd.	6
10	US6097759	MPEG 2，AVC	1999	2000	108	1	112	44	Mitsubishi Denki Kabushiki Kaisha	13
11	US6040863	MPEG 2	1998	2000	44	2	166	5	Sony Corporation	2
12	US5990960	MPEG 2	1998	1999	108	0	88	43	Mitsubishi Denki Kabushiki Kaisha	8
13	US5946042	MPEG 2	1997	1999	44	2	127	5	Sony Corporation	2
14	US5844867	MPEG 2，AVC	1996	1998	18	1	51	10	U. S. Philips Corporation	8
15	US5699476	MPEG 2，AVC	1996	1997	18	0	73	22	U. S. Philips Corporation	1
16	US5654706	MPEG 2，AVC	1996	1997	19	1	70	12	Samsung Electronics Co.，Ltd.	5
17	US5606539	MPEG 2，AVC	1994	1997	18	1	86	8	U. S. Philips Corporation	13
18	US5563593	MPEG 2	1994	1996	1	0	92	2	Lucent Technologies Inc.	4
19	US5500678	MPEG 2	1994	1996	1	0	214	1	AT&T Corp.	8
20	US5491516	MPEG 2	1993	1996	28	0	36	3	RCA Thomson Licensing Corporation	6
21	US5461421	MPEG 2	1993	1995	5	0	180	2	Samsung Electronics Co.，Ltd.	1
22	US5459789	MPEG 2	1994	1995	27	0	123	4	Thomson Consumer Electronics	7
23	US5422676	MPEG 2	1993	1995	12	7	92	5	Deutsche Thomson‑Brandt GMBH	9

续表

序号	专利号	所属专利池	申请年份	公开年份	简单同族数（个）	非专利文献引用数（篇）	被引专利数（项）	引用专利数（项）	专利权人	诉讼案件数（个）
24	US5291284	MPEG 2	1991	1994	10	4	8	12	British Telecommunications	1
25	US5227878	MPEG 2	1991	1993	8	3	518	7	AT&T Bell Laboratories	13
26	US5103307	MPEG 2，AVC	1991	1992	3	0	33	4	Victor Company of Japan, Ltd.	1
27	US5093720	MPEG 2	1990	1992	1	2	175	4	General Instrument Corporation	1
28	US5091782	MPEG 2	1990	1992	28	3	558	16	General Instrument Corporation	3
29	US5072295	MPEG 2	1990	1991	22	0	58	4	Mitsubishi Denki Kabushiki Kaisha	7
30	US4958226	MPEG 2	1989	1990	10	1	128	9	At&T Bell Laboratories	12
31	US4901075	MPEG 2	1987	1990	11	0	108	4	U. S. Philips Corporation	8
32	US4698672	MPEG 2	1986	1987	7	0	271	5	Compression Labs, Inc.	15

资料来源：通过智慧芽数据库（https://www.zhihuiya.com/analytics）整理所得。

H1a：专利池关系强度与技术竞争强度呈正向关系，即专利池关系强度越大，焦点成员遭受联盟伙伴技术进攻的强度也越大。

4.1.2　关系持久度对池内成员之间技术竞争的影响

关系发展可以被描述为一种演变，或者是一个过程。福特（Ford，1998）将关系发展分为关系前阶段、早期或探索阶段、发展阶段和稳定阶段四个阶段。婚姻关系的发展可以分成蜜月期、磨合期（疲劳期）、修复期（合作期）和稳定期（长久期）四个阶段。徐安琪和叶文振（2002）研究发现，夫妻冲突发生率与婚姻存续时间呈倒"U"形关系，其中城市与农村夫妻的冲突高发期分别在婚后 3~7 年和 8~13 年。我们认为专利池关系持久度对技术竞争并非持续的线性促进关系，而是倒"U"形曲线关系。

资源基础观认为，企业成立联盟的目的之一就是从网络中获得有价值的资源。对互补资源的需求是企业加入专利池的动机之一，企业可以从中获得特定资源，自身可以专注于擅长的领域。威廉姆森（Williamson，1985）、普拉哈拉德和哈默（Prahalad and Hamel，1990）、英克彭和比米什（Inkpen and Beamish，1997）强调联盟成员专有性资源投入产生的套牢、溢出效应影响联盟稳定性，认为联盟伙伴之间资源互补、兼容的程度影响成员间合作关系的质量和稳定性；托尔格伦等（Thorgren et al.，2012）认为，战略网络成员间的资源互补、兼容的程度影响成员间合作关系质量和稳定性。在专利池合作初级阶段，专利池竞争力还比较弱，联盟伙伴致力于开发产业共性技术，技术互补性强、目标一致程度较高，如回避竞争、对付共同竞争对手、共同把市场做大等，联盟伙伴之间合作较多。在联盟形成阶段，联盟标准用户仅限于少数标准产品试验用户，用户安装基数基本为零，联盟双方利益分歧较少。

随着合作关系的深入，知识共享与交流增加，联盟伙伴进入专利池合作磨合期。一方面，可能会对联盟期待过高或不切实际，在专利池技术合作中，不可避免产生矛盾与冲突。另一方面，相互了解不够，联盟成员之间信息不对称、信任不足和沟通机制不完善，容易导致机会主义行为。机会主义行为（opportunistic behavior）是指基于追求自我利益最大化而采取的欺骗行为，它是合作风险的主要源泉（Williamson，1985）。由于知识资源的无形性、流动性和公共产品性等特点，一旦专利池成员公开和共享其知识后，就会受到联盟伙伴不遵守契约等机会主义行为，造成知识贬值或丧失。如果合作一方窃取另一方的核心知识，将会导致另一方失去部分核心竞争能力，引发联盟伙伴知识产权纠纷与合作冲突。而且，专利池竞争力较强，技术标准逐渐得到推广，行业影响力得到显著加强，并开始在行业内具有一定话语权，池内成员在技术上共同"合法"垄断市场，共享许可费收益，共享技术资源（周青等，2017）。池内成员为了从专利池公共利益中获得更大比例的私人利益，引发联盟伙伴之间"学习竞赛"，即在竭力学习联盟伙伴知识的同时防止自身缄默知识、技术诀窍、核心能力泄露（Hamel and Doz，1989），进而导致专利竞赛，技术竞争强度增加。另外，随着专利池技术溢出，联盟伙伴的技术距离逐渐减小，联盟伙伴之间技术和产品逐渐重叠与趋同，同质化竞争激烈（张运生等，2020）。当专利池合作关系达到一定时间后，联盟伙伴之间技术竞争强度达到最大值。

度过磨合期后，联盟伙伴进入稳定期，联盟伙伴之间技术竞争强度逐渐下降。一方面，机会主义动机与行为得到遏制。随着合作的持续，联盟的一方会根据前期合作情况，发现联盟伙伴的机会主义动机和自利行为，进一步完善沟通机制、合作机制、信任机制和利益分配机制，并通过对契约的进一步完善以消除相关机会主义行为（周青等，2017）。另一方面，技术竞争成本大大提高。进入稳定期后，联盟伙伴已经比较适应对方的行为模式，探索出适合双方互利共赢的合作相处模式，建立关系资本（Feldman，2000），知识共享和信息传递效率得到提高，联盟双方技术竞争张力有所缓解。而且，联盟双方更全面了解联盟伙伴的技术缺陷与弱点（Kim，1998）以及技术侵权行为，只要其中一方发起技术进攻，另一方可以针对联盟伙伴开发或改进产品技术，在技术市场上设计精准攻击，因此往往选择互不侵犯与相互"容忍"。本书提出以下假设：

H1b：专利池关系持久度与技术竞争强度呈倒"U"形关系，即随着专利池技术合作时间的增加，焦点成员遭受联盟伙伴技术进攻的强度先增加再下降。

4.2　研 究 设 计

4.2.1　样本选择与数据收集

本书以国际知名专利池管理机构 MPEG LA 管理的 12 个高科技企业专利池内成员为样本验证假设。一方面，该专利池是信息技术产业，属于高科技行业，其特点是竞争激烈，池内成员联盟活跃而广泛。另一方面，信息技术产业通过专利池技术合作可以增加专利价值，具有高度网络外部性（Katz and Shapiro，1986）。焦点成员倾向于采取与其他企业类似的战略行动。特定企业的联盟活动往往会鼓励其他公司与同一伙伴形成基本上相似的联盟。

MPEG LA 发展历史较长，专利池管理经验丰富，先后管理的专利池覆盖 90 多个国家 100 多个成员 23 000 多项专利（2020 年 12 月 MPEG LA 官网信息），涉及音视频编解码、连接等高技术领域，是全球领先的一站式专利许可提供商和技术标准产业化技术来源，被许可方有 6 000 余家。目前管理 13 个专利池（专利池清单及池内专利数见表 4-2），成员有 92 家。剔除成立不久的无线充电 Qi 联盟（2020 年 1 月成立），剔除专利规模过少成员，剩下 12 个专利池的 76 家成员，包括 58 家企业、6 家高校、12 家科研机构（成员清单及代码见表 4-3）。将池内成员两两配对，构建 2006 ~ 2018 年专利池关系强度、关系持久度和专利诉讼关系网络，形成 5 700 组配对、74 100 个观测值。池内成员清单、专利清单与加入专利池时间来自 MPEGLA 官网，专利诉讼、技术相似性数据来自智慧芽数据库，专利授权、引用与合作数据来自 Derwent 数据库。

表 4 - 2   **MPEG LA 专利池清单数据统计**

序号	专利池名称	成立时间（年）	池内专利数（项）	
			2018 年 12 月	2020 年 12 月
1	MPEG2	1997	1 093	1 091
2	1394	1999	282	283
3	MPEG - 4 Visual	2002	1 469	1 386
4	AVC	2003	5 403	6 719
5	VC1	2006	1 011	1 176
6	MPEG - 2 Systems	2006	259	260
7	ATSC	2007	525	500
8	MVC	2012	1 155	1 156
9	HEVC	2014	4 763	9 940
10	DisplayPort	2015	45	88
11	DASH	2016	30	44
12	EVS	2017	343	910
13	Qi wireless power	2020	—	160
合计	—	—	16 378 (13 877)	23 713 (21 140)

注：由于部分企业和专利加入多个专利池，存在重复性，各专利池数字之和会高于实际数据。合计栏括号外数字是所有专利池数字之和，括号内数字是去重后统计结果。

资料来源：通过 VIA LA 公司官网（https：//www. via - la. com/）整理得到。

表 4 - 3   **2020 年 MPEG LA 专利池内专利权人名称与其对应德温特代码对照表**

序号	专利权人名称	德温特代码
1	Alcatel Lucent	COGE - C
2	Alpha Digitech，Inc.	ALPH - N
3	Amotech Co Ltd.	AMOT - C

续表

序号	专利权人名称	德温特代码
4	Apple Inc.	APPY – C
5	ARRIS Technology, Inc.	ARRI – C
6	AT&T Intellectual Property Ⅱ	AMTT – C
7	AVerMedia Technologies	AVEE – C
8	Bosch Gmbh Robert	BOSC – C
9	British Broadcasting	BRBC – C
10	British Telecommunications	BRTE – C
11	CableTelevision Laboratories, Inc.	CABL – N
12	Canon Inc.	CANO – C
13	Cisco Systems, Inc.；Cisco Technology, Inc.	CISC – C
14	Compaq Computer Corporation	COPQ – C
15	Digital Insights Inc.	DIGI – N
16	Dolby Laboratories Licensing	DOLB – C
17	Electronics and Telecommunications Research Institute	ETRI – C
18	Fraunhofer Ges Foerderung Angewandten EV	FRAU – C
19	Fujitsu Limited	FUJI – C
20	Funai Electric Co., Ltd.	FUDE – C
21	GE Video Compression LLC；GE Technology Development, Inc.	GENE – C
22	General Instrument	GENN – C
23	Godo Kaisha IP Bridge1	GODO – N
24	Google LLC	GOOG – C
25	Hangzhou Hikvision Digital	CETC – C
26	Hewlett Packard Enterprise Company	HEWP – C
27	Hitachi, Ltd.	HITA – C
28	HUMAX Co., Ltd.	HUMX – C

续表

序号	专利权人名称	德温特代码
29	IBEX PT Holdings	IBEX – N
30	Industry – Academy Cooperation Foundation of Sejong University	UNSE – C
31	Intellectual Discovery Co. , Ltd.	IDIS – C
32	JVC Kenwood Corporation	VICO – C
33	KDDI Corporation	KDDI – C
34	Koninklijke KPN N. V	NEPO – C
35	Koninklijke Philips N. V	PHIG – C
36	Korea Advanced Institute of Science and Technology	KOAD – C
37	Korean Broadcasting System	KOBR – N
38	Kwangwoon University Industry	UYKW – N
39	Lattice Semiconductor Corporation	LATT – C
40	LG Electronics Inc.	GLDS – C
41	LSI Corporation	LSIL – C
42	Maxell, Ltd.	HITM – C
43	Microsoft	MICT – C
44	Mitsubishi Electric Corporation	MITQ – C
45	Multimedia Patent Trust	MULT – N
46	NEC Corporation	NIDE – C
47	Newracom, Inc.	NEWR – N
48	Nippon Hoso Kyokai	NIHJ – C
49	Nippon Telegraph and Telephone Corporation; NTT Docomo Inc.	NITE – C
50	Oki Electric Industry Co. , Ltd.	OKID – C
51	Orange SA	ORAN – N
52	Panasonic Corporation	MATU – C
53	Pantech Co. , Ltd.	PCCO – C

序号	专利权人名称	德温特代码
54	Polycom, Inc.	PCOM – C
55	Rambus, Inc.	RMBS – C
56	Samsung Electronics Co., Ltd.	SMSU – C
57	Sanyo Electric Co., Ltd.	SAOL – C
58	Sharp Corporation	SHAF – C
59	Siemens AG; Siemens Corp.	SIEI – C
60	SK Planet Co., Ltd.	SKTE – C
61	Sony Corporation	SONY – C
62	STMicroelectronics International N. V.	SGSA – C
63	Sun Patent Trust	SPTS – C
64	SungKyunKwan University Research & Business Foundation	USKK – C
65	Tagivan Ⅱ LLC	TAGI – N
66	Telefonaktiebolaget LM Ericsson	TELF – C
67	Telenor ASA	TELE – N
68	The Netherlands Organisation for Applied Scientific Research	NEDE – C
69	The Trustees of Columbia University in the City of New York	UYCO – C
70	Thomson Licensing	CSFC – C
71	Toshiba Corporation	TOKE – C
72	University-Industry Cooperation Foundation of Korea Aerospace University	UYIN – N
73	University-Industry Cooperation Group of Kyung Hee University	UYKY – C
74	Vidyo Inc.	VIDY – N
75	Zenith Electronics LLC	ZENI – C
76	ZTE Corporation	ZTEC – C

资料来源：经德温特数据库（http：//isiknowledge. com/DIIDW）整理得到。

4.2.2　变量测度

1. 因变量

技术竞争强度（Tecnology Competition Intensity，TCI）。国内外学者在竞争强度方面提出了不一样的测度方法，比较常见的方法为问卷调查法，如贾沃斯基和科利（Jaworski and Kohli，1993）、苏中锋（2019）均采用李克特五点量表对竞争强度进行测度，调查问题项包括行业中的价格战非常频繁、行业中各种竞争行为层出不穷、行业中的企业会快速对其他企业的竞争行为作出反应、公司面临的竞争非常激烈等。问卷调查法结果容易量化，便于统计分析，但存在一定主观性，且问卷设计难、调查工作量大、回收率难以保证。而专利是研究开发和技术创新成果的主要载体（张娜和刘凤朝，2021），且随着专利计量研究的发展，用联盟伙伴之间专利诉讼强度测度他们之间的技术竞争强度成为可能。我们用专利池焦点成员遭受联盟伙伴发起专利诉讼的强度表示企业之间技术竞争强度。专利诉讼强度可通过专利诉讼次数、诉讼专利数、诉讼持续时间、侵权索赔金额、侵权赔偿判决金额等反映（Lavie and Rosenkopf，2006；李晓桃和袁晓东，2019）。鉴于获取可行性，选用诉讼专利数表示遭受被联盟伙伴专利诉讼强度（Lavie and Rosenkopf，2006）。为避免因变量对自变量的潜在影响，考虑专利池技术合作效应的滞后性，本书采用焦点成员之后 3 年累计被联盟伙伴发起诉讼的专利数。

2. 自变量

专利池关系强度（Relationship Strength in Patent Pools，RSPP），为焦点成员与联盟伙伴加入相同专利池的频次，反映焦点成员关系嵌入性（Cui et al.，2018）。例如，2015 年，东芝公司是 1394、MPEG - 4V、AVC、VC - 1 专利池成员，苹果公司是 1394、AVC、HEVC 专利池成员，则两个企业在 2015 年专利池合作关系强度为 2。由于每个池内成员的入池时间无法查证，我们假定其在专利池成立时即加入；当加入某专利池的所有专利都到期时，所有入池专利失效，则认为退出该专利池。

专利池关系持久度（relationship duration in patent pools，RDPP），为焦点成员与联盟伙伴加入相同专利池的时间跨度，反映焦点成员关系的稳定性。如果他们加入相同专利池的个数超过1个，则分别计算他们加入相同专利池的时间，并取其中最大值。例如，2015年，东芝公司分别加入1394、MPEG-4V、AVC、VC-1的时间分别为17年、14年、13年和10年，苹果公司分别加入1394、AVC、HEVC的时间分别为17年、13年和2年，两个企业共同加入1394专利池17年，加入AVC专利池13年，取这两个值的较大者，即2015年东芝公司与苹果公司的专利池合作关系持久度为17年。

3. 控制变量

（1）单位类别（member type，MT）。联盟成员包括企业、科研机构和高等学校3种类型，不同类型专利权人技术创新模式和专利诉讼倾向可能不同，因此加以控制。

（2）专利诉讼活跃期（patent litigation age，PLA）。专利诉讼活跃期为可检索到专利诉讼记录的时间起至当年年底所经历时间长度，反映专利诉讼历史。诉讼活跃期越长，诉讼经验越丰富，越可能影响专利诉讼。

（3）诉讼专利数（extent of patent litigation，EPL）。焦点成员诉讼专利数与其遭受联盟伙伴专利诉讼强度的相关性较高，因此加以控制。通过加权求和方法计数：如果某项专利同时被原告和被告用于诉讼，计为2。

（4）被池成员诉讼数（extent of patent litigation sued by pool members，PLSM）。被联盟伙伴专利诉讼是被池内所有成员专利诉讼的一部分，两者相关性比较高。基于此，将被联盟成员诉讼专利数加以控制。通过加权求和方法计数：如果某项专利在某年被多个成员起诉，对其进行累加。

（5）研发强度（patent intensity，PI）。用焦点成员前3年授权专利数表示。它能比较客观反映知识积累和研发实力，并影响技术竞争，因此加以控制。人力、物力和财力（以下简称"人财物"）规模常被认为是重要影响因素加以控制。事实上，控制"研发强度"与控制人财物规模类似，均出于对开展技术创新和专利诉讼活动需要大量人财物资源投入与分配。由于联盟成员除公开上市企业外，还涉及未公开上市企业、科研机构和高等学校，人财物规模无法很好地代表其的研发资源与实力，研发强度比人财物规模更适合加以控制（张运生等，2019）。

（6）被引专利数（number of patents cited，NPC）。被引专利数越多，说明其专利价值越高，但知识和技术被学习和理解得越透彻，越容易遭到专利诉讼。因此将焦点成员前 3 年被引专利数加以控制。

（7）入池时间（length of pool memberships，LPM）。入池时间会影响联盟伙伴关系资本，也可能引起机会主义行为和专利诉讼。通过加权求和方法计算，如思科公司在 1997 年、2003 年、2006 年、2007 年分别加入 MPEG2、AVC、MPEG–2S 和 ATSC，即在 2018 年加入各专利池的时间分别是 21 年、15 年、12 年和 11 年，则其入池时间记为 59 年。

（8）入池专利数（number of patents in the pool，NPP）。通过加权求和方法计数：如果某项专利同时加入多个专利池，对其进行累加。

（9）行业诉讼专利数（number of patent litigation in the industry，NPLI）。每个行业专利诉讼倾向与强度不同。联盟伙伴专利诉讼可能受到行业专利诉讼影响。联盟成员专利主要集中在 IPC 分类号 G 和 H 部，因此控制 G 和 H 部诉讼专利数。

（10）年份（year）。每年专利诉讼强度并不一致，因此加以控制。

4.2.3 实证模型构建

构建以下模型检验专利池技术合作对焦点成员遭受联盟伙伴技术进攻的直接作用：

$$TCI = \alpha_0 + \alpha Controls + \varepsilon_1 \tag{4.1}$$

$$TCI = \alpha_0 + \alpha_1 RSPP + \alpha Controls + \varepsilon_2 \tag{4.2}$$

$$TCI = \alpha_0 + \alpha_1 RDPP + \alpha_2 RDPP^2 + \alpha Controls + \varepsilon_3 \tag{4.3}$$

$$TCI = \alpha_0 + \alpha_1 RSPP + \alpha_2 RDPP + \alpha_3 RDPP^2 + \alpha Controls + \varepsilon_4 \tag{4.4}$$

其中，TCI 为被解释变量技术竞争强度，RSPP、RDPP 为解释变量，分别表示专利池关系强度、专利池关系持久度，RDPP^2 表示关系持久度的平方项，α_0 为常数项，$\alpha_1 \sim \alpha_3$ 表示解释变量回归系数，Controls 表示控制变量，α 为控制变量回归系数，$\varepsilon_1 \sim \varepsilon_4$ 表示残差项。如解释变量回归系数显著，则证明解释变量对因变量影响显著。

被解释变量焦点成员被联盟伙伴诉讼专利数为离散非负整数，随机扰动项并非服从正态分布，适宜用计数模型。豪斯曼等（Hausman et al.，1984）提出用泊松回归模型分析计数数据。不过，泊松分布假设被解释变量的均值与方差相等，而被解释变量诉讼专利数存在过度离散现象（均值 2.83，方差 159.26），泊松回归将出现虚假的较高水平显著性。为避免该问题出现，在处理过度分散的被解释变量时，假设样本服从负二项分布，使用最大似然估计法，即选用负二项回归模型（张运生等，2019）。在豪斯曼检验的基础上，选择固定效应负二项回归模型进行实证分析。

4.3　实证结果分析

4.3.1　描述性统计

我们采用 Stata 16.0 对数据进行分析。表 4 - 4 列出了所有变量的均值、标准差、VIF 值和皮尔森（Pearson）相关系数。变量相关关系数据表明，变量之间相关系数一般不超过 0.7，但变量 EPL（诉讼专利数）与变量 PLSM（被池成员诉讼数）、变量 PI（研发强度）与 NPC（被引专利数）的相关系数分别高达 0.85 和 0.83，可能存在多重共线性问题。为此，测算了所有解释变量与控制变量的 VIF 值，均值为 2.68，最大值为 5.49，低于阈值 10，表明多重共线性问题不大（Rudy and Black，2018；Hair et al.，2011），可以纳入回归方程进行分析。

表 4 - 4　变量描述性统计及相关系数

变量	1	2	3	4	5	6	7	8	9	10	11	12
1. TCI（项）	1											
2. RSPP（个）	0.38***	1										
3. RDPP（10年）	0.10***	0.22***	1									
4. MT	-0.10***	-0.09***	0.01***	1								
5. PLA（年）	0.18***	0.21***	0.06***	-0.31***	1							
6. EPL（10^2项）	0.32***	0.22***	0.04***	-0.25***	0.47***	1						
7. PLSM（10^2项）	0.37***	0.26***	0.02***	-0.24***	0.43***	0.85***	1					
8. PI（10^3项）	0.29***	0.31***	0.02***	-0.23***	0.46***	0.59***	0.70***	1				
9. NPC（10^3项）	0.24***	0.33***	0.03***	-0.27***	0.58***	0.55***	0.60***	0.83***	1			
10. LPM（年）	0.18***	0.31***	0.07***	-0.20***	0.59***	0.43***	0.41***	0.56***	0.67***	1		
11. NPP（10^3项）	0.17***	0.25***	0.04***	-0.07***	0.32***	0.46***	0.43***	0.61***	0.53***	0.51***	1	
12. NPLI（10^2项）	-0.01***	-0.02***	0.07***	0.00	0.17***	0.11***	0.04***	-0.02***	0.01**	0.21***	0.03***	1
Mean	2.83	0.54	0.32	1.39	12.16	0.36	0.65	5.33	18.74	19.18	0.18	34.08
SD	12.62	0.95	0.52	0.74	10.01	0.68	1.20	9.49	26.67	21.70	0.44	6.74
VIF	—	1.29	1.08	1.15	1.89	4.41	5.49	4.47	4.24	2.50	1.78	1.20

注：* 表示 $p < 0.1$，** 表示 $p < 0.05$，*** 表示 $p < 0.01$。

从变量的均值来看，池内成员前 3 年平均专利授权量为 5 330 件，标准差为 9 490 件，说明池内成员均具有较强的研发实力，且个体差异较大。专利池关系强度均值为 0.54 个，标准差为 0.95 个，最大值为 7 个，可以发现 66.28% 的池内成员之间没有建立专利池技术合作。表 4-5 统计了池内成员 2006～2018 年每年专利池关系强度的分布情况。关系持久度平均值为 3.22 年，最大值为 22 年，最小值为 0。表 4-6 给出了池内成员 2006～2018 年专利池关系持久度的描述统计情况。为了更直观地看到专利池技术合作情况，图 4-1 列出了 2006 年和 2018 年池内成员加入专利池的情况。

表 4-5   2006～2018 年专利池成员技术合作关系强度分布情况

时间 （年）	关系强度（个）								
	0	1	2	3	4	5	6	7	均值
2006	3 728	1 172	444	198	108	44	6	0	0.59
2007	3 782	1 154	390	208	108	32	24	2	0.58
2008	3 870	1 100	416	170	86	32	24	2	0.55
2009	3 886	1 130	372	172	88	26	24	2	0.53
2010	3 954	1 112	344	188	50	26	24	2	0.50
2011	3 996	1 122	314	198	24	26	18	2	0.47
2012	4 096	938	386	156	74	20	26	4	0.48
2013	4 112	932	394	160	72	10	16	4	0.47
2014	3 428	1 506	462	198	74	18	12	2	0.61
2015	3 504	1 442	480	176	74	18	6	0	0.59
2016	3 592	1 426	452	144	70	12	4	0	0.55
2017	3 562	1 450	471	123	70	15	6	3	0.56
2018	3 600	1 464	460	102	62	10	2	0	0.53
合计	49 110	15 948	5 385	2 193	960	289	192	23	0.54

资料来源：通过智慧芽数据库（https://www.zhihuiya.com/analytics）检索并整理。

表 4 - 6   2006 ~ 2018 年专利池技术合作关系持久度描述统计

时间（年）	均值（年）	标准差（年）	最大值（年）	无专利池合作的观测值（个）
2006	2.17	3.38	10	3 704
2007	2.41	3.72	11	3 757
2008	2.57	4.00	12	3 844
2009	2.87	4.43	13	3 860
2010	2.98	4.65	14	3 925
2011	3.14	4.93	15	3 966
2012	3.07	5.06	16	4 043
2013	3.29	5.39	17	4 056
2014	3.48	5.55	18	3 350
2015	3.68	5.75	19	3 406
2016	3.75	5.89	20	3 494
2017	3.98	6.18	21	3 552
2018	4.46	6.61	22	3 502
合计	3.22	5.17	22	48 459

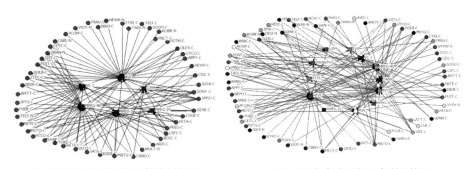

（a）2006 年各成员加入专利池情况   （b）2018 年各成员加入专利池情况

图 4 - 1   2006 年和 2018 年池内成员加入 MPEG LA 各专利池情况

池内成员平均专利诉讼活动年期为 12.16 年，涉及诉讼的专利有 36 项，表明专利池成员具有较丰富的专利诉讼实践经验。被 MPEG LA 专利池 12 个池成员诉讼的专利数均值达到 65 件，比焦点成员所有涉及诉讼的专利数都大，这是由于被池内成员诉讼专利经过了加权得到。池内成员平均遭受联盟伙伴诉讼的专利达到 2.83 项，最高达到 381 项，最低是 0 项，说明专利池成员通过专利诉讼开展竞争比较激烈，且联盟伙伴之间专利诉讼差异程度比较大。表 4 - 7 给出了 2006 ～ 2018 年池内成员之间专利诉讼的描述统计情况，包括每年的专利诉讼情况。为了更直观地看到专利池成员之间专利诉讼情况，图 4 - 2 列出了三年窗口期的专利诉讼网络。

表 4 - 7　　　　　　2006 ～ 2018 年专利池成员专利诉讼强度描述统计

时间（年）	存在专利诉讼的观测值（个）		均值（项）		标准差（项）		最大值（项）	
	（a）	（b）	（a）	（b）	（a）	（b）	（a）	（b）
2006	640	912	0.50	2.32	2.17	8.18	39	122
2007	693	948	0.70	3.29	2.89	11.91	45	175
2008	826	997	1.11	3.74	3.98	13.66	54	199
2009	836	1 045	1.48	3.74	5.90	14.36	81	249
2010	826	982	1.14	3.32	4.85	14.26	90	318
2011	812	1 035	1.11	3.44	4.94	14.71	113	330
2012	763	1 001	1.06	3.31	4.85	14.73	115	347
2013	882	965	1.27	3.02	5.47	14.72	102	381
2014	791	886	0.98	2.15	4.89	12.12	130	358
2015	627	773	0.77	1.65	4.82	9.77	149	297
2016	411	669	0.41	1.18	2.80	6.84	79	181
2017	511	—	0.47	—	2.57	—	69	—
2018	413	—	0.30	—	1.77	—	39	—
合计	9 031	10 213	0.87	2.83	4.22	12.62	149	381

注：第（a）列数据为当年值，第（b）列数据为当年及后两年数值之和。
资料来源：通过智慧芽数据库（https://www.zhihuiya.com/analytics）检索并整理。

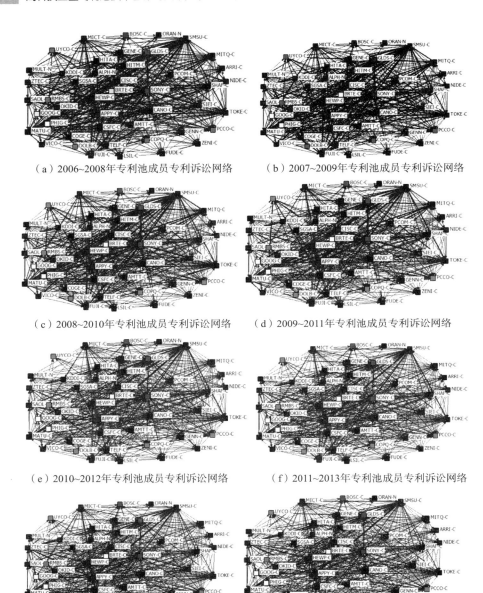

（a）2006~2008年专利池成员专利诉讼网络　　　（b）2007~2009年专利池成员专利诉讼网络

（c）2008~2010年专利池成员专利诉讼网络　　　（d）2009~2011年专利池成员专利诉讼网络

（e）2010~2012年专利池成员专利诉讼网络　　　（f）2011~2013年专利池成员专利诉讼网络

（g）2012~2014年专利池成员专利诉讼网络　　　（h）2013~2015年专利池成员专利诉讼网络

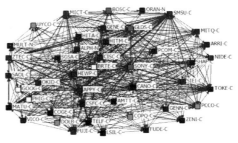

（i）2014～2016年专利池成员专利诉讼网络　　　（j）2015～2017年专利池成员专利诉讼网络

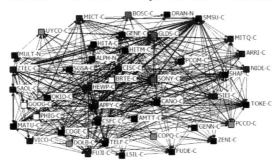

（k）2016～2018年专利池成员专利诉讼网络

图 4-2　2006～2018MPEGLA 专利池成员专利诉讼网络

　　根据 2006～2018 年专利池内成员之间相互诉讼的专利数量，可以将专利池成员分为四种类型，如表 4-8 所示。第一类是专利诉讼活跃型。涉及专利诉讼案件较多，经常发起专利诉讼，也常成为被诉对象，如苹果公司（德温特代码为 APPY-C）、三星电子（德温特代码为 SMSU-C）、索尼（德温特代码为 SONY-C）、东芝（德温特代码为 TOKE-C）、爱立信（德温特代码为 TELF-C）等。从图 4-2 同样可以发现这些公司是专利池内相互发起专利诉讼最活跃的企业。该类企业拥有大量的核心专利，技术和经济实力都非常雄厚。他们往往通过与技术实力强的企业交叉许可专利来加强专利布局；通过专利诉讼打压，避免产品市场被新兴企业抢夺；通过与非竞争企业建立专利许可协议，增加专利收益；通过完善专利预警机制，避免成为专利钓饵企业诉讼目标。

表 4 – 8   2006 ~ 2018 年 MPEGLA 专利池成员之间专利诉讼的类型和主要特征

类型	主要特征	池内成员德温特代码	数量
I	经常发起专利诉讼，也常成为被诉对象	APPY – C，SMSU – C，SONY – C，TOKE – C，TELF – C，MATU – C，UYCO – C，BRTE – C，MULT – N，ZENI – C，PHIG – C，VICO – C，SIEI – C，PCCO – C，CSFC – C，BOSC – C，COGE – C，GENE – C，CISC – C，GENN – C，MITQ – C，GLDS – C，MICT – C，HITA – C，NIDE – C，SAOL – C，GOOG – C，FUJI – C，COPQ – C，OKID – C，ZTEC – C，HEWP – C，ARRI – C，HITM – C，AMTT – C	35
II	经常发起专利诉讼，但较少成为被诉对象	RMBS – C，DOLB – C，LSIL – C，ALPH – N	4
III	经常成为被诉对象，但较少发起专利诉讼	PCOM – C，CANO – C，FUDE – C，SGSA – C，SHAF – C	5
IV	较少涉及专利诉讼	GODO – N，KOAD – C，NEPO – C，LATT – C，AMOT – C，AVEE – C，BRBC – C，CABL – N，DIGI – N，FRAU – C，CETC – C，IBEX – N，UNSE – C，IDIS – C，KOBR – N，UYKW – N，NEWR – N，NIHJ – C，SKTE – C，SPTS – C，USKK – C，TAGI – N，NEDE – C，UYIN – N，UYKY – C，HUMX – C，VIDY – N，KDDI – C，NITE – C，TELE – N，ETRI – C，ORAN – N	32

资料来源：通过智慧芽数据库（https：//www. zhihuiya. com/analytics）检索并整理。

第二类是专利诉讼进攻型。他们积极发动专利诉讼而很少成为被诉目标，在专利诉讼中处于有利地位。例如蓝铂世信息技术咨询有限公司（Rambus，德温特代码为 RMBS – C）和杜比实验室许可公司（Dolby Laboratories Licensing Corporation，德温特代码为 DOLB – C），其中蓝铂世公司是成立于 1990 年的美国科技公司，为纳斯达克上市公司，主要从事内存技术授权，主要收入来自专利授权，经常处于诉讼状态，通过专利诉讼获取高额赔偿金或者许可费用，是美国四大"专利流氓"（patent troll）之一。为保持专利诉讼的有利地位，他们通过自主研发取得核心技术，同时通过购买获得专利；为获得高额经济利益，还适时选择第一、三类企业发动专利诉讼。

第三类是专利诉讼防御型。他们很少发动专利诉讼却常常成为被诉目标，在专利诉讼中处于不利地位。例如美国宝利通公司（德温特代码为 PCOM - C）、日本佳能公司（德温特代码为 CANO - C）、夏普公司（德温特代码为 SHAF - C）等。该类企业中多为行业知名企业，核心专利不够充足，但有一定产品市场。

第四类是专利诉讼少量型。企业没有核心专利，技术实力不足，很少发起专利诉讼进攻；产品市场较小，经济实力有限，较少成为专利诉讼的目标（张杰等，2013）。不过，随着企业发展成新兴企业，他们也将处于专利诉讼的不利地位。

4.3.2　基准回归结果

回归分析结果如表 4 - 9 所示。模型 4 - 1 加入了 10 个控制变量考虑其对技术竞争的影响，其中，诉讼活跃期、被池内成员诉讼专利数、被引专利数、入池专利数和行业诉讼专利数对焦点成员遭受联盟伙伴技术进攻强度均具有明显的促进作用，这说明焦点成员诉讼活跃期越长、被池内成员专利诉讼越频繁、被引专利数和入池专利数越多、行业专利诉讼越激烈，越可能遭到联盟伙伴技术进攻。模型拟合系数在 p < 0.01 水平显著，说明模型拟合效果较好。模型 4 - 2、模型 4 - 3 分别加入专利池技术合作的关系强度、关系持久度，分析其遭受联盟伙伴技术进攻的主效应。模型 4 - 2 的回归结果显示，专利池关系强度对技术竞争存在显著的积极影响（β = 0.108，p < 0.01），说明共同组建的专利池越多，越有利于消除专利授权障碍、节约专利搜索与许可成本、加强技术互补、减少专利纠纷、联合技术开发与推广、赚取专利许可费等，但经济利益竞争可能也越激烈，因此引发学习竞赛，导致核心技术泄露、联盟伙伴"搭便车"等机会主义行为，导致遭受联盟伙伴技术进攻的强度越大，支持了研究假设 H4.1a。模型 4 - 3 的回归结果显示，专利池关系持久度的二次项与技术竞争强度存在显著的负相关关系（β = -0.179，p < 0.01），说明池内成员之间建立专利池关系时，由于期望过高、信任不足、沟通机制不善、机会主义行为等原因，焦点成员遭受联盟伙伴技术进攻的强度会提高。当关系持久度为 0.96

（即 9.6 年）时，焦点成员遭受联盟伙伴技术进攻的强度达到最高点。不过随着关系进一步深入，双方会渡过磨合期，焦点成员会不断调整对联盟伙伴的期望，并逐步完善沟通机制、增加相互信任、减少机会主义行为，因此遭受联盟伙伴技术进攻的强度会逐渐降低，从而支持了研究假设 H1b。模型 4-4 是回归分析的完整模型，再次表明关系强度与技术竞争之间正相关关系、关系持久度与技术竞争强度之间倒"U"形关系具有稳定性，其中关系强度系数显著为正（$\beta = 0.101$，$p < 0.01$），关系持久度的二次项系数显著为负（$\beta = -0.131$，$p < 0.01$），说明焦点成员与联盟伙伴关系强度越大，越可能遭到对方的技术进攻，当关系持久度为 9.2 年时，遭受联盟伙伴的技术进攻强度达到最大值。而伴随着专利池技术合作关系时间的增加，焦点成员遭受专利池内联盟伙伴技术进攻的强度先提高后下降，假设 H4.1a、假设 H4.1b 均得到支持。从模型 4-4 可以计算得到。专利池关系强度、关系持久度与技术竞争的关系如图 4-3、图 4-4 所示。

表 4-9　　　　专利池技术合作对技术竞争影响的负二项回归结果

变量	M4-1	M4-2	M4-3	M4-4
RSPP		0.108 *** (0.01)		0.101 *** (0.01)
RDPP			0.342 *** (0.064)	0.241 *** (0.064)
$RDPP^2$			-0.179 *** (0.043)	-0.131 *** (0.043)
MT	-0.197 *** (0.046)	-0.198 *** (0.046)	-0.188 *** (0.047)	-0.192 *** (0.046)
PLA	0.031 *** (0.004)	0.029 *** (0.004)	0.031 *** (0.004)	0.029 *** (0.004)
EPL	-0.094 *** (0.016)	-0.095 *** (0.016)	-0.09 *** (0.016)	-0.092 *** (0.016)
PLSM	0.231 *** (0.008)	0.226 *** (0.008)	0.228 *** (0.008)	0.225 *** (0.008)

续表

变量	M4 – 1	M4 – 2	M4 – 3	M4 – 4
PI	– 0. 007 *** (0. 001)	– 0. 008 *** (0. 001)	– 0. 007 *** (0. 001)	– 0. 008 *** (0. 001)
NPC	0. 004 *** (0. 001)	0. 004 *** (0. 001)	0. 004 *** (0. 001)	0. 004 *** (0. 001)
LPM	– 0. 009 *** (0. 001)	– 0. 01 *** (0. 001)	– 0. 009 *** (0. 001)	– 0. 009 *** (0. 001)
NPP	0. 036 ** (0. 018)	0. 041 ** (0. 018)	0. 033 * (0. 018)	0. 039 ** (0. 018)
NPLI	0. 026 *** (0. 001)	0. 026 *** (0. 001)	0. 026 *** (0. 001)	0. 026 *** (0. 001)
Year	– 0. 143 *** (0. 006)	– 0. 133 *** (0. 006)	– 0. 14 *** (0. 006)	– 0. 132 *** (0. 006)
Constant	287. 637 *** (11. 537)	267. 319 *** (11. 622)	281. 919 *** (11. 661)	264. 44 *** (11. 739)
Log likelihood	– 29 997	– 29 938	– 29 979	– 29 929
Chi^2	4 138	4 287	4 198	4 319
Obs	12 584	12 584	12 584	12 584

注：括号内数值是标准误差，* 表示 $p < 0.1$，** 表示 $p < 0.05$，*** 表示 $p < 0.01$。

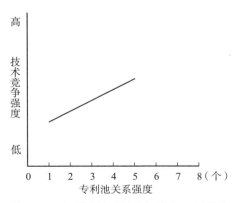

图 4 – 3　专利池关系强度与技术竞争强度

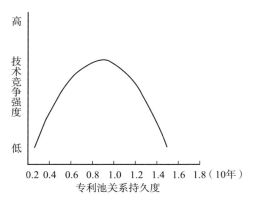

图 4 - 4　专利池关系持久度与技术竞争强度

4.3.3　内生性检验

内生性（endogeneity）问题是指模型中的一个或多个解释变量与随机扰动项存在相关关系。它可能由于联立因果关系、遗漏解释变量、测量误差、样本选择、动态面板数据模型等原因引起。在小样本情况下，内生性问题会破坏参数估计的无偏性；在大样本情况下，内生性问题会破坏参数估计的一致性。因此，存在内生性问题会导致参数估计错误。我们主要探讨技术合作对技术竞争的影响，但现实中，合作与竞争会相互影响，反复互动是竞争策略的重要方面（Gulati，1995）。技术竞争可能会反弹，从而影响池内高科技企业之间的技术合作，因此存在联立因果关系，产生内生性问题。

本书试图通过工具变量法弱化内生性问题。一个合格的工具变量需要满足相关性和外生性两个条件，即工具变量与内生变量的相关程度较高，且工具变量与随机扰动项不相关。本书沿用陈强（2015）、格罗夫斯等（Groves et al.，1994）的方法，将解释变量的滞后变量作为工具变量，以克服联立因果关系。处理步骤如下：第一，工具变量的相关性检验。由内生变量与工具变量的相关系数矩阵可知（见表 4 - 10），每个内生变量与其滞后变量都高度相关，说明工具变量符合相关性要求。第二，工具变量的外生性检验。将所有的自变量和控制变量对被解释变量进行回归，计算残差。之后用工具变量和控制变量对残差进行回归，结果如表 4 - 11 所示，可以发现工具变量在 5% 的显著性水平下不显著，说明工具变量符合外生性要求。第三，用工具变量法进行回归。采用工具变量法对模型进行稳健标准误的固定效应回归，结果如表 4 - 12 所示。可见，高科技企业之间技术竞争强度依然与专利池合作关系强度呈正向关系，与关系持久度呈倒"U"形关系。

表 4 - 10　　　　　　　内生变量与工具变量相关系数矩阵

	RSPP	L. RSPP	RDPP	L. RDPP	L. RDPP^2
RSPP	1				
L. RSPP	0. 859 ***	1			
RDPP	0. 217 ***	0. 214 ***	1		
L. RDPP	0. 213 ***	0. 223 ***	0. 769 ***	1	
RDPP^2	0. 186 ***	0. 189 ***	0. 962 ***	0. 718 ***	1
L. RDPP^2	0. 184 ***	0. 193 ***	0. 694 ***	0. 963 ***	0. 698 ***

注：* 表示 $p < 0.1$，** 表示 $p < 0.05$，*** 表示 $p < 0.01$。

表 4 - 11　　　　　　　残差与工具变量的回归结果

变量	回归系数	稳健标准误	T 值	P 值
L. RSPP	0. 158	0. 159	0. 99	0. 320
L. RDPP	1. 272	0. 723	1. 76	0. 078
L. RDPP^2	− 0. 807	0. 482	− 1. 68	0. 094
MT	− 0. 094	0. 089	− 1. 05	0. 292
PLA	0. 005	0. 012	0. 41	0. 681
EPL	− 0. 032	0. 434	− 0. 07	0. 941
PLSM	− 0. 119	0. 152	− 0. 78	0. 434
PI	− 0. 005	0. 040	− 0. 12	0. 906

续表

变量	回归系数	稳健标准误	T 值	P 值
NPC	0.000	0.014	0.00	0.997
LPM	−0.008	0.009	−0.92	0.356
NPP	0.022	0.499	0.04	0.964
NPLI	−0.008	0.007	−1.17	0.240
Year	0.008	0.017	0.49	0.627
Constant	−16.138	33.980	−0.47	0.635

表 4 − 12　　　　　　　　　工具变量法回归结果

变量	M4 − 5	M4 − 6	M4 − 7
RSPP	2.12 *** (0.194)		1.94 *** (0.195)
RDPP		6.07 *** (0.814)	4.48 *** (0.805)
$RDPP^2$		−3.33 *** (0.518)	−2.55 *** (0.517)
MT	−0.45 *** (0.089)	−0.64 *** (0.093)	−0.46 *** (0.089)
PLA	0.033 ** (0.012)	0.02 (0.012)	0.03 ** (0.0123)
EPL	0.01 (0.434)	0.02 (0.435)	0.03 (0.434)
PLSM	2.00 *** (0.152)	2.02 *** (0.155)	2.00 *** (0.152)

续表

变量	M4－5	M4－6	M4－7
PI	0.11 ** (0.040)	0.14 *** (0.041)	0.11 ** (0.040)
NPC	－0.001 (0.014)	0.004 (0.014)	－0.002 (0.014)
LPM	－0.05 *** (0.009)	－0.06 *** (0.009)	－0.05 *** (0.009)
NPP	－0.80 (0.505)	－0.48 (0.519)	－0.78 (0.503)
NPLI	0.04 *** (0.007)	0.03 *** (0.006)	0.04 *** (0.007)
Year	－0.17 *** (0.017)	－0.08 *** (0.016)	－0.15 *** (0.019)
Constant	341.1 *** (34.88)	160.9 *** (31.98)	299.6 *** (37.22)
Obs	57 000	57 000	57 000

注：括号内为稳健标准误，＊表示 $p<0.1$，＊＊表示 $p<0.05$，＊＊＊表示 $p<0.01$。

4.3.4 稳健性检验

为确保实证结果具有稳健性，我们进行如下检验。一是进行分组回归。专利池成员包括企业、科研院所和高等学校三种类型。成员类型不同，其技术创新的模式和动力机制也不同，因此技术合作对技术竞争的影响也可能存在差异。为此，对专利池成员分组并进行负二项回归，结果如表4－13所示。结果显示，不管是企业、高校还是科研机构样本，回归结果都与之前的结论基本一致。

表 4 – 13 　　　　基于池内成员分组的直接效应稳健性检验回归结果

变量	企业样本			高校样本			科研机构样本		
	M4 – 8	M4 – 9	M4 – 10	M4 – 11	M4 – 12	M4 – 13	M4 – 14	M4 – 15	M4 – 16
RSPP	0.11 *** (0.010)		0.11 *** (0.010)	0.22 *** (0.097)		0.18 * (0.104)	0.18 *** (0.077)		0.14 * (0.079)
RDPP		0.27 *** (0.066)	0.16 * (0.067)		1.41 *** (0.434)	1.36 *** (0.437)		0.91 *** (0.270)	0.86 *** (0.269)
RDPP^2		– 0.14 ** (0.044)	– 0.09 * (0.044)		– 0.83 *** (0.285)	– 0.84 *** (0.289)		– 0.46 *** (0.177)	– 0.45 *** (0.177)
控制变量	控制	控制	控制	控制	控制	控制	控制	控制	控制
Obs	11 495	11 495	11 495	198	198	198	891	891	891

注：括号内为标准误，＊表示 p < 0.1，＊＊表示 p < 0.05，＊＊＊表示 p < 0.01。

　　二是改变因变量的测度方式。前面我们采用专利池合作之后 3 年累计被联盟伙伴发起诉讼的专利数测度因变量，现改用焦点成员专利池合作之后 2 年、4 年和 5 年分别累计被联盟伙伴发起诉讼的专利数测度因变量，结果如表 4 – 14 所示。在因变量采用专利池合作之后累计 2 年的诉讼专利数的情况下，分别将专利池关系强度和关系持久度单独对因变量进行回归，可以得到与之前完全相同的结论。但是，同时将两个解释变量放入模型时（M4 – 19），高科技企业之间专利池关系强度与技术竞争强度的正向关系依然显著，而与专利池关系持久度的倒"U"形关系并不显著。在因变量采用专利池合作之后累计 4 年和 5 年的诉讼专利数的情况下，依然可以得到与之前完全相同的结论，说明结果比较稳健。此外，我们还想了解专利池技术合作的时间效应，即高科技企业之间专利池技术合作对他们的技术竞争的显著效应可以持续多久。分别将专利池技术合作之后第 2 年、第 3 年和第 4 年的专利诉讼数作为因变量，再进行回归，结果如表 4 – 15 所示。可以看出，专利池关系强度的效应持续比较久，对第 2 年、第 3 年、第 4 年技术竞争强度的影响均非常显著，而专利池关系持久度的效应相对较短，对第 2 年和第 3 年技术竞争强度的影响非常显著，但对第 4 年技术竞争强度的影响不显著。

表4－14　　　　基于累计因变量的直接效应稳健性检验回归结果

变量	因变量为后2年累计数			因变量为后4年累计数			因变量为后5年累计数		
	M4－17	M4－18	M4－19	M4－20	M4－21	M4－22	M4－23	M4－24	M4－25
RSPP	0.06 *** (0.010)		0.06 *** (0.010)	0.11 *** (0.010)		0.11 *** (0.010)	0.10 *** (0.009)		0.10 *** (0.010)
RDPP		0.19 *** (0.067)	0.14 ** (0.068)		0.36 *** (0.060)	0.25 *** (0.060)		0.32 *** (0.057)	0.24 *** (0.057)
RDPP^2		− 0.09 *** (0.045)	− 0.06 (0.045)		− 0.19 *** (0.040)	− 0.14 *** (0.040)		− 0.18 *** (0.038)	− 0.13 *** (0.038)
控制变量	控制	控制	控制	控制	控制	控制	控制	控制	控制
Obs	13 728	13 728	13 728	11 440	11 440	11 440	10 296	10 296	10 296

注：括号内为标准误，＊表示 $p < 0.1$，＊＊表示 $p < 0.05$，＊＊＊表示 $p < 0.01$。

表4－15　　　　基于时间效应的直接效应稳健性检验回归结果

变量	因变量为第2年数据			因变量为第3年数据			因变量为第4年数据		
	M4－26	M4－27	M4－28	M4－29	M4－30	M4－31	M4－32	M4－33	M4－34
RSPP	0.06 *** (0.012)		0.05 *** (0.012)	0.08 *** (0.014)		0.07 *** (0.014)	0.07 *** (0.015)		0.07 *** (0.015)
RDPP		0.25 *** (0.083)	0.19 ** (0.084)		0.30 *** (0.092)	0.22 ** (0.093)		0.21 ** (0.102)	0.14 (0.103)
RDPP^2		− 0.16 *** (0.056)	− 0.13 ** (0.057)		− 0.18 *** (0.063)	− 0.14 ** (0.063)		− 0.14 * (0.072)	− 0.10 (0.072)
控制变量	控制	控制	控制	控制	控制	控制	控制	控制	控制
Obs	13 728	13 728	13 728	12 496	12 496	12 496	11 370	11 370	11 370

注：括号内为标准误，＊表示 $p < 0.1$，＊＊表示 $p < 0.05$，＊＊＊表示 $p < 0.01$。

4.4　本章小结

　　本章在理论分析的基础上，提出了高科技企业专利池技术合作对池内成员遭受联盟伙伴技术进攻强度的两个研究假设：专利池关系强度与技术竞争强度呈正向关系，即专利池关系强度越大，焦点成员遭受联盟伙伴技术进攻的强度也越大；专利池关系持久度与技术竞争强度呈倒"U"形关系，即随着专利池技术合作时间的增加，焦点成员遭受联盟伙伴技术进攻的强度先增加再下降。为证实这两个假设，本章利用2006～2018年国际知名专利池管理机构 MPEG LA 中12个专利池成员之间的专利池技术合作和技术竞争数据，实证检验了专利池关系强对技术竞争强度具有正向影响，关系持久度与技术竞争强度之间具有倒"U"形关系，并发现当专利池技术合作时间达到9.5年左右时，焦点成员遭受联盟伙伴技术进攻的强度达到最大值。同时，本章讨论了内生性问题，通过工具变量法进行分析，得到了相同的研究结论。此外，还从分组回归、更换因变量测度方式等角度进行稳健性检验。无论是企业、高校还是科研机构样本，直接效应的假设均得到验证。因变量采取多年累计数时，结果比较稳健。因变量采用专利池合作之后累计2年的诉讼专利数时，专利池关系强度显著正向影响技术竞争强度，但与关系持久度的倒"U"形关系并不显著；采用专利池合作之后累计4年和5年的诉讼专利数作为因变量时，假设依然得到证实。与专利池关系持久度相比，专利池关系强度的效应更加持久。专利池关系持久度对第2年和第3年技术竞争强度的影响显著，但第4年技术竞争强度的影响并不显著，而专利池关系强度对第2～4年的技术竞争强度的影响均非常显著。

第5章 双元创新与联盟学习的中介效应研究

5.1 研究假设

5.1.1 专利池技术合作对焦点成员双元创新和联盟学习的影响

1. 关系强度对双元创新和联盟学习的影响

技术创新是高科技企业的生命线和未来。根据技术创新过程中的知识来源，我们将双元创新分为利用式创新和探索式创新。探索式创新是对全新技术开发和全新机会的把握，比如开发新产品，利用式创新是在现有技术或市场基础上改进和完善的创新方式，比如对原有产品的升级换代（Benner and Tushman，2003）。当专利池关系强度较低时，池内成员更倾向于探索式创新而不是利用式创新。第一，弱关系是以遥远和不频繁的互动为代表的关系，更有可能提供新颖或非冗余的信息（Granovetter，1973）。联盟伙伴交叉许可的专利有限，池内成员需要更多探索式创新以扩充知识存量，通过搜索新知识寻找已有知识元素间连接的中介元素（Carnabuci and Bruggeman，2009），为未来更多的知识组合提供技术基础。第二，池内成员没有深度融入创新生态系统，需要通过探索式创新，即利用其多元化知识基础优势进一步拓展所涉及技术领域，通过实施相关技术多元化战略和非相关技术多元化战略营造创新生态系统，提高企业核心竞争力。第三，回授规则遏制了池内成员利用式创新。大多数专利池许可协议都包括回授条款，要求被许可方将其对许可专利所做的任何改进权给予专利池，并许可给其他成员（Shapiro，2001；Lerner et al.，2007；Lerner and Tirole，2004）。回授规则有效地将创新变成所有专利池参与者都可使用的公共产品，这导致池内成员和被许可方无法独立推销其改进技术，大大降低池内成员和被许可人研发私人回报和研发动机（Vakili，2016；Joshi and Nerkar，2011），从而可能阻碍联盟成员利用式创新。回授规则还通过鼓励池内成员研发投资搭便车遏制利用式创新（Lampe and Moser，2010；2016；张运生和杨汇，2020；朱雪忠等，2007）。

强关系是以密切和频繁的互动为代表的关系，能传递更多隐性知识。随着专利池关系强度的提高，池内成员更倾向于利用式创新而不是探索式创新。第一，关系强度越高，越有利于制定技术标准和营造创新生态系统，更能促进利用式创新（Teece，2018）。在创新生态系统中，池内成员占据某个生态位，企业更倾向于在各自生态位进行创新，即开展利用式创新。通过入池专利交叉许可，池内成员可以穿过"专利丛林"，可以通过较低费用或免费使用池内专利，实现技术互换，优势技术互补配套，扫清了专利实施的障碍，避免了相关专利潜在侵权（Vakili，2016）。融入创新生态系统的企业更能集中精力开发核心技术。第二，相对于利用式创新，探索式创新需要经历获取、吸收，转化等复杂过程（Tortoriello，2015），需要巨额研发投入，且面临较大研发风险（Wang et al.，2014）。强关系为创新提供彼此信任和充分交流的情感资源。关系强度越高，越能培养联盟伙伴之间的信任和默契，池内成员可能产生惯性行为而不愿意跨越企业边界搜索和获取新知识（Zheng and Yang，2015）。第三，关系强度高的联盟伙伴往往资源相似性、市场重合度较高，拥有相近的行业专有知识，且一般面临相似挑战（Chen，1996；Gnyawali and Park，2009），池内成员能更有效地获取联盟伙伴的关键信息、技术诀窍或能力（Gnyawali and Park，2009；Wu，2014），提高现有知识利用率，促进利用式创新。专利池成员接触到更多同质化技术知识，这些技术知识有利于利用式创新，而不利于探索式创新。由此提出以下假设：

H2a：专利池关系强度的提高对池内成员探索式创新绩效具有抑制作用。

H2b：专利池关系强度的提高对池内成员利用式创新绩效具有促进作用。

企业与他人的关系可以视为一种外部资源，通过这种关系获得合作伙伴资源的访问权（Lavie and Rosenkopf，2006）。高科技企业专利池是一个知识共享平台，是获得新技能的一种及时、低成本的机制。专利池具有技术溢出（技术扩散）效应，企业可以通过加入专利池的方式接近和获得联盟伙伴的关键信息、技术诀窍或能力，为自身发展创造价值（Hamel，1991；Khanna et al.，1998；Gnyawali and Park，2009；Wu，2014）。它为池内成员提供理论知识交流和技术学习机会，促进池内成员技术学习与模仿。池内成员可以获得难以通过市场直接交易获取的技术和知识等多种好处，特别是联盟伙伴隐性知识。关系强度越高，专利池成员可以获得更多的技术学习机会和更低的学习成本。池内成员往往有较高的资源相似性、市场重合度共同目标以及拥有相近的行业专有知识，且一般面临相似的挑战（Chen，1996；Gnyawali and Park，2009）。专利池关系强度提高营造了更好的交流沟通、知识分享环境，使池内成员更加便于跟踪行业前沿信息、学习知识和积累资源。池内成员或相似或互补，有助于增强学习意愿，提升知识吸收能力（任声策，2007；周青和陈畴镛，2012），提高知识分享与转移效率。为此提出以下假设：

H2c：专利池关系强度的提高对池内成员联盟学习具有促进作用。

2. 关系持久度对双元创新和联盟学习的影响

兰佩和莫瑟（Lampe and Moser，2010）研究发现，缝纫机专利池成立前，缝纫机技术创新产生的专利数量迅速增加，而在专利池运行期间，缝纫机技术基本停滞不前，在该专利池解体后，缝纫机技术又快速发展，专利数量迅速增加。任声策（2010）研究发现，DVD 6C 专利池成立前后，日立公司在专利池成立之前的专利数量明显高于专利池成立之后。在专利池形成之前，企业创新投资模式随着时间向上倾斜，在专利池形成之后显著降低（Dequiedt and Versaevel，2013）。专利池形成之初，首要的任务是确保池内企业持续合作，从而减少总体竞争和创新活动，并使以前碎片化专利能捆绑销售给潜在许可方（Joshi and Nerkar，2011）。回授规则要求池内专利的被许可者将池内专利的改进权授予专利池，而无须额外成本（Lerner et al.，2007），将企业技术创新成果变成所有池内成员都可使用的公共产品，阻碍了池内成员技术创新。另外，专利池合作初期，专利池成员之间相互了解不够，信息不对称、相互不信任和沟通机制不完善，容易产生机会主义行为，因此导致联盟双方在专利池合作初期知识共享有限，技术创新绩效下降。

随着合作关系深入，焦点成员技术创新绩效得到提升。一方面，随着关系持久度的增加，联盟伙伴之间关系资本提升，双方知识转移更有效率，知识的共享与交流增加（Kotabe and Domoto，2003）。焦点成员通过学习与整合联盟伙伴互补配套的异质性资源，提高技术创新效率。另一方面，专利池技术标准逐渐得到推广，行业影响力显著加强，池内成员在技术上共同"合法"垄断市场（周青等，2017），专利池共同利益显著增加。池内成员为了从专利池公共利益中获得更大比例私人利益，与联盟伙伴开展学习竞赛（Hamel and Doz，1989）和专利竞赛，促进技术创新绩效提升。

随着合作关系进一步深入，联盟伙伴知识距离逐渐缩短，联盟伙伴异质性资源对焦点成员的吸引力逐渐减弱，焦点成员创新效率逐渐降低，导致创新绩效下降。

综上所述，我们认为相对于时间适度的专利池关系，在较短和较长时间的专利池关系中，焦点成员创新绩效均较低。因此，提出以下假设：

H3a：专利池关系持久度与焦点成员探索式创新绩效呈倒"U"形关系。

H3b：专利池关系持久度与焦点成员利用式创新绩效呈倒"U"形关系。

联盟成员技术与知识库各不相同，专利池通过整合池内成员不同的技术与知识库，为池内成员提供了一个学习平台。不同单位加入联盟的目标可能并不一致，但学习在所有联盟中至少是一个隐含目标（Kale et al.，2000）。合作伙伴会试图整合双方已有技能，联盟学习就会自然发生。池内成员通过交互学习，获取互补知识、技术、资源、能力等，将联盟伙伴专有知识内部化，从而形成竞争优势（Kale et al.，2000）。

不过，跨组织层面的知识转移远非自由流动，受到许多限制（Simonin，1999）。知识是固定的，且存在于个人层面而不是组织层面，难以形式化或交流（Grant，1996）。因此，转移依赖于发送者能够编纂和传播知识，而接收者能够重视、吸收和利用这些新知识（Cohen and Levinthal，1990）。在建立专利池关系初期，联盟伙伴熟悉程度不足，关系资本尚未得到充分培育，且作为横向联盟的专利池具有较强烈的竞争倾向（Chiambaretto and Fernandez，2016），池内企业常常互为竞争对手，联盟之间信任十分有限，妨碍其开展学习行为。随着联盟关系持续，联盟双方逐步探索出适合互利共赢的合作模式，并在多次合作中完善双边协调和合作治理机制，关系资本得到提升（Feldman，2000），竞争紧张性得以缓解。较高的学习强度表明企业对于联盟伙伴知识基础比较熟悉，促进企业学习、吸收与内化专利池联盟伙伴的异质性知识（张运生和杜怡靖，2019）。另外，专利池往往与技术标准相结合，池内成员可能利用技术标准的网络效应"赢者通吃"。为了能主导甚至垄断市场，创造更大共同利益（朱振中，2007），专利池成员会合作推广技术标准，促进联盟伙伴之间的学习。

然而，当专利池关系进一步持续，联盟学习强度反而可能下降。当价值共创形成时，池内成员为了能从共同利益中获得更大比例的私人利益，会引发池内成员之间的"学习竞赛"，导致联盟学习陷入两难境地（Hamel，1991）。一方面，池内成员最大限度、最快速度地从联盟伙伴那里汲取隐性知识。另一方面，尽量保护自己的核心能力，不愿过多分享，削弱联盟学习。具备较强竞争意识、较低透明程度且学习能力较强的池内成员往往会在"学习竞赛"中胜出（Hamel，1991）。久而久之，导致越来越少的真正有价值的知识得到共享（Larsson et al.，1998）。由此，提出以下假设：

H3c：专利池关系持久度与焦点成员联盟学习强度呈倒"U"形关系。

5.1.2 焦点成员双元创新和联盟学习对技术竞争的影响

1. 双元创新对技术竞争的影响

通过在新技术领域创新实现多元化是公司增长的关键模式，也是许多现代公司业绩的驱动力（Haltiwanger et al.，2018）。不过，当企业涉足一个新的技术领域时，它需要具备适当的诉讼能力（Ganco et al.，2020），否则容易遭受技术进攻。一方面，当企业被观察到或被预期到探索式创新时，可能会遭受行业内联盟伙伴提起诉讼，尤其是当联盟伙伴意识到该企业可能在新领域不拥有自己的知识产权时，可能更容易受到攻击（Ganco et al.，2020）。专利收购，相当于开展了探索式创新。

另一方面，探索式创新可能由于研发人员流动和争夺引起技术进攻。探索式创新往往需要企业引进新领域的人力资本。研发人员在很大程度上可以随意辞职，并且经常带着对他们以前雇主非常有价值的知识离开（Blyler and Coff，2003；Coff，1999）。当企业试图从联盟伙伴那里获取人力资本时，联盟伙伴可能会使用与知识产权相关的诉讼来阻止企业这样做，或通过同业禁止协议等方式阻止企业使用嵌入在人力资本中的知识（Agarwal et al.，2009）。当员工被进入该领域的焦点企业挖走时，他们为企业提供宝贵的知识和知识产权，这些知识和知识产权归属他们以前的雇主所有（Aime et al.，2010；Blyler and Coff，2003；Kim，2014）。然而，当存在可能禁止此类招聘的法律时，就会出现问题，包括专利、商业秘密或限制性雇佣合同（Agarwal et al.，2009；Starr et al.，2017）。员工流动和人才挖角是知识产权相关诉讼的关键触发因素（Beckerman - Rodau，2002；Bishara，2006；Kim，2014）。美国超过85%的联邦级商业秘密诉讼和超过93%的州级商业秘密诉讼涉及前雇员或商业伙伴（Elmore，2016）。这些案例往往集中在现任公司或前雇员是否拥有专利背后的知识产权，雇员是否侵犯或可能会在新雇佣期间侵犯专利（Contigiani et al.，2018）。因此，探索式创新充满了领域内知识产权侵犯风险。

拥有在探索式创新之前就知识产权相关事项进行诉讼的能力可以作为一种"保险"。它将有助于保护探索式创新企业在获取与新领域相关的知识方面的投资。如果企业丧失诉讼能力，企业将降低其进入新技术领域的可能性（Ganco et al.，2020）。因此，提出以下假设：

H4a：探索式创新绩效越高，焦点成员遭受联盟伙伴技术进攻的强度越高。

在高科技行业中，专利是技术竞争的重要工具。在大多数行业，特别是在复杂技术中，单项专利无法完全覆盖全部创新点，因此被认为相对无效（Arundel，2001；Cohen et al.，2000；Levin et al.，1987；Sattler，2003）。公司不仅要对核心技术申请专利，还要围绕核心专利技术不断申请衍生专利，进而形成一个强大的专利围墙（专利壁垒）（刘立春，2015；Guellec and Pottelsberghe，2007）。专利壁垒的构建过程是在原有核心技术基础上的创新，即利用式创新过程。

大规模的利用式创新产生更加完善的专利组合，增加专利权人发起专利诉讼进攻的概率。企业凭借专利数量和质量优势，既可以向现有和潜在竞争对手传递本雄厚技术实力的信号，从而阻止潜在竞争对手进入市场和现有竞争对手模仿，也可以发起技术进攻，通过打击侵权行为索取赔偿，限制竞争对手或阻止竞争者模仿，达到长期垄断市场的目的（Cohen et al.，2000；Levin et al.，1987；Sattler，2003），还可以减少劫持风险和对抗侵权诉讼，为随时参与专利诉讼做准备（Cohen et al.，2000；Hall and Ziedonis，2001；Ziedonis，2004）。

不过，专利防御功能比攻击功能的影响更为深远（Tsai，2010）。更多企业开展利用式创新筑起"专利围墙"保护自己，接受指控并为自己辩护（Tsai，2010）。专利权高度分散使专利监控变得复杂，降低了在设计和制造产品之前确定所有相关专利权人的概率（Hall and Ziedonis，2001；Williamson，1985；Ziedonis，2004），提高了专利侵权风险。企业通常难以识别大量未知专利权人并与之达成许可交易，导致侵权风险增加。而且，通常只有在对开发和生产进行大量投资之后才发现侵权，而围绕侵权专利进行发明的成本不高且侵权者处于特别弱势的地位。为了减少被其他专利拥有者阻碍的威胁，企业必须做好防御措施。更大的专利组合具有更大的抵抗潜在原告的能力，因此企业不考虑单个专利的经济回报而大量申请并获得专利（Cohen et al.，2000；Hall and Ziedonis，2001；Ziedonis，2004）。避免高成本专利诉讼的形式可以有很多种，其中，通过交叉许可等形式与原告达成协议是一种常用形式，而交叉许可必然需要企业拥有较大的专利组合。有了专利积累，即使遭受到专利诉讼威胁，仍能增加谈判和解的筹码。为了规避现有技术进行创新，形成基于专利的最优化及协调的竞争优势，专利价值链更加完备，遭受专利诉讼的风险降低（刘立春，2015）。

为了报复和讨价还价，企业将防御性地申请更多专利。防御性专利能够对潜在原告至少是那些专利运营实体进行反诉。一家担心会侵犯竞争对手专利的公司可能会增加自己的专利数量，以便对抗侵权诉讼（Hall and Ziedonis，2001；Lanjouw and Lerner，2001）。专利组合提升企业专利诉讼能力，并产生诉讼和反诉的震慑效应。企业通过对原始创新进行改进而获得大量衍生专利形成专利组合，当被指控专利侵权时，可以利用专利组合抗辩专利指控，甚至可以对原告提起反诉（刘立春，2015）。

综上所述，大规模利用式创新使企业在使用创新技术进行生产经营时可以避免专利侵权，或在联盟伙伴发起专利诉讼时，能够进行有效抗辩，降低损失（尹志锋，2018）。因此，提出以下假设：

H4b：利用式创新绩效越高，焦点成员遭受联盟伙伴技术进攻的强度越低。

2. 联盟学习对技术竞争的影响

无论联合组建专利池的动机是什么，只要有机会，池内成员都会努力吸收联盟伙伴的相关技术知识（Schildt et al.，2012），即联盟学习。联盟学习能力对池内成员遭受联盟伙伴技术进攻的强度有什么影响呢？一方面，较强的联盟学习能力可能降低企业受到联盟伙伴技术进攻的强度。原因有两个。一是焦点成员相对于联盟伙伴技术创新能力更强，能更好地掌握对方的行为模式、产品缺陷与技术弱点，实施机会主义行为的能力也较强，联盟伙伴发起技术进攻很可能引起报复，竞争成本和风险更高。二是焦点成员可以在基本专利基础上开发更多从属专利（也称"改进专利"）。基本专利与从属专利相互套牢，即基本专利实施的前提是获得从属专利许可，同样，从属专利实施的前提是获得基本专利许可。为了实施专利和避免报复，学习能力较低的一方更可能通过"容忍"来提高私人利益（Godart et al.，2014），即联盟学习能力降低了企业受到联盟伙伴技术进攻的动机。

另一方面，较强的联盟学习能力可能会提高企业受到联盟伙伴技术进攻的强度。专利池作为横向联盟，池内企业常常互为市场竞争对手，竞争倾向较强（Chiambaretto and Fernande，2016）。专利池成员为创造更大的公共利益而合作，为私人利益而竞争。私人利益竞争促使联盟双方持续提高竞争性学习动机与能力，即不断学习与掌握联盟伙伴的关键信息、隐性知识与技术诀窍等核心能力，同时防止自己的核心能力扩散或泄露到联盟伙伴，最终引发联盟伙伴之间的"学习竞赛"（Hamel et al.，1989；Hamel，1991；Khanna et al.，1998）。联盟伙伴间知识流动是联盟学习的主要体现，而专利引用是衡量知识流动的最佳方法之一（Nerkar and Paruchuri，2005）。企业通过消化吸收联盟伙伴专利，并对其进行引用和改进，提高自身研发能力和技术竞争优势（周磊，2014）。专利引用是创造性破坏在研发领域的体现，即通过新产品研发、研制质量更优或功能更好的产品来获得竞争优势，战胜联盟伙伴（周磊，2014）。因此，较高的联盟学习强度会暴露其竞争性学习行为，破坏联盟双方互信，引起对方不满和对其机会主义行为的警惕与戒备，甚至引发联盟伙伴在技术市场和产品市场上的进攻与反制（张运生等，2019）。因此，提出以下假设：

H4c：联盟学习能力越强，焦点成员遭受联盟伙伴技术攻击的强度越高。

5.1.3　焦点成员双元创新的中介效应

1. 双元创新对关系强度与技术竞争之间的中介效应

专利池弱关系通过促进探索式创新推动池内成员承受联盟伙伴技术进

攻的强度提升。在专利池关系强度较低时，高科技企业更倾向于探索式创新而不是利用式创新。弱关系是以遥远和不频繁的互动为代表的关系，更有可能提供新颖或非冗余的信息（Granovetter，1973）。当联盟伙伴之间关系嵌入不深时，池内成员需要更多探索式创新以扩充知识存量，通过搜索新知识寻找已有知识元素间连接的中介元素（Carnabuci and Bruggeman，2009），利用相关技术多元化战略和非相关技术多元化战略进一步拓展所涉及的技术领域，为未来更多的知识组合提供技术基础。

探索式创新绩效越高，企业遭受联盟伙伴技术进攻的强度越大。当企业被观察到或被预期到探索式创新时，可能会遭受联盟伙伴提起的诉讼，尤其是当联盟伙伴意识到该企业技术实力不足时，该企业可能更容易受到攻击（Ganco et al.，2020）。探索式创新也可能由于研发人员流动和人才争夺引起联盟伙伴技术进攻。

综上所述，我们认为专利池弱关系导致探索式创新绩效提高，进而导致焦点成员遭受联盟伙伴技术进攻强度提高。直接效应的影响方向为正，而间接效应（专利池关系强度阻碍探索式创新绩效提升，且探索式创新绩效导致联盟伙伴技术进攻的强度提升）的影响方向为负，为此提出遮掩效应假设（温忠麟和叶宝娟，2014）：

H5a：探索式创新对专利池关系强度与技术竞争的正向关系具有遮掩效应，即专利池关系强度通过降低焦点成员探索式创新绩效而遮掩联盟伙伴技术进攻。

专利池强关系通过提高利用式创新绩效降低池内成员遭受联盟伙伴技术进攻的强度。专利池强关系是以密切和频繁的互动为代表的关系，提供了彼此信任和充分交流的空间，能传递更多隐性知识，更能推动池内成员利用式创新而不是探索式创新。专利池强关系有利于营造创新生态系统，更能促进利用式创新（Teece，2018）。相对于利用式创新，探索式创新需要经历获取、吸收、转化等复杂过程（Tortoriello，2015），研发投入巨大，且面临较大研发风险（Wang et al.，2014），池内成员可能由于路径依赖和惯性行为而不愿在企业外部搜索和获取新知识（Zheng and Yang，2015）。专利池作为横向联盟，联盟伙伴往往资源相似性、市场重合度较高，拥有相近的行业专有知识，且一般面临相似挑战（Chen，1996；Gnyawali and Park，2009），池内成员更能有效获取联盟伙伴的关键信息、技术诀窍或能力（Gnyawali and Park，2009；Wu，2014），提高现有知识利用率，促进利用式创新。

利用式创新能够增强内生型技术积累，提高技术竞争优势，影响联盟伙伴技术进攻。利用式创新绩效越高，池内成员遭受联盟伙伴技术进攻强度越低。在大多数行业，特别是在技术复杂的行业中，单个专利无法完全覆盖全部创新点，因此被认为相对无效（Arundel，2001；Cohen et al.，2000；Levin et al.，1987；Sattler，2003）。公司不仅要对核心技术申请专利（即核心专利），还要围绕核心专利不断申请衍生专利，形成强大的专利围墙（专利壁垒）（刘立春，2015；Guellec and Pottelsberghe，2007），以随时抵抗指控并为自己辩护（Tsai，2010）。专利壁垒的构建过程是在原有核心技术基础上进行创新，属于利用式创新过程。大规模利用式创新不仅可以提高专利诉讼进攻概率，还可以减少劫持风险和对抗侵权诉讼，为随时参与专利诉讼做准备（Cohen et al.，2000；Hall and Ziedonis，2001；Ziedonis，2004）。为了减少被其他专利拥有者阻碍的威胁，企业必须做好防御措施。利用式创新具有抵抗潜在原告的能力，因此企业不考虑单个专利的经济回报而大量申请并获取专利（Cohen et al.，2000；Hall and Ziedonis，2001；Ziedonis，2004）。有了专利积累，即使遭受到专利诉讼威胁，仍能增加谈判和解的筹码。基于防御型的专利诉讼战略，专利价值链比较完备，专利诉讼风险较低（刘立春，2015）。担心会侵犯竞争对手专利的公司可能会增加自己的专利量，以便对抗侵权诉讼（Hall and Ziedonis，2001；Lanjouw and Lerner，2001）。当被指控专利侵权时，可以利用衍生专利形成的专利组合进行抗辩，甚至可以对原告提起反诉（刘立春，2015）。

综上所述，我们认为专利池强关系导致利用式创新绩效提高，进而导致焦点成员遭受联盟伙伴技术进攻强度降低。由于直接效应影响方向为正，而间接效应（专利池关系强度激励利用式创新绩效提升，且利用式创新绩效导致联盟伙伴技术进攻的强度降低）影响方向为负，为此提出遮掩效应假设（温忠麟和叶宝娟，2014）：

H5b：利用式创新对专利池关系强度与技术竞争的正向关系具有遮掩效应，即专利池关系强度通过提高焦点成员利用式创新绩效而遮掩联盟伙伴技术进攻。

2. 双元创新对关系持久度与技术竞争之间的中介效应

我们认为专利池关系持久度通过倒"U"形曲线效应影响焦点成员双元创新绩效，进而影响焦点成员遭受联盟伙伴的技术进攻强度。德奎特和范思韦尔（Dequiedt and Versaevel，2013）研究发现，池内成员在专利池形成之后的创新投资要显著低于形成之前的创新投资。

根据 H4a 假设的理论推演可知，探索式创新绩效越高，专利池成员遭受联盟伙伴的技术进攻强度越大。因此，我们认为专利池关系持久度通过倒"U"形曲线效应影响焦点成员探索式创新绩效，进而通过倒"U"形曲线效应影响焦点成员遭受联盟伙伴的技术进攻强度。由于直接效应呈倒"U"形关系，而间接效应（专利池关系持久度与探索式创新绩效呈倒"U"形关系，且探索式创新绩效与联盟伙伴技术进攻的强度是正向关系）也呈倒"U"形关系，为此，提出中介效应假设：

H6a：探索式创新对专利池关系持久度与技术竞争的倒"U"形关系具有中介效应。

根据假设 H4b 的理论推演可知，利用式创新绩效越高，池内成员遭受联盟伙伴技术进攻强度越低。因此，我们认为专利池关系持久度通过倒"U"形曲线效应影响焦点成员利用式创新能力，进而通过"U"形曲线效应影响焦点成员遭受联盟伙伴的技术进攻强度。由于直接效应呈倒"U"形关系，而间接效应呈"U"形关系（专利池关系持久度与利用式创新绩效呈倒"U"形关系，且利用式创新绩效与联盟伙伴技术进攻的强度是负向关系），为此，提出遮掩效应假设：

H6b：利用式创新对专利池关系持久度与技术竞争的倒"U"形关系具有遮掩效应。

5.1.4　焦点成员联盟学习的中介效应

1. 联盟学习对关系强度与技术竞争之间关系的中介效应

专利池强关系通过促进联盟学习推动焦点成员遭受联盟伙伴技术进攻的强度提升。池内成员通过高科技企业专利池可以及时、低成本地获得新技能。

联盟学习可能会提高焦点成员受到联盟伙伴技术进攻的强度。专利池作为横向联盟，池内企业常常互为市场竞争对手，竞争倾向较强（Chiambaretto and Fernande，2016）。专利池成员为创造公共利益而合作，为获取自身利益而竞争。私人利益竞争促使联盟双方在不断学习与掌握联盟伙伴的关键信息、隐性知识（Tacit Knowledge）与技术诀窍（Know-how）等核心能力的同时，防止自己的核心能力扩散或泄露给联盟伙伴，最终引发联盟伙伴之间学习竞赛（Hamel et al.，1989；Hamel，1991；Khanna et al.，1998）。

综上所述，我们认为专利池强关系促进联盟学习，进而导致焦点成员遭受联盟伙伴技术进攻强度提高。

H7a：联盟学习对专利池关系强度与技术竞争的正向关系具有中介效应。

2. 联盟学习对关系持久度与技术竞争之间关系的中介效应

专利池关系持久度通过倒"U"形曲线效应影响焦点成员联盟学习绩效，进而影响焦点成员承受联盟伙伴的技术进攻强度。在专利池关系初期，联盟伙伴熟悉程度不足，关系资本尚未得到充分培育，加之专利池作为横向联盟，竞争倾向较强（Chiambaretto and Fernandez，2016），池内成员常常互为市场竞争对手，联盟双方之间的信任十分有限，妨碍其学习行为。随着专利池关系持续，联盟双方逐步探索出适合互利共赢的合作模式，并在多次合作中不断完善双边协调与合作治理机制，关系资本得到提升（Feldman，2000），竞争紧张性得以缓解，推动焦点成员从联盟伙伴汲取与吸收异质性知识为己所用（张运生等，2019）。为了能主导甚至垄断市场，创造更大经济利益（朱振中和吴宗杰，2007），专利池成员会共同推广技术标准，促进联盟伙伴之间学习。然而，随着专利池关系进一步持续和价值共创形成，池内成员为了能从共同利益中获得更大比例的私人利益，会引发池内成员之间"学习竞赛"，导致联盟学习进入两难境地（Hamel，1991）。池内成员最大限度、最快速度地从联盟伙伴那里汲取隐性知识的同时，尽量保护自己的核心能力，不愿过多分享，削弱联盟学习。久而久之，导致越来越少的真正有价值的知识得到共享（Larsson et al.，1998）。

根据 H4c 的理论推演可知，联盟学习会提高池内成员遭受联盟伙伴技术进攻的强度。因此，我们认为专利池关系持久度通过倒"U"形曲线效应影响焦点成员联盟学习绩效，进而影响焦点成员遭受联盟伙伴的技术进攻强度，促成了关系持久度与联盟伙伴之间技术竞争的倒"U"形关系。

H7b：联盟学习对专利池关系持久度与技术竞争的倒"U"形关系具有中介效应。

5.2　研究设计

5.2.1　变量测度

1. 因变量与自变量

因变量是技术竞争强度（TCI），自变量有两个，分别是专利池关系强度（RSPP）和专利池关系持久度（RDPP）。其测度方式与本书4.2节相同。

2. 中介变量

（1）双元创新。包括探索式创新（Exploratory Innovation，PLOR）和利

用式创新（Exploitative Innovation，PLOI）。国内外学者对双元创新提出不同测度方法。一是问卷调查法，如比尔斯和赞德（Beers and Zand，2014）、里塔拉等（Ritala et al.，2013）、特罗伊洛等（Troilo et al.，2014）均采用该方法测度。其特点已在第 4 章分析，在此不再赘述。二是通过专利信息测度，具体又分为专利引用信息法和专利分类号信息法。

在专利引用信息法中，用"新引用专利数 ÷ 专利总量"计算探索式创新得分。在过去 5 年内都没有引用的专利数计为新引用专利数。探索式创新得分越高，表示探索式创新绩效越高。用"非新引用专利数 ÷ 专利总量"计算利用式创新得分。得分越高，表示利用式创新绩效越高（Benner and Tushman，2003）。在专利分类号信息法中，通过国际专利分类号（IPC）前三位信息测度双元创新（Phelps，2010）。企业申请的每一项专利，如果其 IPC 分类号（前三位）在该企业过去 5 年都没出现过，则认为是探索式创新，探索式创新计数为 1，利用式创新计数为 0；如果专利分类号在该企业过去 5 年出现过，则认为是利用式创新，利用式创新计数为 1，探索式创新计数为 0（Ganco et al.，2020；戴海闻，2018）。依此规则，统计企业所有的专利。本书采用专利分类号信息法统计双元创新。

为避免中介变量对自变量的潜在影响，并考虑专利池技术合作效应的滞后性，本书采用焦点成员之后 3 年累计的双元创新绩效测度焦点年份双元创新绩效。由于专利池成员探索式创新与利用式创新绩效相差甚远，为了使数据更加平稳，在进行回归分析时对这些数据都加 1 并取自然对数（在描述性统计分析时没有进行自然对数处理）。

（2）联盟学习（Alliance Learning，AL）。尽管许多类型的能力可以通过专利池技术合作进行转移，但技术能力似乎是最常见的学习成果形式之一。专利是技术创新成果的主要载体（张娜和刘凤朝，2021），是衡量知识流的最佳方法之一（Nerkar and Paruchuri，2005）。希尔特等（Schildt et al.，2012）通过专利交叉引用来测度联盟学习，杨海滨等（Yang et al.，2015）使用企业对联盟伙伴专利引用量与联盟伙伴除自引外的专利总被引量的比值测度企业对联盟伙伴学习能力。这种方法反映了企业在联盟伙伴知识溢出的比重，或对联盟伙伴知识结构的理解程度，但无法反映联盟成员专利丛林情况（张运生等，2019）。因此，我们用企业引用联盟伙伴专利数（即后向引用数，backward citation）来测度联盟学习能力。后向引用数越高，表示联盟伙伴流入企业的知识越多，企业的联盟学习能力越强。

专利引用以直接知识吸收为目的，借由创造性破坏效应影响研发实力，进而影响市场地位以及与竞争对手的关系。企业通过引用专利提高研发能力，获得技术竞争优势（周磊和杨威，2014）。它与学术论文引用动机二者之间存在较大差异（Jaffe and Fogarty，1998；周磊和马廷灿，2014）。学术论文引用体现为知识认同与继承，主要包括对开拓者致敬、对有关著作给予荣誉、核对数据来源与计算方法、提供背景文献等，多为正面与积极引用。专利引用主要包括三类：一是相关性引用（cites involving recent knowledge），类似于学术论文引用中的论据支持，以满足专利新颖性和先进性，属于"详细消极的引用"；二是迷惑性引用（strictly legal cites），类似于学术论文中的无效引用、错引；三是常识引用（teaching cites），指对技术领域公认的基础知识引用，属于"粗略引用"。专利引用可以准确、有效地反映出技术竞争动态变化，也可以完整地记录企业之间的技术竞争关系，体现技术竞争中领导者与追赶者角色（Jaffe et al.，1998）。毛塞斯等（Maurseth et al.，2002）研究发现在技术关联性强的产业中，跨国引用行为更加频繁，知识溢出现象明显，发生技术竞争的可能性更高。竞争者之间专利引用行为是创造性破坏在研发领域的体现，即企业通过研发新产品来战胜对手（周磊和杨威，2014）。为了使数据更加平稳，在回归分析时，我们对这些数据都加 1 后取自然对数（在描述性统计分析时没有进行自然对数处理）。

3. 控制变量

（1）结构洞（Structural Holes，SH）。测度结构洞的指标包括有效规模、效率、约束指数和等级度，而约束指数是一个高度概括的指标，反映了企业在网络中应用结构洞的能力，能够很好地反映企业的结构洞水平（Burt，1992），也是使用最广泛的指标。本书选择约束指数代表企业在网络中拥有结构洞的丰富程度，如行动者 i 受到 j 的限制度指标的操作化定义为：

$$c_{ij} = (p_{ij} + \sum p_{iq}p_{qj})^2 \; ; \; q \neq i, j \qquad (5.1)$$

其中，p_{ij} 是行动者 i 的全部关系中投入 q 的关系占总关系的比例。约束指数越低，说明该行动者投资越分散，越不受到限制，结构洞丰富度越高。

（2）技术相似性（Technological Similarity，TS）。沿用格伦茨（Greunz，2003）、谭大卫（Tan，2016）的方法计算技术相似性。收集各成员各年每个 IPC 分类号（前四位）专利数量，以 3 年为周期进行移动平均，计算各成员前 3 年专利的相关系数，作为焦点成员与联盟伙伴之间技术相似性。相关系数数值越大，表示技术距离越小，技术互补性越低，相似性越高。

（3）创新活跃期（Innovation Age，IA）。研发活跃期为从可检索到焦点成员专利授权记录的时间至当年年底的时间，反映技术创新历史。技术创新活跃期越长，技术创新经验越丰富，越可能影响焦点成员技术创新绩效。

另还有 7 个控制变量，分别是诉讼活跃期（PLA）、诉讼专利数（EPL）、被池成员诉讼数（PLSM）、被引专利数（NPC）、入池时间（LPM）、入池专利数（NPP）、年份（Year），其测度方式与本书 4.2 节相同。

5.2.2　实证模型构建

考虑专利池技术合作对联盟伙伴之间技术竞争的影响，如果专利池技术合作通过影响专利池焦点成员双元创新来影响其技术竞争，则称作焦点成员双元创新为中介变量。由于本章考虑了焦点成员探索式、利用式创新和联盟学习的中介作用，采用多重中介模型来实证。为了检验中介效应，依据传统方式依次检验回归系数，构建以下模型：

1. 双元创新、联盟学习对专利池关系强度与技术竞争的中介作用模型

$$TCI = \alpha_0 + \alpha_1 RSPP + \alpha Controls + \varepsilon_1 \qquad (5.2)$$

$$\text{PLOR} = \alpha_0 + \alpha_2 \text{RSPP} + \alpha \text{Controls} + \varepsilon_2 \tag{5.3}$$

$$\text{PLOI} = \alpha_0 + \alpha_3 \text{RSPP} + \alpha \text{Controls} + \varepsilon_3 \tag{5.4}$$

$$\text{AL} = \alpha_0 + \alpha_4 \text{RSPP} + \alpha \text{Controls} + \varepsilon_4 \tag{5.5}$$

$$\text{TCI} = \alpha_0 + \alpha_5 \text{RSPP} + b_1 \text{PLOR} + b_2 \text{PLOI} + b_3 \text{AL} + \alpha \text{Controls} + \varepsilon_5 \tag{5.6}$$

其中，TCI 为技术竞争强度，是因变量；RSPP 为专利池关系强度，是自变量；PLOR、PLOI、AL 分别为探索创新绩效、利用式创新绩效和联盟学习能力，是三个中介变量；Controls 为控制变量，α 为对应的回归系数；α_0 为常数项，$\varepsilon_1 \sim \varepsilon_5$ 为回归残差；α_1 为专利池关系强度对技术竞争的总效应，α_5 为专利池关系强度对技术竞争的直接效应，$\alpha_2 b_1$ 为探索式创新在专利池关系强度和技术竞争的中介效应，$\alpha_3 b_2$ 为利用式创新在专利池关系强度和技术竞争的中介效应，$\alpha_4 b_3$ 为联盟学习在专利池关系强度和技术竞争的中介效应以及总体中介效应：

$$\alpha_1 - \alpha_5 = \alpha_2 b_1 + \alpha_3 b_2 + \alpha_4 b_3 \tag{5.7}$$

模型（5.3）、模型（5.4）、模型（5.5）分别用于检验专利池关系强度对探索式创新绩效、利用式创新绩效和联盟学习能力的影响，模型（5.6）用于检验探索式创新、利用式创新和联盟学习对技术竞争的影响，综合模型（5.2）、模型（5.3）、模型（5.4）、模型（5.5）检验焦点成员双元创新、联盟学习对专利池关系强度与技术竞争的中介效应和遮掩效应。

中介效应检验流程如图 5-1 所示。值得关注的是，在中介效应检验过程中，当间接效应显著的情况下，若检验系数 c 后按遮掩效应立论，最后结果同样要按遮掩效应解释。若初始检验系数 c 按中介效应立论，要根据 ab 和 c' 的符号得出结论，如果符合相同，按中介效应解释，报告中介效应的效应量，至少应报告 ab/c 或者 ab/c'。如果符号相反，按遮掩效应解释。此外，在参数估计中，点估计往往是不足够的，应该运用自举法（Bootstrap）得出 a 和 b 的置信区间给出区间估计（温忠麟和叶宝娟，2014）。

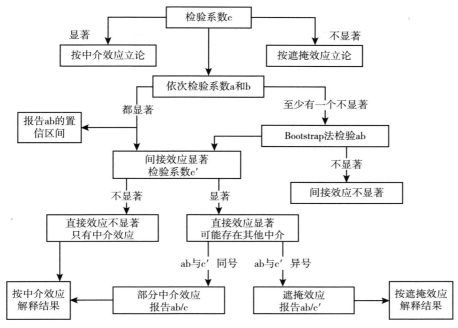

图 5 - 1　中介效应检验流程

资料来源：温忠麟，叶宝娟．中介效应分析：方法和模型发展［J］．心理科学进展，2014，22（5）：731 - 745.

2. 双元创新、联盟学习对专利池关系持久度与技术竞争的中介作用模型

由于研究变量间的特殊关系，即需要验证"专利池技术合作关系持久度通过'U'形曲线效应影响双元创新能力，进而影响技术竞争，促成了专利池技术合作关系持久度与技术竞争的倒'U'形关系"，利用三步法检验中介作用将无法清晰地揭示第三方变量在自变量与因变量之间的中介效应路径（Hair et al.，2011；Edwards and Lambert，2007）。因此，利用爱德华和兰伯特（Edwards and Lambert，2007）开发的调节路径分析法来检验假设。该方法构建的分析框架包含以下回归模型：

$$TCI = \alpha_0 + \alpha_6 RDPP_+ \alpha_7 RDPP \times Z + \alpha Controls + \varepsilon_6 \qquad (5.8)$$

$$PLOR = \alpha_0 + \alpha_8 RDPP + \alpha_9 RDPP \times Z + \alpha Controls + \varepsilon_7 \qquad (5.9)$$

$$PLOI = \alpha_0 + \alpha_{10} RDPP + \alpha_{11} RDPP \times Z + \alpha Controls + \varepsilon_8 \qquad (5.10)$$

$$AL = \alpha_0 + \alpha_{11} RDPP + \alpha_{12} RDPP \times Z + \alpha Controls + \varepsilon_9 \qquad (5.11)$$

$$TCI = \alpha_0 + \alpha_{13}RDPP + \alpha_{14}RDPP \times Z + \alpha_{15}PLOR + \alpha_{16}PLOI + \alpha_{17}AL$$
$$+ \alpha_{18}PLOR \times Z + \alpha_{19}PLOI \times Z + \alpha_{20}AL \times Z + \alpha Controls + \varepsilon_{10}$$

$$(5.12)$$

其中，TCI 为技术竞争强度，RDPP 为专利池关系持久度，中介变量 PLOR、PLOI、AL 分别为探索式创新绩效、利用式创新绩效和联盟学习能力，Z 为调节变量。本书中 Z 与 RDPP 为同一变量，RDPP × Z 为关系持久度的二次项也即此模型中的交互项，PLOR × Z、PLOI × Z、AL × Z 分别是探索式创新绩效与关系持久度、利用式创新绩效与关系持久度、联盟学习能力与关系持久度的交互项。

模型 5 – 8 用来检验自变量（关系持久度）以及自变量与调节变量（关系持久度）的交互项（即关系持久度的二次项）对因变量（技术竞争强度）的影响。模型（5.9）、模型（5.10）和模型（5.11）分别用来检验专利池关系持久度对探索式创新绩效、利用式创新绩效和联盟学习能力的影响。中介变量（双元创新绩效、联盟学习能力）与自变量（关系持久度）之间受"调节变量"（关系持久度）的"调节效应"，其实质是用来检验关系持久度对专利诉讼的倒"U"形曲线影响关系。模型（5.12）用于综合检验因变量（技术竞争强度）与自变量（关系持久度）、调节变量（关系持久度）与自变量（关系持久度）的交互项（即关系持久度的二次项）、中介变量（双元创新绩效、联盟学习能力）以及调节变量关系持久度与中介变量双元创新绩效、联盟学习的交互项之间的总效应。本书通过模型（5.12）来检验关系持久度与技术竞争强度之间倒"U"形关系以及双元创新绩效、联盟学习能力在其间的中介作用。

5.3 实证结果分析

5.3.1 描述性统计

表 5 – 1 列出了焦点成员承受联盟伙伴技术进攻强度、专利池关系强度、

表 5-1

变量描述性统计及相关系数

	1	2	3	4	5	6	7	8	9	10	11	12	13	14	15
1. TCI（项）	1														
2. PLOR（项）	0.01***	1													
3. PLOI（项）	0.23***	-0.14***	1												
4. RSPP（个）	0.38***	-0.08***	0.32***	1											
5. RDPP（10年）	0.10***	-0.02***	0.01***	0.22***	1										
6. AL（10³项）	0.51***	-0.04***	0.30***	0.42***	0.09***	1									
7. SH	-0.07***	0.05***	-0.19***	-0.07***	-0.01**	-0.08***	1								
8. TS	0.12***	-0.00	0.02***	0.04***	-0.00	0.13***	-0.02**	1							
9. IA（年）	0.15***	-0.18***	0.57***	0.25***	0.02***	0.17***	-0.25***	-0.07***	1						
10. PLA（年）	0.18***	-0.05***	0.48***	0.21***	0.06***	0.17***	-0.26***	-0.07***	0.58***	1					
11. EPL（10²项）	0.32***	0.10***	0.50***	0.22***	0.04***	0.27***	-0.19***	0.09***	0.29***	0.47***	1				
12. PLSM（10²项）	0.37***	0.05***	0.58***	0.26***	0.02***	0.30***	-0.16***	0.10***	0.35***	0.43***	0.85***	1			
13. NPC（10³项）	0.24***	-0.16***	0.87***	0.33***	0.03***	0.29***	-0.24***	0.03***	0.63***	0.58***	0.55***	0.60***	1		
14. LPM（年）	0.18***	-0.16***	0.56***	0.31***	0.07***	0.16***	-0.16***	-0.01	0.51***	0.59***	0.43***	0.41***	0.67***	1	
15. NPP（10³项）	0.17***	-0.06***	0.48***	0.25***	0.04***	0.20***	-0.10***	0.08***	0.27***	0.32***	0.46***	0.43***	0.53***	0.51***	1
Mean	2.83	13.55	20 536	0.54	0.32	0.016	0.245	0.413	36.27	12.16	0.36	0.65	18.74	19.18	0.18
SD	12.62	20.21	35 356	0.95	0.52	0.074	0.113	0.257	29.03	10.01	0.68	1.2	26.67	21.70	0.44
VIF	—	1.14	4.70	1.48	1.08	1.34	1.13	1.05	2.01	2.12	4.45	4.67	6.06	2.31	1.59

注：* 表示 $p<0.1$，** 表示 $p<0.05$，*** 表示 $p<0.01$。

专利池关系持久度、探索式创新绩效、利用式创新绩效、联盟学习能力等变量均值、标准差、方差膨胀因子（VIF）以及变量间相关系数。探索式创新均值为13.55项，而利用式创新均值为2.05万项，说明池内成员主要在原有技术轨道上进行创新。联盟学习强度均值为16.16项，标准差为73.63项，说明池内成员普遍存在对联盟伙伴的学习，且学习能力差异程度较大。相关性分析结果显示，一般变量间相关系数均小于0.7，但变量3（利用式创新绩效）和变量13（被引专利数）的相关系数为0.874，可能存在多重共线性问题。为此，测算了所有解释变量与控制变量VIF值，均值为2.42，最大值为6.06，低于阈值10，表明多重共线性问题不大（Hair et al.，2011；Rudy & Black，2018），可纳入回归模型进行分析。

5.3.2 回归结果

1. 双元创新、联盟学习对专利池关系强度与技术竞争强度关系的中介效应检验

在豪斯曼检验的基础上，采用固定效应最小二乘法进行回归。为了消除异方差，采取稳健标准误估计，结果如表5-2所示。M5-1的因变量是探索式创新绩效，自变量为专利池关系强度，结果表明专利池关系强度与探索式创新绩效显著负相关（r = -0.030，p < 0.01），因此H2a获得支持。M5-2的因变量是利用式创新绩效，自变量也是专利池关系强度，结果表明焦点成员利用式创新绩效并没有随着专利池关系强度增加而提高（r = -0.006，p > 0.1），因此H2b没有获得支持。M5-3的因变量是联盟学习能力，自变量是专利池关系强度，结果表明专利池关系强度越大，联盟学习能力越强（r = 0.076，p < 0.01），H2c获得支持。M5-4的因变量为技术竞争强度，自变量加入了关系强度，结果表明关系强度与技术竞争强度显著正相关（r = 1.464，p < 0.01），再次证实了专利池关系强度与池内成员遭受联盟伙伴技术进攻强度之间的正向关系。

表 5 – 2　双元创新、联盟学习对关系强度与技术竞争关系的中介效应

变量	M5 – 1 PLOR	M5 – 2 PLOI	M5 – 3 AL	M5 – 4 TCI	M5 – 5 TCI
RSPP	− 0.030 *** (− 2.77)	− 0.006 (− 0.51)	0.076 *** (9.91)	1.464 *** (9.29)	1.421 *** (9.05)
PLOR					0.157 ** (2.56)
PLOI					− 0.088 * (− 1.69)
AL					0.763 *** (6.76)
SH	− 0.075 (− 0.82)	− 1.489 *** (− 23.09)	− 0.273 *** (− 9.65)	− 1.584 *** (− 6.06)	− 1.543 *** (− 5.54)
TS	− 0.021 (− 0.48)	0.299 *** (5.69)	0.369 *** (13.22)	0.459 (1.47)	0.227 (0.75)
IA	− 0.056 *** (− 8.60)	− 0.116 *** (− 7.06)	0.023 *** (3.27)	0.006 (0.15)	− 0.013 (− 0.31)
PLA	0.091 *** (24.48)	− 0.073 *** (− 12.88)	− 0.022 *** (− 8.40)	− 0.012 (− 0.66)	− 0.016 (− 0.73)
EPL	0.240 *** (7.20)	0.374 *** (24.81)	0.200 *** (11.66)	0.034 (0.07)	− 0.118 (− 0.26)
PLSM	0.233 *** (20.27)	− 0.090 *** (− 12.33)	0.022 *** (2.90)	2.175 *** (14.54)	2.121 *** (14.67)
NPC	− 0.017 *** (− 16.03)	− 0.007 *** (− 9.16)	0.006 *** (5.81)	− 0.007 (− 0.41)	− 0.008 (− 0.50)
LPM	0.010 *** (10.02)	− 0.006 *** (− 6.83)	− 0.006 *** (− 8.04)	− 0.059 *** (− 5.46)	− 0.058 *** (− 5.47)
NPP	0.052 *** (3.25)	− 0.059 *** (− 5.66)	− 0.032 (− 1.55)	− 1.097 ** (− 1.97)	− 1.094 ** (− 1.97)

续表

变量	M5 – 1 PLOR	M5 – 2 PLOI	M5 – 3 AL	M5 – 4 TCI	M5 – 5 TCI
year	– 0.013 ** (– 2.01)	0.189 *** (10.82)	– 0.019 *** (– 2.58)	– 0.025 (– 0.68)	0.004 (0.10)
Constant	28.367 ** (2.28)	– 366.508 *** (– 10.63)	37.55 *** (2.65)	52.190 (0.72)	– 5.818 (– 0.07)
Obs	61 995	61 995	61 995	59 308	59 308
R^2	0.100	0.073	0.076	0.089	0.093
Groups	5 697	5 697	5 697	5 697	5 697
F	220.6	159.0	119.3	38.08	32.26

注：括号内为稳健 t 统计量，*** $p < 0.01$，** $p < 0.05$，* $p < 0.1$。

M5 – 5 是多重中介模型回归结果，加入了自变量关系强度和中介变量探索式创新绩效、利用式创新绩效和联盟学习能力，结果表明探索式创新绩效与技术竞争强度显著正相关（$r = 0.157$，$p < 0.05$），因此 H4a 获得支持；利用式创新绩效与技术竞争强度显著负相关（$r = -0.088$，$p < 0.1$），因此 H4b 获得支持；联盟学强度与技术竞争强度显著正相关（$r = 0.763$，$p < 0.01$），因此 H4c 获得支持。

从表 5 – 2 可知，专利池关系强度显著遏制探索式创新（$r = -0.030$，$p < 0.01$），而探索式创新绩效与技术竞争强度显著正相关（$r = 0.157$，$p < 0.05$），间接效应（$-0.03 \times 0.157 = -0.00471$）的符号与直接效应（1.421）的符号相反。根据温忠麟和叶宝娟（2014），可判断探索式创新在关系强度与技术竞争之间起遮掩效应，即探索式创新在一定程度上掩饰了关系强度对技术竞争的正向影响，控制探索式创新后会显著缩小关系强度对技术竞争的正向影响。因此，H5a 获得支持。

由于专利池关系强度对利用式创新影响不显著（$r = -0.006$，$p > 0.1$），而利用式创新对技术竞争影响显著（$r = -0.088$，$p < 0.1$），本书

采用自举（bootstrap）法分析利用式创新的中介效应，依然发现间接效应不显著，因此 H5b 没有获得支持。专利池关系强度显著促进了联盟学习（r = 0.076，p < 0.01），且联盟学习引致更大的联盟伙伴技术进攻（r = 0.763，p < 0.01），这表明专利池关系强度经由联盟学习的部分中介作用影响联盟伙伴的技术进攻，H7a 获得支持。对专利池关系强度与技术竞争的中介检验结果如图 5 - 2 所示。

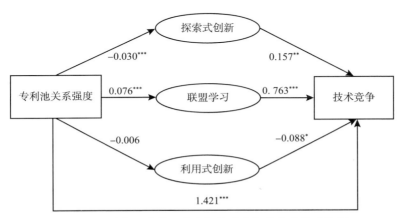

图 5 - 2　对专利池关系强度与技术竞争的中介检验结果

2. 双元创新、联盟学习对关系持久度与技术竞争强度的中介效应检验

双元创新、联盟学习对关系持久度与技术竞争强度的中介效应验证结果见表 5 - 3。M5 - 6 表示关系持久度对探索式创新的影响，结果表明关系持久度的平方与探索式创新绩效负相关但不显著（r = - 0.045，p > 0.1），说明关系持久度与探索式创新绩效之间的倒 "U" 形关系不显著，因此 H3a 没有获得支持。M5 - 7 表示关系持久度对利用式创新的影响，结果表明关系持久度的平方与利用式创新绩效负相关但并不显著（r = - 0.033，p > 0.1），因此 H3b 也没有获得支持。M5 - 8 表示关系持久度对联盟学习的影响，结果表明关系持久度的平方与联盟学习绩效显著负相关（r = - 0.009，p < 0.01），因此 H3c 获得支持。

表 5 – 3　双元创新、联盟学习对专利池关系持久度与技术竞争关系的中介效应

变量	M5 – 6 PLOR	M5 – 7 PLOI	M5 – 8 AL	M5 – 9 TCI	M5 – 10 TCI	M5 – 11 TCI	M5 – 12 TCI	M5 – 13 TCI
RDPP	0.101 * (1.72)	0.081 (1.21)	0.015 *** (5.12)	4.440 *** (6.55)	4.455 *** (6.56)	4.343 *** (6.51)	4.076 *** (6.26)	4.068 *** (6.27)
RDPP^2	−0.045 (−1.21)	−0.033 (−0.75)	−0.009 *** (−4.98)	−2.514 *** (−6.02)	−2.527 *** (−6.06)	−2.517 *** (−6.02)	−2.408 *** (−5.76)	−2.420 *** (−5.81)
PLOR					0.116 ** (2.01)			0.141 ** (2.32)
RDPP × PLOR					0.076 (0.59)			0.034 (0.24)
PLOI						−0.000 (−0.01)		−0.080 (−1.50)
RDPP × PLOR						0.184 *** (3.05)		0.122 ** (2.41)
AL							0.766 *** (6.95)	0.775 *** (7.01)
RDPP × AL							0.305 (1.63)	0.220 (1.15)
SH	−0.083 (−0.90)	−1.489 *** (−23.09)	0.000 (0.04)	−1.031 *** (−4.07)	−1.026 *** (−4.03)	−1.116 *** (−4.10)	−0.879 *** (−3.50)	−1.063 *** (−3.93)
TS	−0.030 (−0.69)	0.296 *** (5.59)	0.01 *** (6.06)	0.757 ** (2.32)	0.769 ** (2.36)	0.759 ** (2.34)	0.499 (1.61)	0.526 * (1.69)
IA	−0.057 *** (−8.76)	−0.117 *** (−7.13)	0.001 *** (3.27)	−0.027 (−0.64)	−0.023 (−0.55)	−0.026 (−0.62)	−0.041 (−0.97)	−0.044 (−1.02)
PLA	0.092 *** (24.69)	−0.073 *** (−12.80)	0.000 (0.04)	−0.050 *** (−2.60)	−0.061 *** (−2.81)	−0.056 *** (−2.84)	−0.036 * (−1.84)	−0.057 ** (−2.47)
EPL	0.241 *** (7.22)	0.374 *** (24.80)	0.003 ** (2.42)	0.050 (0.11)	0.017 (0.04)	0.032 (0.07)	−0.111 (−0.25)	−0.130 (−0.29)

续表

变量	M5－6 PLOR	M5－7 PLOI	M5－8 AL	M5－9 TCI	M5－10 TCI	M5－11 TCI	M5－12 TCI	M5－13 TCI
PLSM	0.232*** (20.15)	－0.091*** (－12.21)	0.002** (2.43)	2.192*** (14.50)	2.169*** (14.61)	2.191*** (14.54)	2.172*** (14.37)	2.136*** (14.55)
NPC	－0.017*** (－16.11)	－0.007*** (－9.16)	－0.000** (－2.05)	－0.010 (－0.58)	－0.008 (－0.47)	－0.010 (－0.59)	－0.013 (－0.76)	－0.011 (－0.67)
LPM	0.011*** (10.70)	－0.005*** (－6.96)	－0.001*** (－10.94)	－0.071*** (－6.65)	－0.072*** (－6.84)	－0.072*** (－6.80)	－0.067*** (－6.35)	－0.070*** (－6.71)
NPP	0.047*** (3.00)	－0.061*** (－5.58)	－0.002 (－0.53)	－0.875 (－1.56)	－0.880 (－1.57)	－0.874 (－1.56)	－0.866 (－1.56)	－0.876 (－1.58)
Year	－0.013** (－2.05)	0.189*** (10.80)	－0.000 (－1.02)	0.073* (1.86)	0.076* (1.91)	0.081** (2.00)	0.087** (2.17)	0.108** (2.50)
Constant	28.99** (2.32)	－367.3*** (－10.62)	0.338 (1.05)	－143.10* (－1.84)	－150.18* (－1.90)	－159.83** (－1.99)	－170.82** (－2.17)	－213.02** (－2.49)
Obs	61 995	61 995	61 995	59 308	59 308	59 308	59 308	59 308
R^2	0.100	0.073	0.058	0.084	0.084	0.084	0.089	0.089
Groups	5 697	5 697	5 697	5 697	5 697	5 697	5 697	5 697
F	200.4	145.9	26.39	34.99	30.09	30.23	31.92	24.92

注：括号内为稳健 t 统计量，***p < 0.01，**p < 0.05，*p < 0.1。

　　M5－9 的因变量为技术竞争强度，自变量加入了关系持久度，结果表明关系持久度的平方与技术竞争强度显著负相关（r = －2.514，p < 0.01），再次证实了关系持久度与池内成员遭受联盟伙伴技术进攻强度之间呈倒"U"形关系，即相对于时间适中的专利池技术合作关系，池内成员刚建立伙伴关系和建立伙伴关系较长时，遭受联盟伙伴的技术进攻强度较低。

　　M5－10 中加入了探索式创新绩效这一中介变量以及关系持久度与探索式创新绩效的交互项，结果表明探索式创新绩效与技术竞争强度呈现出正相关关系（r = 0.116，p < 0.05），探索式创新绩效越高，遭受联盟伙伴技术进攻的强度越高；关系持久度的平方与技术竞争强度的系数显著且为

负（r = - 2.514，p < 0.01），同样说明了关系持久度与专利诉讼强度的倒
"U"形关系，但模型中关系持久度与探索式创新绩效的交互项对焦点成员遭
受联盟伙伴技术进攻强度的作用不显著（r = 0.076，p > 0.1），这表明技术竞
争强度与探索式创新绩效的关系不受关系持久度的权变影响。由此可知，关
系持久度与探索式创新绩效之间的倒"U"形关系会经由探索式创新绩效的
中介作用影响焦点成员遭受联盟伙伴的技术竞争强度，因而 H6a 获得支持。

M5 - 11 加入了利用式创新绩效这一中介变量以及关系持久度与利用
式创新绩效的交互项，模型中关系持久度与利用式创新绩效的交互项对焦
点成员遭受联盟伙伴技术进攻的作用显著（r = 0.184，p < 0.01），这表明
利用式创新绩效与专利诉讼强度的关系受关系持久度的权变影响。由此可
知，利用式创新对关系持久度与技术竞争强度之间的倒"U"形关系不具
有中介效应，H6b 未获得支持。

M5 - 12 加入了联盟学习这一中介变量以及关系持久度与联盟学习的
交互项，模型中关系持久度与联盟学习强度的交互项对焦点成员遭受联盟伙
伴技术进攻的作用并不显著（r = 0.305，p > 0.1），这表明技术竞争强度与联
盟学习强度的关系不受联盟学习强度的权变影响。由此可知，关系持久度与
联盟学习之间的倒"U"形关系会经由探索式创新绩效的中介作用影响焦点
成员遭受联盟伙伴的技术竞争强度，因而 H7b 获得支持。M5 - 13 是多重中
介模型，加入了 3 个中介变量以及这三个中介变量与关系持久度的交互项，
虽然结果与 M5 - 10、M5 - 11、M5 - 12 相比有所不同，但其结论与这三个
模型保持一致。

5.4　本章小结

高科技企业专利池成员之间技术竞争过程中，焦点成员双元创新、联
盟学习共同发挥作用。本章采用实证分析对第 3 章提出的专利池技术合作
对技术竞争的间接影响机理进行了验证。为了展开实证研究，本章就专利
池技术合作对池内成员遭受联盟伙伴技术进攻的间接影响机理进行了深入

的理论阐述，形成 6 组共 15 个研究假设，并构建了实证模型对研究假设进行检验，假设证实情况如表 5－4 所示。研究发现，专利池关系强度有利于焦点成员联盟学习，不利于焦点成员探索式创新，对利用式创新没有显著影响；专利池关系持久度与焦点成员联盟学习呈倒"U"形关系，专利池关系持久度与焦点成员双元创新没有显著的倒"U"形关系。联盟学习能力越强，探索式创新绩效越高，焦点成员遭受联盟伙伴技术进攻的强度越高，而利用式创新绩效越高，焦点成员承受联盟伙伴技术进攻的强度越低。在专利池关系强度与技术竞争间正向关系中，联盟学习起到部分中介效应，探索式创新起到部分遮掩效应，而利用式创新的遮掩效应不显著。在关系持久度与技术竞争的倒"U"形关系中，联盟学习和探索式创新起到部分中介效应，而利用式创新的遮掩效应不显著。

表 5－4　　　　　　　　中介效应相关假设支持情况汇总

假设	结果
H2a：专利池关系强度的提高对池内成员探索式创新绩效具有抑制作用	支持
H2b：专利池关系强度的提高对池内成员利用式创新绩效具有促进作用	不支持
H2c：专利池关系强度的提高对池内成员联盟学习具有促进作用	支持
H3a：专利池关系持久度与焦点成员探索式创新绩效呈倒 U 型关系	不支持
H3b：专利池关系持久度与焦点成员利用式创新绩效呈倒 U 型关系	不支持
H3c：专利池关系持久度与焦点成员联盟学习强度呈倒 U 型关系	支持
H4a：探索式创新绩效越高，焦点成员遭受联盟伙伴技术进攻的强度越高	支持
H4b：利用式创新绩效越高，焦点成员遭受联盟伙伴技术进攻的强度越低	支持
H4c：联盟学习能力越强，焦点成员遭受联盟伙伴技术攻击的强度越高	支持
H5a：探索式创新对专利池关系强度与技术竞争的正向关系具有遮掩效应	支持
H5b：利用式创新对专利池关系强度与技术竞争的正向关系具有遮掩效应	不支持
H6a：探索式创新对专利池关系持久度与技术竞争的倒"U"形关系具有中介效应	支持
H6b：利用式创新对专利池关系持久度与技术竞争的倒"U"形关系具有遮掩效应	不支持
H7a：联盟学习对专利池关系强度与技术竞争的正向关系具有中介效应	支持
H7b：联盟学习对专利池关系持久度与技术竞争的倒"U"形关系具有中介效应	支持

第6章 探索式合作、网络位置与技术相似性的调节效应研究

6.1 研 究 假 设

6.1.1 探索式合作对专利池技术合作与技术竞争关系的影响

1. 探索式合作对专利池关系强度与技术竞争关系的调节效应

根据功能不同，联盟合作可分为利用式合作（exploitative collaboration）和探索式合作（exploratory collaboration）（Stettner，2015）。利用式合作是通过交换现有资源，为改善产品技术性能、优化业务流程、降低产品成本、提高销售收入而开展的合作，如特许经营、贴牌生产（OEM）、共享销售渠道、共建专利池等（Lavie and Rosenkopf，2006；Rothaermel and Deeds，2004），一般发生在价值链下游，以实现短期利益。探索式合作是通过开展密集互动、共享隐性知识和发展关系资本，为探索新知识与新技术、开发新产品而开展的合作（Cui et al.，2018；Lavie，2007；Rothaermel and Deeds，2004），一般发生在价值链上游，以实现长期利益。

探索式合作会影响专利池关系强度与焦点成员技术竞争之间的关系。在较高的专利池关系强度下，较高的探索式合作水平会降低焦点成员遭受联盟伙伴技术进攻的强度，原因包括两个方面。首先，探索式合作会降低联盟伙伴机会主义行为动机（Lavie and Rosenkopf，2006）。探索式合作可以带来互补性资源，但也可能因知识泄露产生机会主义行为（Littler et al.，1995；Bstieler，2006；Yu，2019）。不过，探索式合作推动联盟伙伴密切交流（Lavie and Rosenkopf，2006），培养双方信任（Gnyawali and Park，2009），抑制企业机会主义行为与技术进攻动机（Yu，2019）。随着探索式合作的不断推进，企业会逐渐发现联盟伙伴的机会主义动机和自利行为。为了遏制这种动机与自利行为，提高合作效率，双方不断改进合作协议和其他治理机制（Lioukas and Reuer，2015；Mayer and Argyres，2004）。其次，探索式合作会提高技术进攻的成本（Lavie，2007）。探索式合作会促进联盟关系的发展和完善，培养关系资本，鼓励合作伙伴以谈判、和解等更加灵活的方式，而不是通过诉讼等正面技术进攻的方式解决纠纷与冲突（Uzzi，1997；Krishnan et al.，2006）。探索式合作具有协同效益，企业可获得联盟伙伴的专有知识、资源和能力。联盟伙伴之间竞争的紧张关系会限制联盟伙伴对联盟的资源交换和专有知识共享，并破坏联盟的稳定甚至导致联盟提前终止（Gnyawali and Park，2009），无法实现企业的长远利益，从而提高破坏这种合作的成本。重复的探索式合作帮助企业掌握联盟伙伴更多的技术缺陷（Uzzi，1997），会提高报复风险。因此，提出以下假设：

H8a：探索式合作削弱了专利池关系强度与技术竞争的正向关系，探索式合作水平越高，池内成员遭受联盟伙伴技术进攻的强度越低。

2. 探索式合作对专利池关系持久度与技术竞争关系的调节效应

在加入专利池初期，池内成员需要了解联盟运行机制，适应联盟伙伴组织文化和行为模式等，因此联盟双方的专利池技术合作需要一个磨合的过程。在此期间，联盟双方探索性合作会降低联盟伙伴技术进攻的强度。原因包括两个方面。一方面，探索式合作会降低联盟伙伴机会主义行为动机（Lavie and Rosenkopf，2006）。在磨合期，联盟双方相互了解不够，联盟成员之间信息不对称、信任不足和沟通机制不完善，容易导致机会主义行为。但是，探索式合作推动联盟伙伴密切交流（Lavie and Rosenkopf，2006），培养双方信任（Gnyawali and Park，2009），抑制企业机会主义行为与技术进攻动机（Yu，2019）。随着探索式合作不断推进，企业会逐渐发现联盟伙伴的机会主义动机和自利行为，并不断改进合作协议和其他治理机制（Lioukas and Reuer，2015；Mayer and Argyres，2004）。另一方面，探索式合作会提高技术进攻成本（Lavie，2007）。尽管池内成员都希望从专利池公共利益中获得更大比例私人利益，但这只是眼前利益，而探索式合作具有战略利益。探索式合作需要双方交换专有知识、资源和能力以实现协同效益，因此会弱化学习竞赛。联盟伙伴之间竞争的紧张关系会限制联盟伙伴对联盟的资源交换、专有知识共享等承诺，并破坏联盟的稳定甚至导致联盟提前终止（Gnyawali and Park，2009），无法实现企业长远利益，从而提高破坏这种合作的成本。探索式合作帮助企业掌握联盟伙伴更多技术缺陷（Uzzi，1997），提高报复风险。

磨合期之后，联盟伙伴进入稳定期，池内成员遭受联盟伙伴技术进攻的强度会随着合作时间的推移而下降。在此期间，联盟双方探索性合作可能由于监督减少而导致机会主义行为。探索式合作需要频繁的深入交流，知识共享和信息传递效率得到提高（Krishnan，2006），为合作双方机会主义行为创造了便利条件，而且长期稳定合作经历导致联盟监督减少，可能导致机会主义行为增加，也就是说可能导致联盟伙伴技术进攻的强度增加。格雷森和安布勒（Grayson and Ambler，1999）研究了客户与供应商在长期合作关系下的机会主义行为，发现长期合作关系的客户对服务提供商期望更高，从而增加了不满意的可能性；客户可能会认为服务提供商利用了双方的信任，并采取了机会主义行动。因此，我们认为在专利池技术合作稳定期，探索式合作会缓解专利池关系持久度对池内成员遭受联盟伙伴技术进攻强度的削弱作用。综上所述，提出以下假设：

H8b：探索式合作削弱了专利池关系持久度与技术竞争的倒"U"形关系，即探索式合作水平越高，倒"U"形曲线越平缓。

6.1.2 网络位置对专利池技术合作与技术竞争关系的影响

1. 网络位置对专利池关系强度与技术竞争关系的调节效应

企业在联盟网络中的位置代表其网络权力（Shipilov et al.，2011），影响其可触及的信息与资源数量（Godart et al.，2014）。网络中心性会影响专利池关系强度与焦点成员遭受联盟伙伴技术进攻的关系。在较高的专利池关系强度下，处于网络中心位置的企业受到外围联盟伙伴技术进攻的强度较低，有三个原因。第一，外围企业发起技术进攻的动机较低。网络中心性越高，企业越有可能利用联盟伙伴的知识来开发替代技术，因此对外围企业的依赖越低。这种不对称性增强了中心企业在互动中的讨价还价能力（Shipilov，2009）。与中心企业相比，外围企业拥有更少的替代联盟伙伴选择（Lavie，2007）。为了获取资源和机构认可，外围企业则更有可能维持与中心企业合作（Ahuja，2000）。

第二，外围企业实施机会主义的能力较低。网络中心性越高，企业越处于网络信息流汇合处，其通常拥有较多机会去识别、捕捉并快速利用联盟伙伴独具的专有知识（Krishnan et al.，2006），容易产生机会主义倾向。与中心企业相比，外围企业在信息收集和监控方面处于劣势，难以通过建立更广泛的网络来捕获中心企业的知识泄漏，难以发现中心企业的创新系统弱点并予以精准打击（Polidoro et al.，2011；Zahra and George，2002），实施机会主义行为能力较低。

第三，外围企业发起技术进攻的成本相对更高。外围企业与中心企业相比，技术能力与资金实力较弱，冗余资源有限。外围企业可能无法动员足够资源对中心企业发起技术进攻，即使对中心企业发起技术进攻，很可能引起报复，会耗费其巨大的资金、人力和时间成本。综上所述，随着关系强度的增加，企业的联盟网络中心度越高，其受到联盟伙伴技术进攻的动机越低，竞争成本越高。因此，提出以下假设：

H9a：网络中心位置削弱了专利池关系强度与技术竞争的正向关系，

即相对于外围企业，处于网络中心位置的企业遭受联盟伙伴技术攻击的强度较低。

2. 网络位置对专利池关系持久度与技术竞争关系的调节效应

网络中心性会影响专利池关系持久度与焦点成员遭受联盟伙伴技术进攻的关系。随着专利池合作关系的深入，联盟伙伴进入合作磨合期。在此期间，处于网络中心位置的企业受到联盟伙伴技术进攻的强度较低，其原因包括三个。一是与中心企业相比，外围企业讨价还价能力较低（Shipilov，2009），联盟伙伴的选择范围更少（Lavie，2007），因此可能为了获取资源和机构认可更维持与中心企业合作（Ahuja，2000）。二是与中心企业相比，外围企业在信息收集和监控方面处于劣势，难以发现中心企业的创新系统的弱点并予以精准打击（Polidoro et al.，2011；Zahra and George，2002），实施机会主义行为能力较低。三是与中心企业相比，外围企业技术能力与资金实力较弱，冗余资源有限，可能无法动员足够资源对中心企业发起技术进攻，即使对发起技术进攻，很可能引起报复，付出的代价相对更高。

当联盟双方关系进入稳定期后，相对于外围企业，网络中心企业遭受联盟伙伴技术进攻的强度较高。三星电子和苹果公司等行业领先企业拥有主要的市场份额和技术专利，在技术领域处于优势，经常发动专利诉讼打压竞争对手甚至联盟伙伴，但树大招风，也常成为被诉对象，处于诉讼网络的中心。越处于网络中心位置，企业越容易通过交换具有竞争性的敏感信息削弱替代技术竞争。不进行技术创新，维护现有网络的稳定性，中心企业受益更大。专利池在中心企业主导下，营造不利于竞争的技术环境，进一步缩小外围企业的生存空间，进而可能遭受外围企业的反抗甚至技术进攻。外围企业为了增强竞争优势，提高与中心企业的议价能力，增加在专利池内的私人利益，会努力改变现状，不断提高技术创新能力。外围企业依靠长期与强大的专利池关系，在某些情况下降低了其免受专利侵权诉讼的威胁（Joshi and Nerkar，2011），因而可以投入更多的精力开展技术创新。外围企业对新兴技术机会更敏感，更能利用专利池吸收整合专利信息，获取比之前更多的信息资源，增加与其他企业的技术合作机会。同时受益于中心企业的技术溢出效应，开展技术学习与模仿，改善技术创新，向中心企业发起技术挑战，比如游戏开发商英佩游戏（Epic Games）与苹果和谷歌从合作走向竞争的例子（Jones et al.，2020）。为了促进其游戏产品销售，英佩游戏在很长一段时间内与苹果与谷歌合作，不过前者需要将在其平台的销售收入的30%作为佣金交给苹果和谷歌。开始合作的时候，英佩游戏名气较小，销售收入较低，选择了平台联盟。但随着公司名气的提升和销售收入的增加，英佩游戏鼓励移动玩家绕过移动平台及其支付系统，直接从其网站上购买游戏内虚拟商品，而这种平台外销售行为违反了其平台规则。因此，苹果和谷歌将英佩游戏的产品从其应用程序商店中撤出。2020年8月，英佩游戏起诉合作伙伴苹果和谷歌与其移动平台相关的反竞争行为（Jones et al.，2020）。因此，提出以下假设：

H9b：网络中心位置削弱了专利池关系持久度与技术竞争的倒"U"形关系，即越处于网络中心位置，倒"U"形曲线越平缓。

6.1.3　技术相似性对专利池技术合作与技术竞争关系的影响

1. 技术相似性对专利池关系强度与技术竞争关系的调节效应

技术相似性（technological similarity）由格瑞里茨（Griliches，1979）首次提出，通常也被称为技术距离（Gilsing et al.，2008）。技术距离越小，表明知识相似性越高。技术相似性是不同组织之间或组织内不同部门之间技术创新的前提条件（曾德明和陈培祯，2017）。联盟伙伴之间知识共享会导致知识溢出和本地学习。随着时间的推移，双方关系密切程度不断提高，知识交流不断深化，会促进技术构成趋于相似（Jacob and Duysters，2017）。同时，随着技术距离不断缩小，联盟伙伴在知识和客户基础上都在竞争，会加速学习竞赛，技术相似性会放大专利池关系强度与技术竞争的关系。一方面，具有技术相似性的企业更容易理解彼此的知识结构，从而使学习更加有效。竞争性专利池成员企业通常具有共同的能力基础，使用相似的技术和主导逻辑（dominant logics），服务类似甚至相同的客户，面临相似的产品和技术难题，因此联盟伙伴之间的竞争性学习效率更高（Dussauge et al.，2000；Lane and Lubatkin，1998）。联盟伙伴之间的相互作用会促进知识扩散、提高联盟伙伴的能力相似性，而这又会提高联盟双方的学习与吸收能力（Cohen and Levinthal，1990）。罗森科普夫和阿尔梅达（Rosenkopf and Almeida，2003）发现，拥有类似技术的联盟伙伴很可能会利用彼此的知识储备。因此，对于具有相似技术基础的企业来说，企业间知识流动可能更加精准。

另一方面，技术相似性增加了联盟伙伴之间私人利益与共同利益之间的紧张关系（Khanna et al.，1998；Gimeno，2004），加剧了学习竞赛。现代专利池往往属于竞争者联盟，他们的能力基础、产品技术和服务的顾客都具有相似性，而具有相似业务领域的企业很容易参与企业竞争（Dussauge et al.，2000；Chen，1996；Polidoro et al.，2011）。虽然竞争对手可能会结成联盟来减少竞争，但是每个企业的最终目标都是在未来以牺牲联盟伙伴为代价来增加其市场力量（Yang et al.，2015）。技术能力以渐进且路径依赖的方式发展，技术距离较大的公司很难突然跳入另一家公司的技术领域，从而减少了知识共享威胁，因此不太可能参与直接竞争（Jones et al.，2021）。当联盟伙伴技术距离较大时，说明联盟双方知识与技术具有较强的互补性，联盟伙伴为每一个领域作出贡献，促进合作而不是竞争，提高共同收益而不是私人收益（Yang et al.，2015）。随着联盟双方技术相似性的提高，他们在技术、产品、客户等资源的重叠度越高，联盟伙伴更有可能将联盟伙伴的相关知识应用于技术创新和新产品开发，以牺牲联盟共同利益为代价提高私人利益。另外，技术相似性也增加了可替代性的风险（Wassmer and Dussauge，2012）。为了在下一轮竞争中超越联盟伙伴、赢得更多私人利益，联盟双方不断提高竞争性学习能力。因此，提出以下假设：

H10a：技术相似性强化了专利池关系强度与技术竞争的正向关系，即技术相似性越高，遭受联盟伙伴技术进攻的强度越高。

2. 技术相似性对专利池关系持久度与技术竞争关系的调节效应

技术相似性会影响专利池关系持久度与焦点成员遭受联盟伙伴技术进攻的关系。随着合作关系不断深入，联盟伙伴进入专利池合作磨合期。在此期间，技术相似性越大，专利池成员之间的技术竞争越激烈。一方面，他们使用相似的技术和主导逻辑（dominant logics），服务类似甚至相同的客户，面临相似的产品和技术难题，因此，企业间知识流动更加精准，竞争性学习效率更高（Dussauge et al.，2000；Lane and Lubatkin，1998）。另一方面，技术相似性加剧了联盟伙伴之间的紧张关系（Khanna et al.，1998；Gimeno，2004）。现代专利池往往属于竞争者联盟，他们加盟专利池的最终目标是提高综合竞争力、获得更大的市场。较高的技术相似性意味着联盟伙伴在技术、产品、客户等重叠度较高，企业更有可能改进联盟伙伴的相关知识应用于技术创新和新产品开发。此外，技术相似性增加了可替代性风险（Wassmer and Dussauge，2012）。

当联盟双方关系进入稳定期后，技术相似性促进了沟通和基于能力的信任的形成（Doz，1996；Levin and Cross，2003）。技术相似性越高，企业吸收联盟伙伴相关知识的可能性就越大（Fleming，2001）。由于知识的累积性和路径依赖性，知识相似性使得吸收型企业更容易识别、理解和吸收合作伙伴所拥有的知识（Schildt et al.，2012）。而且通过合作伙伴之间的交流和沟通促进了对这种知识的理解和流动（任声策，2007）。在关系方面定位相同的公司以相似的方式进行交流，从而导致相似的信息流。因此，结构对等（structural equivalence）的联盟伙伴可能会共享公共信息源或渠道（Burt，1987），并且可能拥有重叠的信息。此外，当联盟伙伴在结构上对等时，相互主动监视变得越来越可能，因为他们通过互动而彼此了解（Burt，1987）。信息重叠和主动监视实际上导致结构对等的联盟伙伴的认知显著性提高（Gnyawali and Madhavan，2006）。马斯·鲁伊斯等（Mas - Ruiz et al.，2005）认为竞争对手之间的认知显著性是促使竞争对手避免对抗的重要因素。当联盟伙伴之间认知显著性很高时，其行为很容易被对方识别，技术进攻很可能会遭受竞争对手报复（Kim，2017）。在这种情况下，池内成员可能更愿意采取合作而非竞争为导向的行动，以避免报复带来的潜在危害。总之，结构对等程度越高，池内成员与联盟伙伴技术竞争的可能性越小。因此，提出以下假设：

H10b：技术相似性强化了专利池关系持久度与技术竞争的倒"U"形关系，即技术相似性越高，倒"U"形曲线越陡峭。

6.2　研究设计

6.2.1　变量测度

各变量的测度如表6－1所示，以下仅对调节变量的测度予以说明。

表6－1　　　　　　　　　模型中各变量的解释说明

类型	符号	名称	计算方法
因变量	TCI（Tecnology Competition Intensity）	技术竞争强度	焦点成员之后三年累计遭受联盟伙伴诉讼的专利数
自变量	RSPP（Relationship Strength in Patent Pools）	专利池关系强度	焦点成员与联盟伙伴加入相同专利池的频次
	RDPP（Relationship Duration in Patent Pools）	专利池关系持久度	焦点成员与联盟伙伴加入相同专利池的时间跨度
调节变量	EC（Exploratory Collaboration）	探索式合作	焦点成员与联盟伙伴专利合作授权总数
	NC（Network Centrality）	网络中心位置	焦点成员在专利池成员专利引用网络中的度数中心度
	TS（Technological Similarity）	技术相似性	焦点成员与联盟伙伴前3年专利之间的相关系数

续表

类型	符号	名称	计算方法
控制变量	MT（Member Type）	单位类别	企业、高校、科研机构，虚拟变量
	PLA（Patent Litigation Age）	诉讼活跃期	焦点成员可检索到专利诉讼记录的时间起至当年年底所经历的时间长度
	EPL（Extent of Patent Litigation）	诉讼专利数	焦点成员作为专利诉讼原告或被告的专利总数
	PLSM（Extent of Patent Litigation Sued by Pool Members）	被池内成员诉讼数	焦点成员被专利池其他成员发起专利诉讼的专利总数
	PI（Patent Intensity）	研发强度	焦点成员前 3 年授权专利数
	NPC（Number of Patents Cited）	被引专利数	焦点成员前 3 年被引专利数
	LPM（Length of Pool Memberships）	入池时间	焦点成员加入各专利池时间之和
	NPP（Number of Patents in the Pool）	入池专利数	焦点成员加入各专利池的专利数之和
	NPLI（Number of Patent Litigation in the Industry）	行业诉讼专利数	IPC 分类号为 G 和 H 的诉讼专利总数
	Year	年份	2006～2018 年，虚拟变量

1. 探索式合作

张运生等（2016）用发明专利合作表示探索式合作，其他专利合作表示利用式合作。由于 MPEG LA 专利池成员属于 IT 产业，专利几乎是发明专利，且授权专利通过创新性审批（Huang and Chen，2010），比专利申请能更好地反映探索式合作成果。我们采用专利合作授权量表示探索式合作水平。

2. 网络中心位置

学术界往往采用度数中心度、接近中心度及中介中心度 3 种方法测算中心度（Freeman，1979）。有学者构建企业间的专利引用网络（张运生和杨汇，2020；张利飞和王杰，2017）或者专利合作网络（曾德明等，2015），通过 Ucinet 计算得到的度数中心度来测度网络中心性。本书沿用张利飞和王杰（2017）、张运生和杨汇（2020）的方法，构建 2006~2018 年专利引用网络，用 Ucinet 软件计算度数中心度。

3. 技术相似性

格瑞里茨（Griliches，1979）首次提出利用专利引用信息计算行业间技术距离的设想。我们沿用格伦茨（Greunz，2003）、谭（Tan，2016）的方法计算技术相似性：首先收集各成员各年度每个 IPC 国际分类号（前四位代码）的专利数量，再以 3 年为周期进行移动平均，计算各成员前 3 年专利之间的相关系数，作为焦点成员技术相似性。相关系数数值越大，表示成员之间技术互补性越低，相似性越高。

6.2.2　实证模型构建

调节效应检验步骤如下（李东红等，2020）：为缓解多重共线性问题，先将解释变量与调节变量均进行中心化处理；将中心化处理的解释变量与调节变量构造乘积项；再进行层次回归，即将控制变量、解释变量、调节变量，以及乘积项按顺序依次加入回归模型中进行检验。调节效应回归模型如下：

$$\text{TCI} = \alpha_0 + \alpha \text{Controls} + \varepsilon_1 \tag{6.1}$$

$$\text{TCI} = \alpha_0 + \alpha_1 \text{RSPP} + \alpha_2 \text{RDPP} + \alpha_3 \text{RDPP}^2 + \alpha \text{Controls} + \varepsilon_2 \tag{6.2}$$

$$\text{TCI} = \alpha_0 + \alpha_1 \text{RSPP} + \alpha_2 \text{RDPP} + \alpha_3 \text{RDPP}^2 + \alpha_4 \text{EC} + \alpha_5 \text{RSPP} \times \text{EC}$$
$$+ \alpha_6 \text{RDPP} \times \text{EC} + \alpha_7 \text{RDPP}^2 \times \text{EC} + \alpha \text{Controls} + \varepsilon_3 \tag{6.3}$$

$$\text{TCI} = \alpha_0 + \alpha_1 \text{RSPP} + \alpha_2 \text{RDPP} + \alpha_3 \text{RDPP}^2 + \alpha_4 \text{NC} + \alpha_5 \text{RSPP} \times \text{NC}$$
$$+ \alpha_6 \text{RDPP} \times \text{NC} + \alpha_7 \text{RDPP}^2 \times \text{NC} + \alpha \text{Controls} + \varepsilon_4 \tag{6.4}$$

$$\text{TCI} = \alpha_0 + \alpha_1 \text{RSPP} + \alpha_2 \text{RDPP} + \alpha_3 \text{RDPP}^2 + \alpha_4 \text{TS} + \alpha_5 \text{RSPP} \times \text{TS}$$
$$+ \alpha_6 \text{RDPP} \times \text{TS} + \alpha_7 \text{RDPP}^2 \times \text{TS} + \alpha \text{Controls} + \varepsilon_5 \tag{6.5}$$

$$TCI = \alpha_0 + \alpha_1 RSPP + \alpha_2 RDPP + \alpha_3 RDPP^2 + \alpha_4 EC + \alpha_5 RSPP \times EC$$
$$+ \alpha_6 RDPP \times EC + \alpha_7 RDPP^2 \times EC + \alpha_8 NC + \alpha_9 RSPP \times NC$$
$$+ \alpha_{10} RDPP \times NC + \alpha_{11} RDPP^2 \times NC + \alpha_{12} TS + \alpha_{13} RSPP \times TS$$
$$+ \alpha_{14} RDPP \times TS + \alpha_{15} RDPP^2 \times TS + \alpha Controls + \varepsilon_6 \qquad (6.6)$$

其中，α_0 为常数项，$\alpha_1 \sim \alpha_{15}$ 表示解释变量和调节变量回归系数，Controls 表示控制变量，α 表示控制变量回归系数，$\varepsilon_1 \sim \varepsilon_6$ 表示残差项。

被解释变量焦点成员被联盟伙伴诉讼专利数为离散非负整数，且过度离散（均值 2.83，方差 159.26），选用负二项回归模型（张运生等，2019）。在豪斯曼检验的基础上，选择固定效应负二项回归模型进行检验。如乘积项的回归系数显著且方向与假设一致，则表明该变量具有调节效应。

6.3 实证结果分析

6.3.1 描述性统计

表 6 - 2 列出各变量均值、标准差、相关系数和方差膨胀因子（VIF）。池内成员探索性合作水平均值为 0.38 项，标准差为 6.24 项，最大值为 450 项，最小值为 0，说明池内成员研发合作并不活跃，池内成员参与研发合作的差异明显。池内成员联盟伙伴技术相似性程度均值为 0.41，上四分位数为 0.61，1 962 个观测值大于 0.9，6 222 个观测值大于 0.8，技术相似程度比较高，这说明 MPEG LA 专利池属于横向联盟。度数中心度均值为 0.86，最大值为 12.78，排在前几位的池内成员是三星电子、松下、LG、索尼和日本电气（NEC），处在专利池成员中心位置，而 Tagivan、Vidyo、Sun Patent Trust 等处于专利池成员边缘位置。通过 Ucinet 6 作出 2006 ~ 2018 年 MPEG LA 专利池成员之间专利合作网络图，如图 6 - 1 所示。

表 6-2

变量描述性统计及相关系数

变量	1	2	3	4	5	6	7	8	9	10	11	12	13	14	15	16
1. TCI (项)	1.00															
2. RSPP (个)	0.38***	1.00														
3. RDPP (10年)	0.10***	0.22***	1.00													
4. NC	0.31***	0.30***	0.02***	1.00												
5. AL (10³项)	0.51***	0.42***	0.09***	0.39***	1.00											
6. EC (项)	0.07***	0.06***	0.00	0.09***	0.12***	1.00										
7. TS	0.12***	0.04***	0.00	0.09***	0.13***	0.04***	1.00									
8. MT	-0.10***	-0.09***	0.01***	-0.20***	-0.08***	-0.01	0.08***	1.00								
9. PLA (年)	0.18***	0.21***	0.06***	0.46***	0.17***	0.02***	-0.04***	-0.31***	1.00							
10. EPL (10²项)	0.32***	0.22***	0.04***	0.71***	0.27***	0.05***	0.09***	-0.25***	0.47***	1.00						
11. PLSM (10²项)	0.37***	0.26***	0.02***	0.77***	0.30***	0.07***	0.10***	-0.24***	0.43***	0.85***	1.00					
12. PI (10³项)	0.29***	0.31***	0.02***	0.86***	0.34***	0.08***	0.06***	-0.23***	0.46***	0.59***	0.70***	1.00				
13. NPC (10³项)	0.24***	0.33***	0.03***	0.76***	0.29***	0.07***	0.03***	-0.27***	0.58***	0.55***	0.60***	0.83***	1.00			
14. LPM (年)	0.18***	0.31***	0.07***	0.45***	0.16***	0.03***	-0.01	-0.20***	0.59***	0.43***	0.41***	0.56***	0.67***	1.00		
15. NPP (10³项)	0.17***	0.25***	0.04***	0.52***	0.20***	0.06***	0.08***	-0.07***	0.32***	0.46***	0.43***	0.61***	0.53***	0.51***	1.00	
16. NPLI (10²项)	-0.01***	-0.02***	0.07***	-0.03***	-0.03***	0.00	-0.03***	0.00	0.17***	0.11***	0.04***	-0.02***	0.01***	0.21**	0.03***	1.00
Mean	2.83	0.54	0.32	0.86	0.02	0.38	0.41	1.39	12.16	0.36	0.65	5.33	18.74	19.18	0.18	34.08
SD	12.62	0.95	0.52	1.51	0.07	6.24	0.26	0.74	10.01	0.68	1.20	9.49	26.67	21.70	0.44	6.74
VIF	—	1.49	1.08	6.03	1.40	1.02	1.04	1.21	1.91	4.72	5.53	6.43	4.33	2.56	1.77	1.21

注: * 表示 $p < 0.1$, ** 表示 $p < 0.05$, *** 表示 $p < 0.01$。

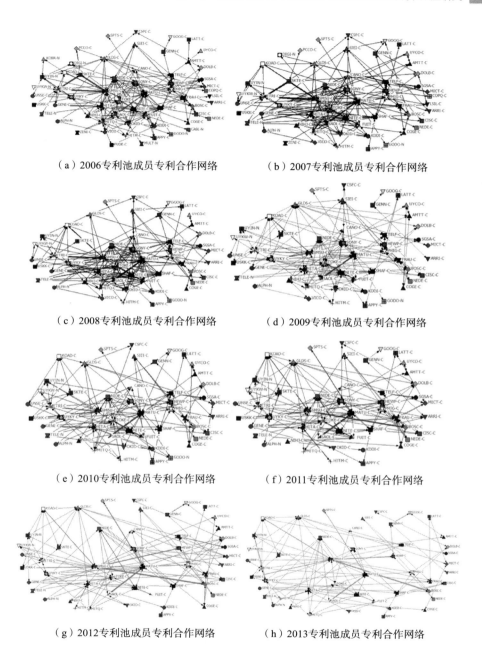

（a）2006专利池成员专利合作网络　　　　（b）2007专利池成员专利合作网络

（c）2008专利池成员专利合作网络　　　　（d）2009专利池成员专利合作网络

（e）2010专利池成员专利合作网络　　　　（f）2011专利池成员专利合作网络

（g）2012专利池成员专利合作网络　　　　（h）2013专利池成员专利合作网络

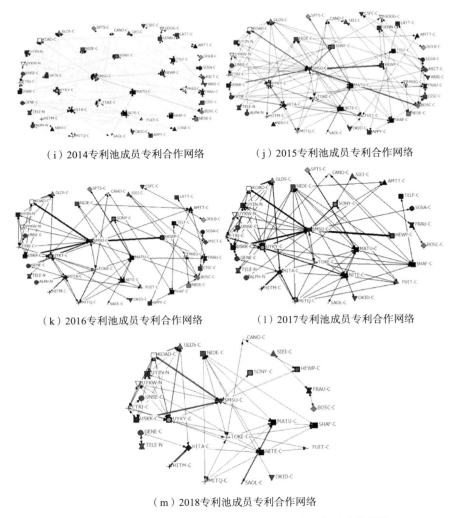

（i）2014专利池成员专利合作网络　　（j）2015专利池成员专利合作网络

（k）2016专利池成员专利合作网络　　（l）2017专利池成员专利合作网络

（m）2018专利池成员专利合作网络

图 6 - 1　2006 ~ 2018 年 MPEG LA 专利池成员专利合作网络

6.3.2　回归结果

各模型的回归分析结果如表6 - 3所示。M6 - 1仅包括控制变量，M6 - 2 ~ M6 - 5添加自变量、调节变量、调节变量与自变量的交互项，M6 - 6为完整模型，包含所有控制变量、解释变量和交互变量。

表 6 - 3　　　　　　　　　调节效应回归分析结果

	M6 - 1	M6 - 2	M6 - 3	M6 - 4	M6 - 5	M6 - 6
RSPP		0. 101 *** （0. 010）	0. 105 *** （0. 010）	0. 122 *** （0. 012）	0. 079 *** （0. 011）	0. 103 *** （0. 012）
RDPP		0. 241 *** （0. 064）	0. 238 *** （0. 064）	0. 331 *** （0. 079）	0. 157 ** （0. 070）	0. 235 *** （0. 080）
RDPP^2		− 0. 131 *** （0. 043）	− 0. 131 *** （0. 043）	− 0. 179 *** （0. 053）	− 0. 098 ** （0. 047）	− 0. 134 ** （0. 054）
EC			0. 003 *** （0. 001）			0. 003 *** （0. 001）
RSPP × EC			− 0. 001 *** （0. 000）			− 0. 001 *** （0. 000）
RDPP × EC			0. 004 （0. 003）			0. 005 * （0. 003）
RDPP^2 × EC			− 0. 003 （0. 003）			− 0. 004 （0. 003）
NC				0. 029 *** （0. 009）		0. 033 *** （0. 009）
RSPP × NC				− 0. 010 *** （0. 003）		− 0. 010 ** （0. 003）
RDPP × NC				− 0. 040 * （0. 021）		− 0. 039 * （0. 021）
RDPP^2 × NC				0. 020 （0. 014）		0. 016 （0. 014）
TS					0. 359 *** （0. 068）	0. 333 *** （0. 069）
RSPP × TS					0. 175 *** （0. 032）	0. 188 *** （0. 032）
RDPP × TS					0. 801 *** （0. 244）	0. 902 *** （0. 250）

	M6 - 1	M6 - 2	M6 - 3	M6 - 4	M6 - 5	M6 - 6
$RDPP^2 \times TS$					- 0. 228 (0. 163)	- 0. 276 * (0. 166)
MT	- 0. 197 *** (0. 046)	- 0. 192 *** (0. 046)	- 0. 193 *** (0. 046)	- 0. 191 *** (0. 046)	- 0. 231 *** (0. 047)	- 0. 230 *** (0. 047)
PLA	0. 031 *** (0. 004)	0. 029 *** (0. 004)	0. 029 *** (0. 004)	0. 028 *** (0. 004)	0. 029 *** (0. 004)	0. 027 *** (0. 004)
EPL	- 0. 094 *** (0. 016)	- 0. 092 *** (0. 016)	- 0. 092 *** (0. 016)	- 0. 102 *** (0. 017)	- 0. 119 *** (0. 016)	- 0. 131 *** (0. 017)
PLSM	0. 231 *** (0. 008)	0. 225 *** (0. 008)	0. 224 *** (0. 008)	0. 225 *** (0. 008)	0. 23 *** (0. 008)	0. 229 *** (0. 008)
PI	- 0. 007 *** (0. 001)	- 0. 008 *** (0. 001)	- 0. 008 *** (0. 001)	- 0. 008 *** (0. 001)	- 0. 009 *** (0. 001)	- 0. 009 *** (0. 001)
NPC	0. 004 *** (0. 001)	0. 004 *** (0. 001)	0. 004 *** (0. 001)	0. 003 *** (0. 001)	0. 004 *** (0. 001)	0. 003 *** (0. 001)
LPM	- 0. 009 *** (0. 001)	- 0. 009 *** (0. 001)	- 0. 009 *** (0. 001)	- 0. 01 *** (0. 001)	- 0. 009 *** (0. 001)	- 0. 009 *** (0. 001)
NPP	0. 036 ** (0. 018)	0. 039 ** (0. 018)	0. 038 ** (0. 018)	0. 033 * (0. 018)	0. 043 ** (0. 017)	0. 037 ** (0. 017)
NPLI	0. 026 *** (0. 001)	0. 026 *** (0. 001)	0. 026 *** (0. 001)	0. 025 *** (0. 001)	0. 028 *** (0. 001)	0. 028 *** (0. 001)
Year	- 0. 143 *** (0. 006)	- 0. 132 *** (0. 006)	- 0. 132 *** (0. 006)	- 0. 126 *** (0. 006)	- 0. 131 *** (0. 006)	- 0. 126 *** (0. 006)
Constant	287. 6 *** (11. 5)	264. 4 *** (11. 7)	264. 5 *** (11. 8)	254. 0 *** (12. 4)	263. 7 *** (11. 8)	253. 7 *** (12. 5)
Log likelihood	- 29 997	- 29 929	- 29 843	- 29 919	- 29 313	- 29 214
Chi^2	4 138	4 319	4 327	4 296	4 534	4 523
Obs	12 584	12 584	12 554	12 584	12 284	12 254

注：括号内数值是标准误差，* 表示 $p < 0.1$，** 表示 $p < 0.05$，*** 表示 $p < 0.01$。

从 M6 - 1 的结果可以看出，控制变量对因变量影响显著，表明选择的控制变量有效。M6 - 2 引入专利池关系强度、关系持久度及其二次项以验证 H1a 和 H1b。回归结果显示，专利池关系强度的系数显著为正（β = 0.101，p < 0.01），说明随着专利池关系强度的增加，焦点成员遭受联盟伙伴技术进攻的强度越大，H1a 再次得到验证。专利池关系持久度二次项的系数显著为负（β = -0.131，p < 0.01），说明随着专利池技术合作关系时间的增加，焦点成员遭受专利池内联盟伙伴技术进攻的强度先增加而后逐渐下降，H1b 再次得到验证支持。

M6 - 3 引入探索式合作（EC）、探索式合作与专利池关系强度（RSPP）的交互项、探索式合作与专利池关系持久度（RDPP）的交互项、探索式合作与专利关系持久度二次项（RDPP^2）的交互项，以验证 H8a 和 H8b。回归结果显示，探索式合作与专利池关系强度的交互项显著为负（β = -0.001，p < 0.01）。因此，探索式合作负向调节了专利池关系强度与技术竞争强度的正向关系，H8a 得到支持。在较高的专利池关系强度下，企业可以通过加强与联盟伙伴的探索式合作，推动联盟伙伴密切交流，增进互信，促使联盟双方以合同与协议签订、洽谈、和解等机制管控分歧，预防与化解利益冲突，遏制联盟伙伴的机会主义动机与行为，使双方长期互利共赢。探索式合作与专利池关系持久度二次项的交互项为负但不显著（β = -0.003，p > 0.1）。因此，探索式合作并不能负向调节专利池关系持久度与技术竞争强度的倒"U"形关系，H8b 并没有得到支持。

M6 - 4 引入网络中心位置（NC）、网络中心位置与专利池关系强度（RSPP）的交互项、网络中心位置与专利池关系持久度（RDPP）的交互项、网络中心度与专利池关系持久度二次项的交互项，以验证 H9a 和 H9b。回归结果显示，网络中心位置与重复联盟合作的交互项显著为负（β = -0.010，p < 0.01）。因此，网络中心位置负向调节了专利池关系强度与技术竞争强度的正向关系，H9a 得到支持。较高的专利池关系强度下，企业可以通过强化技术创新提高在联盟网络中的相对核心地位，推动企业在信息收集与监控的优势，更好地掌握联盟伙伴的产品缺陷与技术弱点，

拥有更多的替代联盟伙伴选择（Lavie，2007）和更高的讨价还价能力（Ahuja，2000），达到降低来自联盟伙伴技术进攻的目的。网络中心度与专利池关系持久度二次项的交互项为正且不显著（$\beta = 0.02$，$p > 0.1$）。因此，网络中心度并不能负向调节专利池关系持久度与技术竞争强度的倒"U"形关系，H9b并没有得到支持。

M6 - 5 引入技术相似性（TS）、技术相似性与专利池关系强度（RSPP）的交互项、技术相似性与专利池关系持久度（RDPP）的交互项、技术相似性与专利池关系持久度二次项的交互项，以验证 H10a、H10b。回归结果显示，技术相似性与专利池关系强度的交互项显著为正（$\beta = 0.175$，$p < 0.01$）。因此，技术相似性强化了专利池重复联盟与专利诉讼的正向关系，H10a得到支持。在较高的专利池关系强度下，企业可以通过选择与技术互补性较高的企业结盟，使联盟双方为各自领域做出贡献，协同提高公共收益（Yang et al.，2015），降低来自联盟伙伴的机会主义行为和技术进攻。技术相似性与专利池关系持久度二次项的交互项为负但不显著（$\beta = -0.228$，$p > 0.1$）。不过在 M6 - 6 中，技术相似性与专利池关系持久度二次项的交互项为负且显著（$\beta = -0.276$，$p < 0.1$）。我们认为，技术相似性正向调节了专利池关系持久度与技术竞争强度的倒"U"形关系，H10b得到支持。

M6 - 6 为完整模型，除了技术相似性与专利池关系持久度二次项的交互项的显著性与 M6 - 5 有区别外，其他所有结果均与 M6 - 2 ~ M6 - 6 结果一致。

根据实证结果，分别绘制了探索式合作、网络中心位置和技术相似性的调节效应示意图。图 6 - 2 为探索式合作的调节作用示意图，在探索式合作水平较低时，专利池关系强度与成员遭到联盟伙伴专利诉讼强度呈正向关系，在探索式合作水平较高时，专利池成员遭到联盟伙伴专利诉讼强度随着专利池关系强度的增加而下降。图 6 - 3 为网络位置的调节作用示意图，处在联盟网络外围时，专利池关系强度与成员遭到联盟伙伴专利诉讼强度呈正向关系，处在联盟网络中心时，专利池成员遭受联盟伙伴专利诉讼强度随着重复联盟合作的增加而变得平缓，甚至呈下降趋势。图 6 - 4 为技术相似性的调节作用示意图，联盟双方技术相似性较高时，专利池关系强度与成员遭到联盟伙伴专利诉讼的强呈正向关系，技术相似性较低时，专利池成员遭到联盟伙伴专利诉讼的强度随着重复联盟关系的增加变得平缓，甚至呈下降趋势。技术相似性越高，专利池关系持久度与成员遭受联盟伙伴专利诉讼的倒"U"形关系会越陡峭。

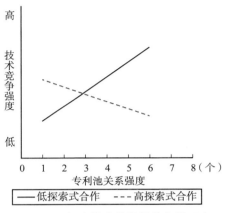

图 6－2　探索性合作的调节作用示意

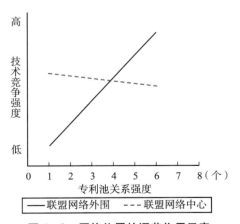

图 6－3　网络位置的调节作用示意

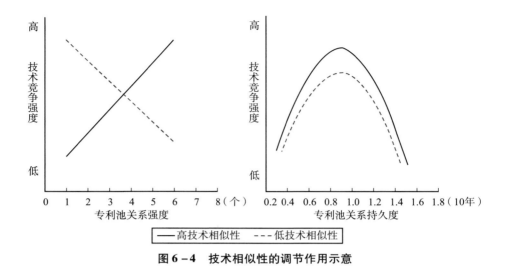

图 6 – 4　技术相似性的调节作用示意

6.3.3　稳健性检验

为确保实证结果具有稳健性，我们进行如下检验。一是进行分组回归。专利池成员包括 3 种类型。成员类型不同，其技术竞争动力机制也不同。因此，根据焦点成员类型进行分组回归。在对高校样本进行负二项回归时，回归结果显示样本容量只有 190，且探索式合作、网络位置和技术相似性均没有调节效应。这可能是由高校技术竞争的动力机制与高科技企业不同导致，也有可能由样本容量过小导致。

企业和科研机构样本的负二项回归分析结果如表 6 – 4 所示，其中 M6 – 10 和 M6 – 14 均是包含所有调节变量的完整模型。企业样本回归结果显示（见 M6 – 10），探索式合作和网络位置削弱了专利池关系强度与技术竞争的正向关系，H8a 和 H9a 同样获得支持，技术相似性强化了专利池关系强度与技术竞争的正向关系，H10a 同样获得支持。H8b 和 H9b 均未能获得支持，回归结果与原结论基本一致。与之前结论不同的是，H10b 在此未能获得证实。

表 6 - 4　　　　企业与科研机构样本的调节效应稳健性检验结果

变量	企业样本				科研机构样本			
	M6 - 7	M6 - 8	M6 - 9	M6 - 10	M6 - 11	M6 - 12	M6 - 13	M6 - 14
RSPP	0.110 *** (10.71)	0.132 *** (10.73)	0.082 *** (7.54)	0.109 *** (8.66)	0.099 (1.18)	0.253 *** (2.64)	0.098 (1.07)	0.153 (1.37)
RDPP	0.158 ** (2.37)	0.218 *** (2.61)	0.084 (1.16)	0.121 (1.41)	0.495 * (1.79)	0.686 ** (2.52)	0.610 * (1.95)	0.140 (0.43)
$RDPP^2$	- 0.087 ** (- 1.97)	- 0.113 ** (- 2.01)	- 0.060 (- 1.24)	- 0.068 (- 1.17)	- 0.306 * (- 1.72)	- 0.336 * (- 1.81)	- 0.348 * (- 1.68)	- 0.132 (- 0.61)
EC	0.003 *** (3.66)			0.003 *** (3.27)	0.602 *** (4.30)			0.599 *** (3.97)
RSPP × EC	- 0.001 *** (- 3.31)			- 0.001 *** (- 3.21)	- 0.102 (- 1.41)			- 0.135 * (- 1.95)
RDPP × EC	0.005 (1.51)			0.005 * (1.72)	- 1.136 *** (- 3.51)			- 1.081 *** (- 3.13)
$RDPP^2$ × EC	- 0.004 (- 1.38)			- 0.004 (- 1.42)	0.471 *** (3.36)			0.444 *** (2.98)
NC		0.032 *** (3.48)		0.034 *** (3.78)		0.641 *** (3.94)		0.572 *** (3.44)
RSPP × NC		- 0.011 *** (- 3.64)		- 0.011 *** (- 3.56)		0.280 ** (2.01)		0.235 * (1.66)
RDPP × NC		- 0.023 (- 1.05)		- 0.018 (- 0.85)		- 0.614 (- 1.46)		- 0.347 (- 0.81)
$RDPP^2$ × NC		0.009 (0.64)		0.004 (0.26)		0.376 (1.28)		0.234 (0.78)

变量	企业样本				科研机构样本			
	M6-7	M6-8	M6-9	M6-10	M6-11	M6-12	M6-13	M6-14
TS			0.390 *** (5.54)	0.365 *** (5.13)			-0.220 (-0.65)	-0.247 (-0.72)
RSPP × TS			0.175 *** (5.41)	0.190 *** (5.77)			0.362 (1.24)	0.315 (1.08)
RDPP × TS			0.722 *** (2.81)	0.786 *** (2.98)			1.931 * (1.95)	1.880 * (1.88)
RDPP² × TS			-0.174 (-1.01)	-0.201 (-1.14)			-0.876 (-1.37)	-0.787 (-1.20)
控制变量	控制	控制	控制	控制	控制	控制	控制	控制
Obs	11 466	11 495	11 211	11 182	890	891	883	882

注：括号内数值为 t 统计量，＊表示 p<0.1，＊＊表示 p<0.05，＊＊＊表示 p<0.01。

科研机构样本回归结果显示（见 M6-14），探索式合作削弱了专利池关系强度与技术竞争的正向关系（β = -0.135，p<0.1），H8a 得到证实。值得注意的是，网络中心位置正向调节了专利池关系强度与技术竞争的正向关系（β = 0.235，p<0.1），与假设 H9a 相反。相对于外围科研机构，处于网络中心位置的科研机构遭受联盟伙伴技术攻击的强度更高。探索式合作正向调节专利池关系持久度与技术竞争的关系（β = 0.444，p<0.01），与假设 H8b 相反，表明科研机构探索式合作强化了专利池关系持久度与技术竞争的倒"U"形关系，科研机构与联盟伙伴的探索式合作水平越高，倒"U"形曲线越陡峭。对于网络位置对专利池关系持久度与技术竞争的关系，H9b 没有获得证实。技术相似性对专利池技术合作与技术竞争的关系没有调节作用，H10a、H10b 均未得到证实。可以发现，科研机构样本中，只有 H8a 得到验证，即探索式合作削弱了专利池关系强度与技术竞争的正向关系。其他调节效应假设均未能获得证实。这同样证实了

科研机构的专利池技术合作对技术竞争的影响机制与高科技企业存在显著差异。

二是改变因变量的测度方式。之前采用焦点成员专利池合作之后 3 年累计被联盟伙伴发起诉讼的专利数测度因变量，现改用焦点成员专利池合作之后 2 年、4 年和 5 年累计被联盟伙伴发起诉讼的专利数测度因变量，结果如表 6 - 5 所示，其中 M6 - 18、M6 - 22 和 M6 - 26 均是包含所有调节变量的完整模型。当因变量为专利池合作之后累计 2 年的诉讼专利数时，H8a、H9a 和 H10a 同样获得支持，而 H8b、H9b 和 H10b 均未能获得支持（见 M6 - 18）；当因变量为专利池合作之后累计 4 年的诉讼专利数时，H8a、H9b、H10a 和 H10b 获得支持，H8b 和 H9a 没有获得支持（见 M6 - 22）；当因变量为专利池合作之后累计 5 年的诉讼专利数时，H8a、H9b、H10a 和 H10b 获得支持，H8b 和 H9a 没有获得支持，回归结果与 M6 - 22 基本一致，结论完全一致（见 M6 - 26）。

我们还想了解探索式合作、网络位置和技术相似性对专利池技术合作与技术竞争的调节效应可以持续多久，分别将专利池技术合作之后第 2、第 3 和第 4 年的专利诉讼数作为因变量，再进行负二项回归，结果如表 6 - 6 所示，其中 M6 - 30、M6 - 34 和 M6 - 38 均是包含所有调节变量的完整模型。当因变量为专利池合作之后第 2 年的诉讼专利数时，H8a、H9a、H10a 得到验证，即探索式合作、网络中心位置负向调节专利池关系强度与第 2 年专利诉讼的正向关系，而技术相似性正向调节专利池关系强度与第 2 年专利数诉讼的正向关系，H8b、H9b 和 H10b 没有得到验证（见 M6 - 30）；当因变量为专利池合作之后第 3 年的诉讼专利数时，只有 H10a 获得支持，即技术相似性正向调节专利池关系强度与第 3 年专利数诉讼的正向关系，其他假设均未获得支持（见 M6 - 30）；当因变量为专利池合作之后第 4 年的诉讼专利数时，探索式合作、网络位置和技术相似性的调节效应均不显著（见 M6 - 34）。这表明随着时间推移，探索式合作、网络位置和技术相似性对专利池技术合作影响技术竞争的调节效应逐渐消失。

表 6-5　基于累计因变量的调节效应稳健性检验结果

变量	因变量为后 2 年累计数				因变量为后 4 年累计数				因变量为后 5 年累计数			
	M6-15	M6-16	M6-17	M6-18	M6-19	M6-20	M6-21	M6-22	M6-23	M6-24	M6-25	M6-26
RSPP	0.064*** (6.53)	0.083*** (7.13)	0.041*** (3.85)	0.066*** (5.52)	0.109*** (11.23)	0.115*** (10.00)	0.088*** (8.65)	0.096*** (8.27)	0.098*** (10.28)	0.097*** (8.49)	0.083*** (8.45)	0.086*** (7.46)
RDPP	0.131* (1.93)	0.124 (1.52)	0.086 (1.18)	0.064 (0.75)	0.252*** (4.17)	0.384*** (5.16)	0.146** (2.23)	0.263*** (3.44)	0.233*** (4.10)	0.386*** (5.43)	0.132** (2.14)	0.260*** (3.56)
$RDPP^2$	-0.063 (-1.39)	-0.052 (-0.96)	-0.051 (-1.05)	-0.028 (-0.50)	-0.139*** (-3.46)	-0.209*** (-4.15)	-0.081* (-1.86)	-0.141*** (-2.72)	-0.132*** (-3.45)	-0.211*** (-4.33)	-0.070* (-1.70)	-0.134*** (-2.68)
EC	0.004*** (4.33)			0.003*** (3.84)	0.003*** (3.73)			0.003*** (3.64)	0.002*** (3.40)			0.002*** (3.45)
RSPP×EC	-0.002*** (-3.55)			-0.001*** (-3.31)	-0.001*** (-3.51)			-0.001*** (-3.80)	-0.001*** (-3.03)			-0.001*** (-3.44)
RDPP×EC	0.005 (1.58)			0.006* (1.74)	0.004 (1.42)			0.005* (1.76)	0.003 (1.19)			0.004 (1.55)
$RDPP^2$×EC	-0.004 (-1.45)			-0.004 (-1.43)	-0.003 (-1.36)			-0.004 (-1.53)	-0.003 (-1.19)			-0.003 (-1.42)
NC		0.004 (0.36)		0.007 (0.72)		0.021*** (2.60)		0.024*** (3.00)		0.014* (1.86)		0.015** (2.00)

续表

变量	因变量为后 2 年累计数				因变量为后 4 年累计数				因变量为后 5 年累计数			
	M6 - 15	M6 - 16	M6 - 17	M6 - 18	M6 - 19	M6 - 20	M6 - 21	M6 - 22	M6 - 23	M6 - 24	M6 - 25	M6 - 26
RSPP × NC		-0.010 *** (-3.21)		-0.012 *** (-3.53)		-0.004 (-1.26)		-0.002 (-0.90)		-0.001 (-0.23)		0.000 (0.00)
RDPP × NC		0.009 (0.36)		0.013 (0.53)		-0.058 *** (-3.07)		-0.059 *** (-3.20)		-0.064 *** (-3.71)		-0.064 *** (-3.70)
RDPP² × NC		-0.007 (-0.44)		-0.014 (-0.91)		0.029 ** (2.25)		0.029 ** (2.27)		0.032 *** (2.71)		0.031 *** (2.66)
TS			0.422 *** (6.01)	0.389 *** (5.48)			0.370 *** (5.59)	0.354 *** (5.32)			0.341 *** (5.26)	0.331 *** (5.08)
RSPP × TS			0.125 *** (3.78)	0.150 *** (4.43)			0.202 *** (6.84)	0.203 *** (6.79)			0.158 *** (5.61)	0.151 *** (5.31)
RDPP × TS			0.621 ** (2.41)	0.605 ** (2.29)			0.868 *** (3.81)	1.018 *** (4.37)			0.700 *** (3.25)	0.880 *** (3.99)
RDPP² × TS			-0.104 (-0.61)	-0.076 (-0.43)			-0.345 ** (-2.25)	-0.418 *** (-2.67)			-0.309 ** (-2.12)	-0.402 *** (-2.69)
控制变量	控制	控制	控制	控制	控制	控制	控制	控制	控制	控制	控制	控制
Obs	13 683	13 728	13 394	13 349	11 425	11 440	11 174	11 159	10 281	10 296	10 064	10 049

注：括号内数值为 t 统计量，* 表示 $p<0.1$，** 表示 $p<0.05$，*** 表示 $p<0.01$。

175

表6-6　基于时间效应的调节效应稳健性检验回归结果

变量	因变量为第2年数据 M6-27	M6-28	M6-29	M6-30	因变量为第3年数据 M6-31	M6-32	M6-33	M6-34	因变量为第4年数据 M6-35	M6-36	M6-37	M6-38
RSPP	0.057*** (4.73)	0.070*** (4.90)	0.027** (2.06)	0.048*** (3.23)	0.075*** (5.28)	0.076*** (4.56)	0.044*** (2.96)	0.053*** (3.06)	0.068*** (4.46)	0.055*** (2.99)	0.051*** (3.12)	0.039** (2.05)
RDPP	0.184** (2.17)	0.231** (2.27)	0.155* (1.69)	0.182* (1.73)	0.234** (2.52)	0.347*** (3.07)	0.168* (1.66)	0.285** (2.43)	0.141 (1.36)	0.139 (1.10)	0.088 (0.78)	0.092 (0.70)
RDPP²	-0.126** (-2.22)	-0.157** (-2.28)	-0.122** (-1.97)	-0.140* (-1.96)	-0.149** (-2.36)	-0.208*** (-2.68)	-0.115* (-1.67)	-0.180** (-2.23)	-0.096 (-1.33)	-0.046 (-0.52)	-0.055 (-0.70)	-0.009 (-0.09)
EC	0.003*** (2.62)			0.002** (2.16)	0.000 (0.25)			0.000 (0.09)	0.001 (0.62)			0.001 (0.71)
RSPP×EC	-0.001** (-2.00)			-0.001* (-1.81)	-0.000 (-0.22)			-0.000 (-0.27)	-0.000 (-0.54)			-0.001 (-0.82)
RDPP×EC	0.004 (0.96)			0.005 (1.19)	0.003 (0.57)			0.004 (0.80)	0.006 (1.05)			0.008 (1.28)
RDPP²×EC	-0.003 (-0.80)			-0.003 (-0.88)	-0.003 (-0.70)			-0.004 (-0.81)	-0.008 (-1.32)			-0.008 (-1.40)
NC		0.008 (0.69)		0.016 (1.38)		0.009 (0.78)		0.017 (1.45)		-0.035*** (-2.61)		-0.030** (-2.19)

续表

变量	因变量为第 2 年数据					因变量为第 3 年数据				因变量为第 4 年数据		
	M6－27	M6－28	M6－29	M6－30	M6－31	M6－32	M6－33	M6－34	M6－35	M6－36	M6－37	M6－38
RSPP×NC		－0.007* （－1.89）		－0.010** （－2.49）		－0.001 （－0.23）		－0.002 （－0.59）		0.006 （1.41）		0.007 （1.42）
RDPP×NC		－0.019 （－0.68）		－0.015 （－0.50）		－0.058* （－1.96）		－0.057* （－1.94）		－0.007 （－0.20）		－0.014 （－0.43）
RDPP²×NC		0.014 （0.74）		0.008 （0.40）		0.030 （1.45）		0.030 （1.46）		－0.020 （－0.83）		－0.014 （－0.58）
TS			0.563*** （6.65）	0.541*** （6.34）			0.594*** （6.33）	0.592*** （6.27）			0.715*** （6.88）	0.710*** （6.80）
RSPP×TS			0.147*** （3.59）	0.170*** （4.04）			0.192*** （4.13）	0.188*** （4.00）			0.075 （1.47）	0.055 （1.06）
RDPP×TS			0.465 （1.45）	0.498 （1.51）			0.633* （1.79）	0.801** （2.21）			0.553 （1.38）	0.674* （1.65）
RDPP²×TS			－0.052 （－0.24）	－0.068 （－0.31）			－0.265 （－1.09）	－0.367 （－1.49）			－0.427 （－1.52）	－0.466 （－1.63）
控制变量	控制	控制	控制	控制	控制	控制	控制	控制	控制	控制	控制	控制
Obs	13 671	13 716	13 379	13 334	12 466	12 496	12 195	12 165	11 295	11 310	10 987	10 972

注：括号内数值为 t 统计量，* 表示 p<0.1，** 表示 p<0.05，*** 表示 p<0.01。

177

6.4 本 章 小 结

本章选取了探索式合作、网络位置和技术相似性对专利池技术合作与技术竞争关系的权变影响，提出 3 组共 6 个研究假设。然后，基于研究假设构建实证模型，开展实证检验。研究发现，探索性合作和网络中心位置均削弱了专利池关系强度与成员遭受联盟伙伴技术进攻的正向关系，技术相似性强化了专利池关系强度与成员遭受联盟伙伴技术进攻的正向关系，强化了专利池关系持久度与技术竞争的倒"U"形关系（见表 6 - 7）。

表 6 - 7   调节效应相关假设支持情况汇总

假设	结果
H8a：探索式合作削弱了专利池关系强度与技术竞争的正向关系，即探索式合作水平越高，遭受联盟伙伴技术进攻的强度越低	支持
H8b：探索式合作负向调节专利池关系持久度与技术竞争的倒"U"形关系，即探索式合作水平越高，倒"U"形曲线越平缓	不支持
H9a：网络中心位置削弱了专利池关系强度与技术竞争的正向关系，即越处于网络中心位置，遭受联盟伙伴技术攻击的强度越低	支持
H9b：网络中心位置负向调节专利池关系持久度与技术竞争的倒"U"形关系，即越处于网络中心位置，倒"U"形曲线越平缓	不支持
H10a：技术相似性强化了专利池关系强度与技术竞争的正向关系，即技术相似性越高，遭受联盟伙伴技术进攻的强度越高	支持
H10b：技术相似性强化了专利池关系持久度与技术竞争的倒"U"形关系，即技术相似性越高，倒"U"形曲线越陡峭	支持

本章对调节效应进行了稳健性检验。一是根据池内成员类型分组，进行分组回归。在科研机构样本中，只有 H8a 得到验证，即探索式合作削弱了专利池关系强度与技术竞争的正向关系，其他调节效应假设均未能获得

证实。值得注意的是，网络中心位置正向调节专利池关系强度与技术竞争的正向关系，探索式合作正向调节专利池关系持久度与技术竞争的关系，与预期假设相反。在高校样本中，探索式合作、网络位置和技术相似性的调节效应均未得到证实。这说明高科技企业专利池技术合作对技术竞争的动力机制，显著区别于科研机构和高校。

二是改变因变量的测度方式。当因变量为累计 2 年诉讼专利数时，H8a、H9a、H10a 同样得到验证，而 H8b、H9b 和 H10b 均未得到验证；当因变量为累计 4 年和 5 年的诉讼专利数时，H8a、H9b、H10a、H10b 获得支持，H8b 和 H9a 没有获得支持；当因变量为第 2 年的诉讼专利数时，H8a、H9a、H10a 得到验证，H8b、H9b 和 H10b 没有得到验证；当因变量为第 3 年的诉讼专利数时，只有 H10a 获得支持，其他假设均未获得支持；当因变量为第 4 年的诉讼专利数时，所有调节效应假设均未得到验证，说明随着时间推移，探索式合作、网络位置和技术相似性的调节效应逐渐消失。

第7章　高科技企业专利池技术合作竞争管理建议

7.1　高度重视高科技企业专利池技术合作

7.1.1　促进高质量和高价值专利创造

重视专利池技术合作首先要重视专利研发，尤其是高质量和高价值专利创造。近年来，我国专利事业取得了大发展、大跨越和大提升。2020年专利申请量为519.42万项，是2000年（17.07万项）的30.43倍；2021年，专利授权量达到460.10万项，是2000年（10.53万项）的43.68倍，如图7-1所示。2021年，中国专利合作条约（Patent Cooperation Treaty，PCT）专利申请数达6.95万件，超过美国、日本、韩国和德国，连续11年位居世界第一。但是，我国"沉睡"专利多，专利量大、质不高，尤其是关键核心技术领域的高质量和高价值专利不足。这导致我国组建的高科技企业专利池难以在国际上拥有话语权。因此，提升我国专利价值和质量势在必行。可以在政策支持、动态管理、专利审查和评估运营环等环节培育高质量和高价值专利（邢战雷等，2019）。

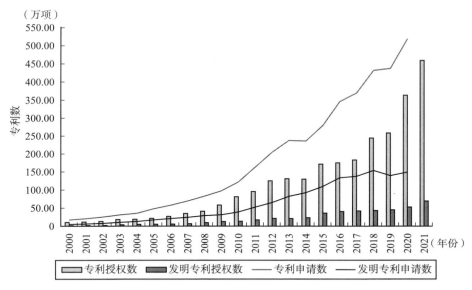

图 7 - 1　中国 2000 ~ 2021 年专利申请与授权情况

资料来源：通过国家知识产权局网站（https：//www.cnipa.gov.cn）整理得到。

一是要完善战略布局与政策扶持。制订符合实际的专利规划，有效开展高科技产业专利布局。做好专利技术预测与布局，尤其是高价值专利布局，推动形成核心竞争力，不断开拓国内外市场。不断完善高质量和高价值专利申请、运营等方面的政策，加大支持力度。坚持以价值和质量为导向，推动专利申请工作由追求数量向提高质量、高价值转变，促进知识产权高质量创造和高效率运用。

二是加强专利的动态化管理。如果专利的创新性不够，就谈不上专利价值。提升专利的质量和价值，需要进行全流程专利管理。将专利工作融合到项目研发过程中，促进高质量专利供给。搭建高水平的知识产权公共服务信息平台，强化高质量和高价值专利培育过程的监督、控制与指导，为高质量和高价值专利的培育营造"土壤"和"氛围"。推进专利检索与导航，持续关注国内外高科技产业技术研发态势，面向核心技术开展需求调研与精准研发。

三是推动关键核心技术攻关。加大研发投入，推动关键核心技术攻关，加强人工智能、信息通信、基础软件、新装备、新材料、生命健康、生物育种等高科技领域技术研发和高价值专利申请，加强技术储备。高度重视专利检索与分析，深入专利挖掘，找准研发起点、重点和方向，避免重复性、低价值研发。定期进行专利预警分析，防止侵权的发生。促进创新链和产业链紧密衔接，围绕产业链体系化部署创新链，针对创新链统筹配置资源链。围绕高科技产业技术创新链，运用市场机制集聚创新资源，整合产学研用优质资源，推动政府、骨干企业、高校、科研院所的务实合作，协同推进高质量和高价值专利创造。

四是加强专利"三性"审查。专利审查对高质量和高价值专利的培育具有关键作用。专利被授权之前，技术方案的新颖性、创造性和实用性"三性"要接受专利局审查。推动专利供给侧改革，不断提高专利审查员的专业能力，对申请专利新颖性和创造性客观评价，严格把关，减少"垃圾"和"沉睡"专利授权。

五是推动高质量和高价值专利运营。完善高质量和高价值专利评估标准，定期做好高质量和高价值专利分析与评估工作。不断完善技术市场相关服务体系，推动专利转让、专利许可、作价入股、质押融资、侵权诉讼、技术投资、专利评奖、专利池组建等工作；将经过遴选的高价值专利统一动态管理，构建动态高价值专利池，定期做好池内外专利评估，做到池内专利动态流转。

7.1.2 积极融入全球知名高科技企业专利池

现代企业竞争已不是单一企业或产品间的竞争，而是转变为产业链、平台、创新网络和生态系统之间的竞争（柳卸林等，2020）。企业必须顺应潮流，实现单纯竞争向合作竞争的观念转变，主动融入创新生态系统。高科技企业专利池作为一个创新生态系统，成为阻碍竞争对手、争夺市场份额、获取垄断利润的重要战略武器（Hu et al.，2017）。跨国高科技企业往往将专利池视为重要战略工具。为此，我国高科技企业应积极申请加入全球知名专利池，利用专利池阻碍竞争对手，扩大市场份额，提高企业品牌知名度。尽管我国有一些高科技企业加入了国际知名专利池，如华为、中兴、小米和海康威视等公司均加入了 MPEG LA 相关专利池，但是与美国、欧盟、日本、韩国等国家（地区）相比，数量还比较少。企业应注重高质量专利申请，对高价值专利应通过同族专利申请获得海外知识产权保护。高度重视高质量和高价值专利宣传，可通过专利发布会、新闻报道等方式扩大专利的影响力和被引用规模。

7.1.3　组建中国高科技企业专利池

我国已组建 EVD、中彩联、AVS、TD－CDMA 等高科技企业专利池，但其数量和知名度远不如欧美发达国家。我国高科技企业专利质量和专利数量的提高，为我国组建自己的高科技企业专利池奠定了基础。而随着我国经济实力和综合国力不断提高，市场开放不断扩大，我国众多高科技产业具有广阔的市场前景，中国对外吸引力日益增强，组建我国自己的高科技企业专利势在必行。对于科技和经济实力允许的龙头企业，可以联合国内外企业共建高科技企业专利池。公平公正评估申请入池的企业和专利，杜绝暗箱操作，提高专利池成员的多样性，吸引国内外行业高质量专利加入专利池。注重专利池技术的先进性与兼容性，提高专利池技术产品安装基础。

7.2　加强对联盟伙伴的学习与防范

7.2.1　提高联盟知识学习能力

所有的联盟安排都可看作一个学习竞赛（Hamel，1989）。加强联盟知识学习，第一要有明确的联盟知识学习目标和计划。高科技企业要把专利池合作当成一个学习机会，努力学习联盟伙伴的隐性知识。明确联盟学习目标，清楚专利池在企业战略中的重要性，明确有待学习的潜在知识和技能并传达、灌输学习目标。制订比较详细的联盟学习计划，提高联盟学习效率，实现联盟学习各项目标。

第二，加强联盟伙伴之间的互动。联盟学习是带有互动特征的复杂学习机制，因此要加强联盟伙伴之间的互动。加强联盟伙伴之间的战略联系，使联盟伙伴带到专利池的知识与技能充分体现学习目标；在专利池的设计中体现学习目标，使专利池成员充分共享联盟知识；加强联盟伙伴之间的人员交流，促进联盟知识传递（冷民，2007）。通过互访、合作技术开发、专利交叉许可、年会交流等方式，在各个层面上同联盟伙伴建立起紧密的联系与互动。

第三，克服联盟学习障碍。联盟知识学习包括知识共享、知识认同、知识传递、知识转化和知识创新等一系列障碍（冷民，2007）。不断完善联盟开放机制，克服知识共享障碍。充分利用各种学习机会，尽可能接触联盟伙伴，可以提高联盟伙伴知识共享的意愿。安排训练有素的技术专家与联盟伙伴协调沟通，不断加深对联盟伙伴的了解，挖掘联盟伙伴隐性知识，克服知识认同障碍。培养既精通专业又懂语言的桥梁人物，建立知识连接机制，消除知识传递障碍。通过对联盟知识的试验、重新编码与重新构造（Kolb，1984），成功将联盟知识转化为企业能力。确立正确的技术战略，通过引进消化吸收再创新或集成创新策略实现自主创新，克服知识创新障碍。

第四，提高组织学习能力（冷民，2007）。建立学习型组织，营造组织学习文化氛围，提高联盟学习能力。不断完善联盟学习有关的政策与机制，形成联盟学习文化氛围。激励个人学习联盟知识，增加组织内部个人与部门的知识广度，加强研发、设计与制造等部门信息交流，促进知识创新。加大人力资源、研究开发以及各种战略性资产的投入，不断提高企业对联盟知识的认知水平。

不过，联盟知识学习应控制学习强度或以更加隐蔽的方式学习，以免引起联盟伙伴的戒备与不满。引用联盟伙伴的专利时，知识产权人员要与设计人员紧密配合，反复开展防侵权论证，确认不与联盟伙伴专利权存在冲突后再确定技术方案并申请专利。

7.2.2　防范联盟伙伴机会主义行为

在与联盟伙伴积极互动的同时，还要防范联盟伙伴机会主义行为，避免核心技术和商业机密泄漏。机会主义行为具有自利行为。由于信息的不对称性、契约的不完备性、专利池专用资产的方向性、企业的逐利性和有限理性，联盟伙伴机会主义行为难以避免。可以从三个方面防范联盟伙伴机会主义行为。

一是基于人员管理的防范。提高企业高管对核心技术保护的重视和支持力度，为核心技术保护提供必要的资源与保障。对技术进行分级管理，鉴别企业核心知识。任命专职信息经理和专利池参与负责人，提高知识保护意识和重视程度。提高员工的警觉性和重视程度，对参与专利池活动的企业员工进行知识交流技巧辅导、教育和监控。制定相应的知识保护激励政策，如知识保护行为的评估和奖惩措施，使在知识保护方面表现优秀的员工获得物质报酬及晋升机会。还可以通过开展反竞争情报防止知识泄露（周九常，2008）。

二是基于合作契约的防范。合理设计合作契约，对专利池成员行为进行规范。在合同中详细规定结盟知识共享范围，保障专利池运行的正常规范和秩序，明确不正当获取知识和技术纠纷的处理与补偿方式，调整参与专利池的行为预期。重视专利申请，充分运用专利制度保护企业知识。通过签订保密协议，在联盟期内和联盟终结后若干年内禁止相互雇用对方员工等方法，预防知识泄漏风险。

三是基于专利池活动过程的防范。合理设计联盟工作流程、活动范围以及任务分解，有效保护关键知识，防范知识泄露。设立协调人员对社会关系和个人间的意见交换进行监控，控制知识和信息流动；实行工作说明书制度，控制合作伙伴接近企业核心业务、设施和人员；运用技术手段对知识转移进行管理，对不同知识实行分类保护和定期检查制度，加强文档和网络管理等，防范关键知识泄漏。

7.3 通过利用式创新保护探索式创新

7.3.1 为核心技术构建专利围墙

在探索式创新的过程中应注意外围技术研究，为核心技术构建专利围墙，防范竞争对手技术进攻。探索式创新可能使企业避免陷入技术发展轨迹相似的困境（徐露允等，2018；Garcia – Vega，2006），但与利用式创新相比，开发成本更高，技术尚不成熟，风险更高，可能遭到联盟伙伴更大的技术进攻。当企业被观察到或被预期到探索式创新时，可能会遭受已经在该领域内的联盟伙伴提起诉讼（Ganco et al.，2020）。为此，企业应围绕探索式创新成果开展大量利用式创新，通过衍生专利保护起来，使外围衍生专利不断扩散，从而构筑成专利组合，形成一个强大的专利围墙（专利壁垒）（刘立春，2015；Guellec and Pottelsberghe，2007）。依赖行业内领先技术，不断进行外围衍生专利技术创新，阻碍竞争对手（Cohen et al.，2000；Kash and Kingston，2001；Blind et al.，2009）。庞大的专利组合既可以向现有和潜在竞争对手传递本企业雄厚的技术研发能力信号，也可以发起技术进攻，通过打击侵权行为索取赔偿，限制竞争对手或阻止竞争者模仿，达到长期垄断市场的目的（Cohen et al.，2000；Levin et al.，1987；Sattler，2003）。开展利用式创新还可以减少劫持风险和对抗侵权诉讼，为随时参与专利诉讼做准备（Cohen et al.，2000；Hall and Ziedonis，2001；Ziedonis，2004）。

7.3.2 针对联盟伙伴开展专利布局

企业可以根据联盟伙伴专利情况开展专利布局。瑞典格兰斯特兰德（Ove Granstrand，2000）提出阻击式、策略型、地毯式、围墙式、包绕式和组合式共6种专利布局模式，各种模式的示意图和特点分别如图7-2和表7-1所示。高科技企业可以根据产业技术生命周期以及企业自身经济及技术实力实施不同专利布局模式。

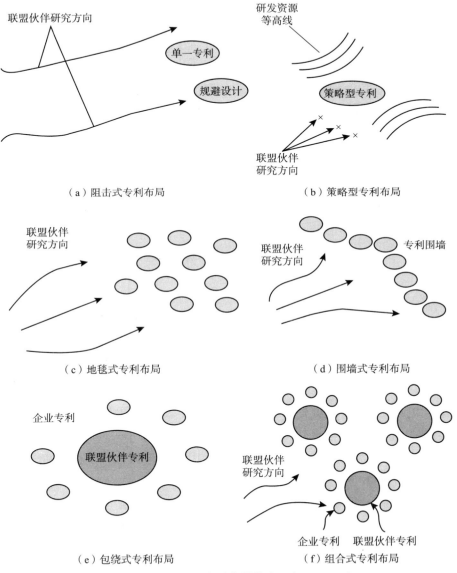

图 7 - 2　专利布局模式示意

资料来源：中国标准化研究院标准化评估所：《科技成果转化中常见的几种专利布局模式（一）》，医疗器械创新网，https：//www. innomd. org/article/621dd3b223ce9639aa12ab3f。

表 7 – 1 专利布局模式及特点

模式	技术生命周期曲线	研发成本	专利申请量	专利回避难度	权利布局难度	专利成本
阻击式	初期	低	少	低	中	低
策略型	初期	中	中	中	中	中
地毯式	成长期	高	多	高	低	多
围墙式	高峰期	中	中	高	中	中
包绕式	初期或成长期	低	多	高	中	多
组合式	成长或高峰期	高	多	高	高	多

资料来源：《浅谈企业如何专利布局？布局影响企业命运》，搜狐网，https：//www.sohu.com/a/388083781_120629070。

7.4 通过探索式合作补充专利池合作

高科技企业技术创新要避免"闭门造车"，否则将导致重复研发，甚至引发侵权风险。根据美国波士顿咨询集团对约 2 000 家上市公司的研究报告，只有约2%的企业在动荡期和稳定期均保持行业领先地位，其成功的秘诀是积极开展利用式合作与探索式合作。专利池合作属于一种利用式合作，但在一定时间内可能会提高联盟伙伴技术竞争强度。开展探索式合作可以减缓专利池合作对联盟伙伴技术竞争的影响，因此，有必要加强联盟伙伴探索式合作。一方面，探索式合作包括共同探索全新知识、研发全新技术、开发全新产品等（Shapiro，2001；侯吉刚等，2009；Nonaka and Takeuchi，1995），帮助高科技企业创造新产品和新技术，保持竞争优势；另一方面，探索式合作可以推动双方密切交流，共享隐性知识，共同学习，发展关系资本，增进双方互信，促使以合同与协议签订、洽谈、和解等机制管控分歧，预防与化解利益冲突，遏制机会主义动机与行为。

7.5　不断提高在专利池中的地位

第一，通过核心技术开发提高在专利池中的地位。坚持高水平和强度的研发投入，优化组织结构，持续提升研发能力，不断突破技术创新，实现技术赶超。例如，华为采取"支持大学研究、自建实验室、多路径技术投资"等多种方式，整合了工业界的问题、学术界的思想和风险资本的信念，协同推进创新；每年投资 3 亿美元与清华大学、华中科技大学、重庆大学等近 20 家高校建立合作，支持学术界在 5G 通信、人工智能、自动驾驶等领域开展基础科学、基础技术、技术创新的研究。德国专利信息分析机构 IPLytics 研究显示，截至 2021 年 2 月，华为公司占全球 5G 标准必要专利数的 15.39%，排名世界第一，领先美国高通 4.15 个百分点，其技术实力令很多国家望其项背。第二，将高质量和高价值专利申请加入高科技企业专利池，通过增加专利池中的必要专利数提升在专利池中的地位。第三，通过加强技术交流与宣传提高在专利池中的地位。积极参加行业展会、行业年会和学术论坛等，加强与业界沟通交流，提高在行业中的知名度。通过媒体和网络等渠道，加强高质量和高价值专利的宣传，增加专利被引数和曝光度，积极争取占据网络中心位置。此外，应通过提高市场占有率、夯实客户前期安装基础（installed base）提升企业在专利池中的地位。

7.6　选择技术互补型联盟伙伴

选择与技术互补性较高的企业合作，使联盟双方为各自领域做出独特但相关的贡献，协作提高共同收益，促进互惠互利，遏制合作伙伴技术进攻的动机。因此，选择合适的联盟伙伴是专利池技术合作成功的关键步骤。跨国公司选择战略联盟伙伴一般遵循 3C 原则，即兼容（compatibility）、能力（capability）和投入（commitment）。因此，在评估潜在联盟伙伴时，要考虑兼容性、互补性、资源与能力、信息化、双赢性、整合性和一致性等。在此基础上构建指标体系，并依据重要性原则给各指标设计权重，对潜在联盟伙伴进行评估，做出最佳联盟伙伴判断与选择（杨东奇等，2012）。

潜在联盟伙伴在资源方面（如与高科技企业专利池相关的专利）具有比较优势，并且这种优势与企业资源优势形成互补性结构；双方资源重叠少，相互依赖和信任；对方在行业中占有独特的经营优势，在某些方面处于行业竞争前沿；生产经营与管理体系完善且健全，组织运作效率高，且管理水平与企业文化具备较好的兼容性；企业发展目标一致（王晓辉和余佳群，2008）。高科技企业专利池通常与技术标准相结合，因此，潜在联盟伙伴研制技术标准的经验和能力显得至关重要。高科技企业专利池具有网络效应（network effects），其技术推广需要前期安装基础和顾客预期（anticipation）。潜在联盟伙伴的市场占有率越高，说明前期安装基础越好，越有利于专利池技术推广（华金科和曾德明，2007）。

7.7　妥善应对联盟伙伴专利诉讼

企业应通过签订正式协议、组织结构设计、惯例和机制等方式防止合作伙伴机会主义动机与行为，通过洽谈与和解等方式管控专利池联盟伙伴之间的分歧，避免正面冲突尤其是专利诉讼。当然，当合作伙伴之间专利诉讼发生时，不必将其视为合作失败的毁灭性事件，可看作竞争的事实。

当联盟伙伴发起专利诉讼时，应积极应对，妥善处理。要组建专家团队，包括技术专家、财务专家和律师团队。充分了解自己的产品，进一步论证产品是否侵权。若确实存在侵权，一方面需要进一步谈判，主张非故意侵权，寻求和解与专利许可，将损失降到最低；另一方面可以认真研究侵权专利是否有效，可以从新颖性、创造性、充分公开、可专利性等角度对专利发起无效挑战。如果专利无效挑战成功，相关产品则不存在侵权。如果胜诉，企业可以要求对方承担律师和证人费用，将专利诉讼的相关损失降到最低。此外，企业还可以深入研究联盟伙伴的技术弱势和产品缺陷，发起反诉，尤其是联盟伙伴在公开上市、新产品发布等关键时间节点将对方告上法庭，以获得诉讼的最大利益。

7.8　本 章 小 结

本章结合之前的研究，提出了高科技企业专利池技术竞合的管理建议。高科技企业应主动融入高科技企业专利池，加强对联盟伙伴的学习与防范，通过利用式创新保护探索式创新，通过探索式合作补充专利池合作，不断提高其在专利池中的地位，选择技术互补型联盟伙伴，妥善应对联盟伙伴专利诉讼。

第 8 章 结论与展望

8.1 研 究 结 论

高科技企业技术创新具有高成本、高风险的特点，企业一般很难胜任独立开发的使命，通过专利池技术合作获取外部创新资源非常必要。本书基于合作竞争理论、资源基础理论、组织学习理论以及社会网络分析法，采用国际知名专利池管理机构 MPEG LA 专利池数据实证检验了高科技企业专利池技术合作如何影响技术竞争。在合作竞争研究中，在竞合动态中，尽管竞争与合作方面同等重要，但以前的研究更加强调合作，而对竞争者合作之后的竞争的关注较少。本书分析了池内成员在专利池中的两种主要技术合作关系——关系强度与关系持久度，论述了专利池技术合作影响技术竞争的理论模型，分别是直接效应、中介效应和调节效应理论模型。将 76 个专利池内成员两两配对，收集 2006～2018 年专利池成员两两之间的专利池关系强度、专利池关系持久度、专利诉讼、探索式合作、联盟学习、网络位置、技术相似性等关系网络数据，形成 5 700 组联盟配对、74 100 个样本观测值，进行专利池技术合作竞争关系的可视化描述；运用计量模型实证检验了高科技企业专利池技术合作对技术竞争的直接影响，核心企业双元创新和联盟学习的中介效应，以及探索式合作、网络中心位置和技术相似性的调节效应。主要研究结论包括四个方面。

一是专利池技术合作并不能自然减少或避免联盟伙伴之间的技术竞争，反而可能导致技术竞争更加激烈，如图 8-1 所示。首先，合作关系强度越大，专利交叉许可等协议导致联盟伙伴之间的技术逐渐趋同，产品市场重叠度增加。其次，合作关系强度越大，共同利益会越大，高科技企业为了获得更大的私人利益，促进学习竞赛，可能导致核心技术泄露与侵权。再次，强关系可能导致企业技术的缺陷或弱点被联盟伙伴掌握并进行精准攻击，如开发或改进产品技术，甚至发起专利无效诉讼。最后，强关系会提高企业机会主义行为倾向，导致联盟伙伴冲突甚至专利侵权纠纷。

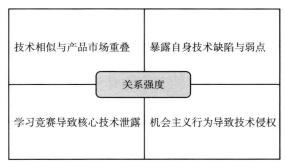

图 8 - 1　专利池合作关系强度正向影响技术竞争强度

　　二是专利池关系持久度与技术竞争强度并非线性关系，而是倒"U"形关系。高科技企业开始开展专利池技术合作时，会经历磨合期与稳定期。随着专利池技术合作的持续，焦点成员遭受联盟伙伴技术进攻的强度先增加再下降。在专利池合作开始时，双方进入磨合期。高科技企业可能会对联盟期待过高或不切实际，难免存在合作冲突。同时，合作双方信息不对称、信任不足和沟通机制不完善，容易导致机会主义行为，可能引发知识产权纠纷。随着专利池合作时间的持续，联盟伙伴之间技术和产品逐渐重叠与趋同，同质化竞争激烈。此外，基于专利池的技术标准逐渐得到推广，行业影响力得到显著加强，池内成员共同"合法"垄断技术市场，共同利益大大增加。为了从专利池公共利益中获得更多私人利益，池内成员开始开展学习竞赛和专利竞赛。当专利池技术合作时间达到 9.5 年左右时，焦点成员遭受联盟伙伴技术进攻强度达到最大值。度过磨合期后，联盟伙伴进入稳定期。此时，联盟双方会调整对合作伙伴的期望，逐渐适应其行为模式，并且根据前期合作情况，逐步完善沟通机制、合作机制、信任机制和利益分配机制，探索出适合双方互利共赢的合作相处模式，逐步消除机会主义行为。同时，关系资本提升知识共享和信息传递效率，企业技术缺陷与弱点更容易被联盟伙伴所熟悉，任何一方的技术进攻都可能遭到报复。此时不错的选择是互不侵犯与相互"容忍"，双方技术竞争张力得到缓解。

三是探索了焦点成员双元创新和联盟学习的中介作用，检验了专利池技术合作通过探索式创新、利用式创新和联盟学习三条路径对焦点成员遭受联盟伙伴技术进攻的影响。实证研究结果表明：（1）联盟学习能力越强，探索式创新绩效越高，焦点成员遭受联盟伙伴技术进攻的强度越高，而利用式创新绩效越高，焦点成员遭受联盟伙伴技术进攻的强度越低。（2）探索式创新对专利池关系强度与联盟伙伴技术竞争的正向关系具有遮掩效应。专利池弱关系通过促进探索式创新绩效提高，推动池内成员遭受联盟伙伴技术进攻强度提升，探索式创新具有遮掩效应。（3）探索式创新对专利池关系持久度与联盟伙伴技术竞争强度的倒"U"形关系具有中介效应。专利池关系持久度与焦点成员创新绩效呈倒"U"形关系。而探索式创新绩效越高，池内成员遭受联盟伙伴的技术进攻强度越大。可见，专利池关系持久度通过倒"U"形曲线效应影响焦点成员探索式创新绩效，进而通过倒"U"形曲线效应影响焦点成员遭受联盟伙伴的技术进攻强度。（4）专利池关系强度通过联盟学习影响联盟伙伴技术竞争。专利池强关系通过促进联盟学习，推动焦点成员遭受联盟伙伴技术进攻的强度提升。（5）专利池关系持久度通过联盟学习进而影响联盟伙伴技术竞争。专利池关系持久度通过倒"U"形曲线效应影响焦点成员联盟学习绩效，进而影响焦点成员遭受联盟伙伴的技术进攻强度。

四是焦点成员处于不同的网络位置以及专利池成员之间探索式合作水平、技术相似性程度不同时，专利池技术合作对焦点成员遭受联盟伙伴技术进攻的强度具有权变的影响。研究结果表明：（1）探索式合作削弱了专利池关系强度与技术竞争的正向关系，即探索式合作水平越高，遭受联盟伙伴技术进攻的强度越低。参与高科技企业专利池的成员应该熟悉通过增加与合作伙伴的探索式合作，可以降低来自合作伙伴的技术竞争。（2）网络中心位置削弱了专利池关系强度与技术竞争的正向关系。相对于外围企业，处于网络中心位置的企业讨价还价能力更强，对外围企业的依赖程度较低，机会主义行为能力较高，因而遭受联盟伙伴技术攻击的强度较低。（3）技术相似性强化了专利池关系强度与技术竞争的正向关系。一方面，具有技术相似性的企业更容易理解彼此的知识结构，从而使学习效率更高。另一方面，技术相似性会增加联盟双方私人利益和共同利益之间的紧张关系，加剧学习竞赛。此外，技术相似性增加了可替代风险（Wassmer and Dussauge，2012）。因此，技术相似性越高，遭受联盟伙伴技术进攻的强度越高。（4）技术相似性强化了专利池关系持久度与技术竞争的倒"U"形关系，即技术相似性越高，倒"U"形曲线越陡峭。联盟伙伴进入专利池合作磨合期之前，技术相似性越大，则在技术、产品、客户等重叠度越高，技术竞争越激烈。专利池合作磨合期过后，技术相似性较高的合作伙伴知识背景的相似性也较高，从而促进了沟通和基于能力的信任的形成。而且技术进攻等行为很容易被联盟伙伴识别，企业更愿意采取合作而非竞争为导向的行动，以避免被对方报复，因此技术竞争下降得更快。

8.2 研究不足与展望

尽管本书在理论和实践上作出了一定贡献，但仍存在以下不足之处，为未来研究提供了进一步研究的方向。

第一，本书收集了专利池技术合作后与技术竞争有关的数据，而没有在专利池技术合作之前将这些数据纳入其中。这是因为合作之前的竞争和合作之后的竞争是不同的，且本书研究的兴趣集中在合作之后的竞争行为。本书的主要目的是研究池内成员如何基于专利池技术合作进行技术竞争，而不是研究在没有专利池技术合作时如何开展技术竞争。

第二，本书探讨了基于合作的竞争，但是竞争可能会反弹，从而影响竞争者之间的合作。反复互动是竞争策略的重要方面（Gulati，1995）。随着时间流逝，竞争与合作之间的进化相互作用是什么？我国有句老话："分久必合，合久必分"，这反映了一系列竞争与合作之间的相互作用（Chen，2008）。正如彭安和博尔内（Peng and Bourne，2009）所论述的，总存在一个新的平衡点，即竞合至少在一段时间内会起作用，直到动力再次被破坏为止。随着竞合动态的发展，竞合会导致诸如共存、合并、纯竞争或纯合作等其他类型的关系吗？未来的研究应该研究改变平衡相互作用的力量以及竞争与合作的进化结果。

第三，高科技企业专利池成员技术竞争行为可能会因行业而异。本书只研究了发达国家信息技术产业。尽管 MPEG LA 是国际知名的专利池管理机构，其管理的专利池属于发达国家高技术产业专利池，只涉及信息技术产业中的音视频技术。发展中国家与欧洲等发达国家的高技术产业专利池可能得到不同的研究结论，后续研究可开展不同发达国家或者发展中国家与发达国家高技术产业专利池的比较分析，以及信息技术、新能源汽车、生物医药等多个高技术产业专利池的比较分析。

第四，池内成员加入的专利池可能被遗漏。鉴于数据采集的可行性，本书只研究了 MPEG LA 管理的 12 个专利池内成员专利池技术合作对技术竞争的影响，但这些池内成员也可能共同加入其他专利池，可能对结论产生影响。后续研究可将样本扩充至 Via Licensing、DVD 6C 等机构管理的专利池及其成员，以增加研究结论的解释力度。

第五，本书仅用被联盟成员发起专利诉讼的专利数测度技术竞争强度。鉴于数据采集的可行性，本书采用涉及诉讼的专利数来测度焦点成员遭受联盟伙伴技术进攻的强度，如果用新产品开发竞争、遭受联盟伙伴索赔金额、法院判决赔偿金额、联盟双方诉讼持续时间、遭受联盟伙伴专利诉讼的次数等测度该变量，研究结论是否一致？这些都需要进一步证实。

第六，本书显示了高科技专利池成员如何基于合作进行竞争，进一步的问题"什么时候池内成员才能有更好的竞争环境"值得深入研究。外在因素和内在因素可能会影响池内成员之间的竞争方式。实证分析的样本期间，全球音视频市场正在增长。如果市场收缩，结果可能会有所不同，从而给专利池成员带来不同的压力。随着时间流逝，当市场达到饱和时，市场重叠可能会迫使两个专利池成员正面竞争。与市场仍然充满机遇的情况相比，这可能会完全改变他们的竞争方式。

此外，本书的相关结论在现实中的应用需要十分谨慎。本书在分析高科技企业专利池技术合作影响技术竞争的过程中进行了大量的抽象和简化。事实上，在现实中存在非常多的因素会对高科技企业专利池成员技术竞争产生影响，因此，相关研究结论在现实中的应用须十分谨慎。

附　　录

附表 A1　　MPEG LA 各专利池所含专利权人情况（截至 2024 年 3 月 1 日）

专利池名称及单位数	序号	专利权人名称
DASH （12 家）	1	Amotech Co. ，Ltd.
	2	AVerMedia Technologies，Inc.
	3	CableTelevision Laboratories，Inc.
	4	Fraunhofer – Gesellschaft zur Foerderung der angewandten Forschung e. V.
	5	Helios Streaming，LLC
	6	JVC KENWOOD Corporation
	7	Maxell，Ltd.
	8	Nippon Telegraph and Telephone Corporation
	9	Siemens AG
	10	SK Planet Co. ，Ltd.
	11	The Netherlands Organisation for Applied Scientific Research – TNO
	12	The Trustees of Columbia University in the City of New York
Display Port （5 家）	1	General Video，LLC
	2	Koninklijke Philips N. V.
	3	Maxell，Ltd.
	4	Rambus Inc.
	5	Sony Group Corporation
EVS （6 家）	1	Fraunhofer – Gesellschaft zur Foerderung der angewandten Forschung e. V.
	2	JVC KENWOOD Corporation
	3	Nippon Telegraph and Telephone Corporation
	4	NTT DOCOMO，INC.
	5	Panasonic Corporation
	6	Telefonaktiebolaget LM Ericsson

专利池名称及单位数	序号	专利权人名称
MVC （19家）	1	Dolby International AB
	2	Dolby Laboratories Licensing Corporation
	3	Electronics and Telecommunications Research Institute
	4	Fraunhofer – Gesellschaft zur Foerderung der angewandten Forschung e. V.
	5	Fujitsu Limited
	6	GE Video Compression, LLC
	7	HP Inc.
	8	Koninklijke KPN N. V.
	9	LG Electronics Inc.
	10	Maxell, Ltd.
	11	Mitsubishi Electric Corporation
	12	Nippon Telegraph and Telephone Corporation
	13	NTT DOCOMO, Inc.
	14	Panasonic Corporation
	15	Siemens Corp.
	16	Sony Group Corporation
	17	Tagivan Ⅱ LLC
	18	The Trustees of Columbia University in the City of New York
	19	Thomson Licensing
MPEG – 2 （28家）	1	Alcatel Lucent
	2	ARRIS Technology, Inc.
	3	British Telecommunications plc
	4	Canon Inc.
	5	CIF Licensing, LLC
	6	Cisco Technology, Inc.
	7	Fujitsu Limited
	8	GE Technology Development, Inc.
	9	General Video, LLC

专利池名称及单位数	序号	专利权人名称
MPEG－2 （28家）	10	Hewlett Packard Enterprise Company
	11	Hitachi，Ltd.
	12	JVC KENWOOD Corporation
	13	KDDI Corporation
	14	Koninklijke Philips N. V.
	15	LG Electronics Inc.
	16	Mitsubishi Electric Corporation
	17	Multimedia Patent Trust
	18	Nippon Telegraph and Telephone Corporation
	19	Orange SA
	20	Panasonic Corporation
	21	Robert Bosch GmbH
	22	Samsung Electronics Co.，Ltd.
	23	SANYO Electric Co.，Ltd.
	24	Sharp Corporation
	25	Sony Group Corporation
	26	The Trustees of Columbia University in the City of New York
	27	Thomson Licensing
	28	Toshiba Corporation
MPEG－2 Systems （12家）	1	Alcatel Lucent
	2	Cisco Technology，Inc.
	3	GE Technology Development，Inc.
	4	General Video，LLC
	5	Hewlett Packard Enterprise Company
	6	Hitachi，Ltd.
	7	JVC KENWOOD Corporation
	8	Koninklijke Philips N. V.
	9	Mitsubishi Electric Corporation
	10	Samsung Electronics Co.，Ltd.
	11	Sony Group Corporation
	12	Thomson Licensing

续表

专利池名称及单位数	序号	专利权人名称
MPEG-4 Visual（32家）	1	British Telecommunications plc
	2	CableTelevision Laboratories, Inc.
	3	Calmare Therapeutics Incorporated
	4	Canon Inc.
	5	CIF Licensing, LLC
	6	Dolby International AB
	7	Dolby Laboratories Licensing Corporation
	8	Fujitsu Limited
	9	GE Technology Development, Inc.
	10	Google Inc.
	11	Hitachi, Ltd.
	12	JVC KENWOOD Corporation
	13	KDDI Corporation
	14	Koninklijke Philips N. V.
	15	LG Electronics Inc.
	16	Microsoft Corporation
	17	Mitsubishi Electric Corporation
	18	Nippon Telegraph and Telephone Corporation
	19	Oki Electric Industry Co. , Ltd.
	20	Orange SA
	21	Panasonic Corporation
	22	Pantech Inc.
	23	Robert Bosch GmbH
	24	Samsung Electronics Co. , Ltd.
	25	SANYO Electric Co. , Ltd.
	26	Sharp Corporation
	27	Siemens AG
	28	Sony Corporation

续表

专利池名称及单位数	序号	专利权人名称
MPEG – 4 Visual（32 家）	29	Sun Patent Trust
	30	Telenor ASA
	31	Toshiba Corporation
	32	ZTE Corporation
1394（11 家）	1	Apple Inc.
	2	Canon Inc.
	3	Compaq Computer Corporation（2002 年被惠普收购）
	4	Hitachi，Ltd.
	5	Koninklijke Philips N. V.
	6	LG Electronics Inc.
	7	Panasonic Corporation
	8	Samsung Electronics Co.，Ltd.
	9	Sony Corporation
	10	STMicroelectronics International N. V.
	11	Toshiba Corporation
AVC（44 家）	1	Apple Inc.
	2	B1 Institute of Image Technology，Inc.
	3	Beijing Xiaomi Mobile Software Co.，Ltd.
	4	CableTelevision Laboratories，Inc.
	5	Cisco Systems Canada Co.
	6	Cisco Technology，Inc.
	7	Dolby International AB
	8	Dolby Laboratories Licensing Corporation
	9	Electronics and Telecommunications Research Institute
	10	Fraunhofer – Gesellschaft zur Foerderung der angewandten Forschung e. V.
	11	Fujitsu Limited
	12	GE Video Compression，LLC
	13	Godo Kaisha IP Bridge1

专利池名称及单位数	序号	专利权人名称
AVC （44家）	14	Google Inc.
	15	HP Inc.
	16	JVC KENWOOD Corporation
	17	Koninklijke Philips N. V.
	18	Korea Advanced Institute of Science and Technology（KAIST）
	19	LG Electronics Inc.
	20	Avago Technologies International Sales（formerly LSI Corporation）
	21	Maxell，Ltd.
	22	Microsoft Corporation
	23	Mitsubishi Electric Corporation
	24	NEC Corporation
	25	NEWRACOM，Inc.
	26	Nippon Telegraph and Telephone Corporation
	27	NTT DOCOMO，Inc.
	28	Orange SA
	29	Panasonic Corporation
	30	Polycom，Inc.
	31	Robert Bosch GmbH
	32	Samsung Electronics Co.，Ltd.
	33	Sharp Corporation
	34	Siemens AG
	35	Sony Corporation
	36	Tagivan II LLC
	37	Telefonaktiebolaget LM Ericsson
	38	The Trustees of Columbia University in the City of New York
	39	Toshiba Corporation
	40	Vestel Elektronik Sanayi ve Ticaret A. S.
	41	Vidyo Inc.
	42	Zhigu Holdings Limited
	43	XYLENE HOLDING S. A.
	44	ZTE Corporation

续表

专利池名称及单位数	序号	专利权人名称
VC-1 （22家）	1	AT&T Intellectual Property II，L. P.
	2	Dolby International AB
	3	Dolby Laboratories Licensing Corporation
	4	Fujitsu Limited
	5	Hitachi，Ltd.
	6	JVC KENWOOD Corporation
	7	Koninklijke Philips N. V.
	8	LG Electronics Inc.
	9	Microsoft Corporation
	10	Mitsubishi Electric Corporation
	11	Nippon Telegraph and Telephone Corporation
	12	Orange SA
	13	Panasonic Corporation
	14	Pantech Inc.
	15	Samsung Electronics Co.，Ltd.
	16	Sharp Corporation
	17	Siemens AG
	18	Sony Corporation
	19	Sun Patent Trust
	20	Telenor ASA
	21	Toshiba Corporation
	22	ZTE Corporation
ATSC （10家）	1	Cisco Technology，Inc.
	2	JVC KENWOOD Corporation
	3	Koninklijke Philips N. V.
	4	LG Electronics Inc.
	5	Mitsubishi Electric Corporation
	6	Panasonic Corporation

续表

专利池名称及单位数	序号	专利权人名称
ATSC （10 家）	7	Samsung Electronics Co. , Ltd.
	8	The Trustees of Columbia University in the City of New York
	9	Vientos Alisios Co. , Ltd.
	10	Zenith Electronics LLC
HEVC （48 家）	1	Alpha Digitech，Inc.
	2	Apple Inc.
	3	B1 Institute of Image Technology，Inc.
	4	Beijing Xiaomi Mobile Software Co. ，Ltd.
	5	British Broadcasting Corporation
	6	Canon Inc.
	7	CommScope/ARRIS Enterprises，LLC
	8	Digital Insights Inc.
	9	Electronics and Telecommunications Research Institute
	10	Fujitsu Limited
	11	Funai Electric Co. ，Ltd.
	12	GENSQUARE LLC
	13	HangzhouBoyun Technology Co. ，Ltd
	14	Hangzhou Hikvision Digital Technology Co. ，Ltd.
	15	HUMAX Co. ，Ltd.
	16	IBEX PT Holdings
	17	IDEAHUB，Inc.
	18	Industry – Academy Cooperation Foundation of Sejong University
	19	Infobridge Pte. Ltd.
	20	Intellectual Discovery Co. ，Ltd.
	21	JVC KENWOOD Corporation
	22	Korea Advanced Institute of Science and Technology （KAIST）
	23	Korea Electronics Technology Institute （KETI）
	24	Korean Broadcasting System （KBS）

续表

专利池名称及单位数	序号	专利权人名称
HEVC （48家）	25	KPIC Ltd.
	26	KT Corp.
	27	Kwangwoon University Industry – Academic Collaboration Foundation
	28	M&K Holdings Inc.
	29	Massachusetts Institute of Technology （MIT）
	30	Maxell，Ltd.
	31	NEC Corporation
	32	NEWRACOM，Inc.
	33	NipponHoso Kyokai
	34	Nippon Telegraph and Telephone Corporation
	35	NTT DOCOMO，Inc.
	36	Orange SA
	37	REEF LLC
	38	Samsung Electronics Co.，Ltd.
	39	Siemens Corp.
	40	SK Planet Co.，Ltd.
	41	SK Telecom Co.，Ltd.
	42	Sky Media Tech，Inc.
	43	SungKyunKwan University Research & Business Foundation
	44	Tagivan Ⅱ LLC
	45	The Trustees of Columbia University in the City of New York
	46	University – Industry Cooperation Foundation of Korea Aerospace University
	47	University – Industry Cooperation Group of KyungHee University
	48	Vidyo，Inc.

注：DASH、EVS、MVC、1394 专利池情况截至 2020 年 12 月 31 日。

资料来源：VIA LA 公司官网（https：//www.via-la.com/）。

附表 A2　　　MPEG LA 专利池包含的专利权人总体情况

序号	专利权人名称	授权专利数（项）
1	Alcatel Lucent	59 431
2	Alpha Digitech，Inc.	0
3	Amotech Co.，Ltd.	1 418
4	ARRIS Technology，Inc.	327
5	AT&T Intellectual Property Ⅱ，L. P.	3 996
6	AVerMedia Technologies，Inc.	959
7	British Broadcasting Corporation	2 931
8	British Telecommunications plc	4 523
9	CableTelevision Laboratories，Inc.	0
10	Calmare Therapeutics Incorporated	2
11	CIF Licensing，LLC	44
12	Cisco Systems Canada Co.	38
13	Collaboration Foundation and University – Industry Cooperation Group of Kyung Hee University	121
14	Compaq Computer Corporation	3 996
15	Digital Insights Inc.	0
16	Dolby International AB	4 769
17	GE Video Compression，LLC	846
18	Hangzhou Hikvision Digital Technology Co.，Ltd.	861
19	University – Industry Cooperation Foundation of Korea Aerospace University	73
20	Vidyo，Inc.	548
21	Hewlett Packard Enterprise Company	914
22	Apple Inc.	87 483
23	Canon Inc.	290 943
24	Cisco Technology，Inc.	39 390
25	Fujitsu Limited	160 650

续表

序号	专利权人名称	授权专利数 （项）
26	Dolby Laboratories Licensing Corporation	9 171
27	Electronics and Telecommunications Research Institute	88 885
28	Fraunhofer – Gesellschaft zur Foerderung der angewandten Forschung e. V.	32 789
29	Funai Electric Co. , Ltd.	24 198
30	GE Technology Development, Inc.	60
31	General Instrument	12 336
32	Godo Kaisha IP Bridge 1	3 040
33	Google Inc.	52 506
34	Hee University	8 553
35	Hitachi, Ltd.	791 542
36	HUMAX Co. , Ltd.	1 601
37	IBEX PT Holdings	113
38	Industry – Academy Cooperation Foundation of Sejong University	1 861
39	Infobridge Pte. Ltd.	753
40	HP Inc.	658
41	Intellectual Discovery Co. , Ltd.	3 304
42	JVC KENWOOD Corporation	5 499
43	KDDI Corporation	1 524
44	Koninklijke KPN N. V.	4 602
45	Koninklijke Philips N. V.	231 212
46	Korea Advanced Institute of Science and Technology（KAIST）	29 771
47	Korean Broadcasting System（KBS）	664
48	KPIC Ltd.	0
49	KT Corp.	3 504
50	Kwangwoon University Industry – Academic	1 893
51	Kwangwoon University Industry – Academic Collaboration Foundation	1 888
52	Lattice Semiconductor Corporation	2 332

续表

序号	专利权人名称	授权专利数 （项）
53	LG Electronics Inc.	410 913
54	LSI Corporation	14 176
55	M&K Holdings Inc.	662
56	Maxell, Ltd.	23 471
57	Microsoft Corporation	125 948
58	Mitsubishi Electric Corporation	91 204
59	Multimedia Patent Trust	6
60	NEC Corporation	146 734
61	NEWRACOM, Inc.	378
62	Nippon Hoso Kyokai	10 779
63	Nippon Telegraph and Telephone Corporation	16 650
64	NTT DOCOMO, Inc.	48 738
65	Oki Electric Industry Co., Ltd.	15 675
66	Orange SA	524
67	Panasonic Corporation	140 058
68	Pantech Inc.	12 342
69	Polycom, Inc.	1 707
70	Rambus Inc.	5 761
71	Robert Bosch GmbH	386 596
72	Samsung Electronics Co., Ltd.	770 579
73	SANYO Electric Co., Ltd.	149 396
74	Sharp Corporation	333 176
75	Siemens AG	254 588
76	Siemens Corp.	6 496
77	SK Planet Co., Ltd.	6 820
78	SK Telecom Co., Ltd.	21 200
79	Sony Corporation	249 298

序号	专利权人名称	授权专利数（项）
80	STMicroelectronics International N. V.	1 562
81	Sun Patent Trust	3 900
82	SungKyunKwan University Research & Business Foundation	8 556
83	Tagivan II LLC	183
84	Telefonaktiebolaget LM Ericsson	101 513
85	Telenor ASA	532
86	The Netherlands Organisation for Applied Scientific Research － TNO	8
87	Nederlandse Organisatie Voor Toegepast － Natuurwetenschappelijk Onderzoek Tno	9 484
88	The Trustees of Columbia University in the City of New York	10 954
89	Thomson Licensing	71 376
90	Toshiba Corporation	60 747
91	University － Industry Cooperation Group of Kyung Hee University	6 952
92	Vientos Alisios Co. , Ltd.	1
93	Zenith Electronics LLC	241
94	Zhigu Holdings Limited	1 246
95	ZTE Corporation	107 694

资料来源：智慧芽数据库（检索时间：2019 年 12 月）。

参 考 文 献

[1] 曹勇，杜蔓．专利池中专利诉讼的发生路径及其启示研究［J］．情报杂志，2018，37（4）：69－73，92．

[2] 陈慧慧．网络企业技术竞争的特征分析［J］．经济纵横，2015，361（12）：49－52．

[3] 陈欣．国外企业利用专利联盟运作技术标准的实践及其启示［J］．科研管理，2007，28（4）：23－29．

[4] 戴海闻．标准联盟社会关系对主导设计形成的影响研究［D］．长沙：湖南大学，2018．

[5] 杜晓君，罗猷韬，谢玉婷．专利联盟创新效应实证分析——以MPEG－2、TD－SCDMA和闪联为例［J］．研究与发展管理，2014，26（1）：78－88．

[6] 杜晓君，马大明，张吉．基于进化博弈的专利联盟形成研究［J］．管理科学，2010，23（2）：38－44．

[7] 杜晓君，梅开．纵向结构专利联盟的创新激励作用分析［J］．科研管理，2010，31（1）：64－68．

[8] 杜晓君．专利池：高新技术产业发展和竞争的主导范式［J］．经济理论与经济管理，2007（10）：32．

[9] 杜肖海．专利池对技术扩散效果的影响分析及实证研究［D］．北京邮电大学，2014．

[10] 冯文娜，杨蕙馨．合作性竞争行为与合作性竞争绩效的关系：联盟结构的中介效应分析［J］．中国工业经济，2011（12）：78－88．

[11] 高茜滢，吴慈生，王琦．基于合作竞争与协同创新的创新联合

体研究 ［J］. 中国软科学，2022（11）：155 – 164.

［12］辜胜阻，曹冬梅，杨嵋. 构建粤港澳大湾区创新生态系统的战略思考 ［J］. 中国软科学，2018（4）：1 – 9.

［13］侯吉刚，刘益，杨倩. 基于竞合的产业集群技术创新研究 ［J］. 现代管理科学，2009（4）：53 – 55.

［14］胡坚，李向东. 纵向一体化专利联盟促进产业结构调整的进化研究 ［J］. 科学学研究，2011，29（5）：716 – 721.

［15］黄颖. 企业专利诉讼战略研究 ［D］. 武汉：华中科技大学，2011.

［16］赖流滨，张运生. 高技术企业专利池中什么特征的专利更容易引起诉讼？——基于 MPEGLA 的实证研究 ［J］. 情报杂志，2019，38（7）：71 – 77.

［17］赖流滨，张运生. 专利池成员技术竞合对成员创新绩效的影响 ［J］. 科技进步与对策，2022，39（12）：20 – 30.

［18］赖流滨，张运生. 专利特征对加入专利池的影响——基于 MPEG LA 的实证研究 ［J］. 科技进步与对策，2021，38（17）：26 – 33.

［19］李东红，乌日汗，陈东. “竞合” 如何影响创新绩效：中国制造业企业选择本土竞合与境外竞合的追踪研究 ［J］. 管理世界，2020，36（2）：161 – 181，225.

［20］李薇. 技术标准联盟的本质：基于对 R&D 联盟和专利联盟的辨析 ［J］. 科研管理，2014，35（10）：49 – 56.

［21］李晓桃，袁晓东. 揭开专利侵权赔偿低的黑箱：激励创新视角 ［J］. 科研管理，2019，40（2）：65 – 75.

［22］李玉剑，宣国良. 专利联盟：战略联盟研究的新领域 ［J］. 中国工业经济，2004（2）：48 – 54.

［23］李支东，金辉. 企业产品创新与网络嵌入——组织学习的中介作用 ［J］. 管理评论，2016，28（1）：62 – 72.

［24］刘凤朝，邬德林，马荣康. 专利技术许可对企业创新产出的影响研究——三种邻近性的调节作用 ［J］. 科研管理，2015，36（4）：91 – 100.

［25］刘介明，游训策，柳建容．基于生命周期理论的专利联盟运作机理研究［J］．科学学与科学技术管理，2010，31（4）：56－60.

［26］刘科文．基于商业生态系统的软件产业虚拟集群合作竞争机制研究［D］．哈尔滨：哈尔滨工程大学，2016.

［27］刘立春．基于药品专利诉讼战略的技术创新研究［D］．武汉：华中科技大学，2015.

［28］刘立春，漆苏．专利特征对药品专利法律质量评估的实证研究［J］．科研管理，2015，36（6）：119－127.

［29］刘林青，谭力文，赵浩兴．专利丛林、专利组合和专利联盟——从专利战略到专利群战略［J］．研究与发展管理，2006，18（4）：83－89.

［30］吕途，林欢，陈昊研．动态能力对企业新产品开发绩效的影响——双元创新的中介作用［J］．中国科技论坛，2020（8）：67－75，87.

［31］栾春娟，刘则渊，侯海燕．发明合作者网络中心性对科研绩效的影响［J］．科学学研究，2008，26（5）：938－941.

［32］马迎贤．组织间关系：资源依赖视角的研究综述．管理评论，2005，17（2）：55－62，64.

［33］迈克尔·波特．竞争论［M］．北京：中信出版社，2003.

［34］欧阳新年，周景勤．企业技术竞争与创新激励机制［M］．北京：国际文化出版公司，2001.

［35］彭光映，曾繁华．技术创新竞争力的新内涵及其借鉴与启示——基于发达经济体跨国公司全球技术竞争新视角的分析［J］．科技进步与对策，2008，25（2）：27－29.

［36］彭伟，符正平．联盟网络对企业创新绩效的影响——基于珠三角企业的实证研究［J］．科学学与科学技术管理，2012，33（3）：108－115.

［37］彭珍珍，顾颖，张洁．动态环境下联盟竞合、治理机制与创新绩效的关系研究［J］．管理世界，2020，36（3）：205－220，235.

［38］任声策，陆铭，尤建新．专利联盟与创新之关系的实证分析——以 DVD 6C 和日立公司为例［J］．研究与发展管理，2010，22（2）：48－55.

[39] 任声策. 专利联盟中企业的专利战略 [M]. 上海：上海三联书店，2007.

[40] 苏中锋. 合作研发的控制机制与机会主义行为 [J]. 科学学研究，2019，37（1）：114 – 122，166.

[41] 万幼清，王云云. 产业集群协同创新的企业竞合关系研究 [J]. 管理世界，2014（8）：175 – 176.

[42] 王侃，唐赛君. 战略学习能力对竞争优势的影响———双元创新的中介作用与环境动态性的调节效应 [J]. 科技进步与对策，2021，38（19）：83 – 90.

[43] 王震. 基因专利与专利池 [J]. 研究与发展管理，2007（4）：94 – 100.

[44] 温忠麟，叶宝娟. 中介效应分析：方法和模型发展 [J]. 心理科学进展，2014，22（5）：731 – 745.

[45] 文家春，乔永忠，朱雪忠. 专利侵权诉讼攻防策略研究 [J]. 科学学与科学技术管理，2008，29（7）：54 – 58.

[46] 文守逊，幸昆仑. 网络外部性下企业技术竞争研究 [J]. 工业工程，2009，12（5）：30 – 33，42.

[47] 吴菲菲，米兰，黄鲁成. 基于技术标准的企业多主体竞合关系研究 [J]. 科学学研究，2019，37（6）：1043 – 1052.

[48] 吴建祖，肖书锋. 研发投入跳跃对企业绩效影响的实证研究———双元性创新注意力的中介作用 [J]. 科学学研究，2015，33（10）：1538 – 1546.

[49] 徐露允，曾德明，张运生. 知识网络密度与双元创新绩效关系研究———基于知识基础多元度的调节效应 [J]. 研究与发展管理，2018，30（1）：78 – 86.

[50] 徐明华，陈锦其. 专利联盟理论及其对我国企业专利战略的启示 [J]. 科研管理，2009，30（4）：162 – 167，183.

[51] 杨蕙馨，冯文娜. 合作性竞争对市场结构的影响：基于全球汽车产业的经验研究 [J]. 中国工业经济，2010（6）：128 – 138.

［52］杨震宁，赵红，刘昕颖．技术战略联盟的驱动力、合作优化与联盟稳定［J］.科学学研究，2018，36（4）：691－700.

［53］杨震宁，赵红．中国企业的开放式创新：制度环境、"竞合"关系与创新绩效［J］.管理世界，2020，36（2）：139－160，224.

［54］杨卓尔，高山行，曾楠．战略柔性对探索性创新与应用性创新的影响——环境不确定性的调节作用［J］.科研管理，2016，37（1）：1－10.

［55］姚远，宋伟．技术标准的网络效应与专利联盟［J］.科学学与科学技术管理，2011，32（2）：29－35.

［56］姚远，宋伟．专利标准化趋势下的专利联盟形成模式比较——DVD模式与MPEG模式［J］.科学学研究，2010，28（11）：1683－1690.

［57］尹志锋．专利诉讼经历与企业技术创新战略［J］.世界经济，2018，41（10）：172－194.

［58］应瑛，刘洋，魏江．开放式创新网络中的价值独占机制：打开"开放性"和"与狼共舞"悖论［J］.管理世界，2018，34（2）：144－160.

［59］岳贤平，顾海英．国外企业专利许可行为及其机理研究［J］.中国软科学，2005（5）：89－94.

［60］曾德明，陈培祯．企业知识基础、认知距离对二元式创新绩效的影响［J］.管理学报，2017，14（8）：1182－1189.

［61］曾德明，邹思明，张运生．网络位置、技术多元化与企业在技术标准制定中的影响力研究［J］.管理学报，2015，12（2）：198－206.

［62］詹映，朱雪忠．标准和专利战的主角——专利池解析［J］.研究与发展管理，2007，19（1）：92－99.

［63］张慧，王核成，俞抒彤．网络位势对集群企业创新绩效的影响：组织学习的中介作用［J］.科技进步与对策，2015，32（15）：81－85.

［64］张杰，李晨颖，翟东升．LED企业专利诉讼关系网络分析［J］.情报杂志，2013（8）：87－91.

［65］张利飞，王杰．企业技术多元化及网络位置对专利池形成的影响［J］.科学学研究，2017，35（11）：102－108，151.

［66］张米尔，胡素雅，国伟．低质量专利的识别方法及应用研究［J］．科研管理，2013，34（3）：122－127．

［67］张米尔，张美珍，冯永琴．技术标准背景下的专利池演进及专利申请行为［J］．科研管理，2012，33（7）：67－73．

［68］张娜，刘凤朝．双层次合作网络构建对企业探索性创新绩效的影响［J］．管理工程学报，2021，35（1）：1－11．

［69］张胜，黄欢，李方．产品架构视角下专利池治理机制——GSM与航空专利池案例研究［J］．科技进步与对策，2018，35（5）：96－105．

［70］张玉蓉，袁春生，余翔．金融商业方法专利诉讼行为之经验研究［J］．科研管理，2010，31（4）：119－126．

［71］张运生，陈瑟，林宇璐．高技术产业专利池技术扩散效应研究［J］．情报杂志，2020，39（1）：170，198－204．

［72］张运生，杜怡靖，陈瑟．专利池联盟合作对高技术企业技术创新的激励效应研究［J］．研究与发展管理，2019，31（6）：1－12．

［73］张运生，高维，张利飞．集成创新企业与零部件开发商合作创新类型与治理结构匹配机制研究［J］．中国科技论坛，2016（6）：49－54．

［74］张运生，赖流滨，戴海闻．专利池重复联盟能否减少合作伙伴间专利诉讼［J］．科技进步与对策，2020，37（1）：38－46．

［75］张运生，赖流滨．专利联盟对遭受联盟伙伴专利诉讼的影响机制［J］．科研管理，2022，43（9）：149－158．

［76］张运生，杨汇．专利池激励或遏制不同网络位置企业创新的差异化效应研究［J］．管理学报，2020，17（2）：243－250．

［77］周寄中．在国家创新系统中培育企业的技术竞争力和核心竞争力［A］．第233次香山科学会议论文集［C］．2004：5－18．

［78］周杰，张卫国，韩炜．国外关于企业间竞合关系研究的述评及展望［J］．研究与发展管理，2017，29（6）：144－158．

［79］周磊，马廷灿，杨威．专利消极引用视角下的企业技术竞争研究［J］．情报理论与实践，2014，37（4）：101－105．

［80］周磊，杨威．基于专利引用的企业技术竞争研究［J］．科学学与

科学技术管理，2014，35（3）：42-48.

［81］周青，陈畴镛.专利联盟提升企业自主创新能力的作用方式与政策建议［J］.科研管理，2012，33（1）：41-46.

［82］周青，邹凡，何铮.生命周期视角下产业技术创新战略联盟冲突影响因素演变研究［J］.科技进步与对策，2017，34（4）：66-71.

［83］周晓宏，郭文静.基于社会网络的隐性知识转移研究［J］.中国科技论坛，2008（12）：88-90，103.

［84］朱明洋，张玉利，曾国军.网络自主权、企业双元创新战略与商业模式创新关系研究：内部协调柔性的调节作用［J］.管理工程学报，2020，34（6）：66-78.

［85］朱雪忠，詹映，蒋逊明.技术标准下的专利池对我国自主创新的影响研究［J］.科研管理，2007，28（2）：180-186.

［86］朱振中，吴宗杰.专利联盟的竞争分析［J］.科学学研究，2007（1）：110-116.

［87］邹艳，杨乃定，韦铁，等.组织学习对企业合作创新知识转移的影响研究——协调机制的中介作用［J］.科学学与科学技术管理，2009，30（2）：96-100.

［88］Agarwal R., Ganco M., Ziedonis R. H. Reputations for toughness in patent enforcement：Implications for knowledge spillovers via inventor mobility ［J］. *Strategic Management Journal*，2009，30（13）：1349-1374.

［89］Ahuja G. Collaboration networks, structural holes, and innovation：A longitudinal study ［J］. *Administrative Science Quarterly*，2000，45：425-455.

［90］Aime F., Johnson S., RIDGE M, et al. The routine may be stable but the advantage is not：Competitive implications of key employee mobility ［J］. *Strategic Management Journal*，2010，31（1）：75-87.

［91］Andrevski G., Brass D. J., Ferrier W. J. Alliance portfolio configurations and competitive action frequency ［J］. *Journal of Management*，2016，42（4）：811-837.

［92］ Argyris C. , Schon D. A. *Organizational Learning*： *A Theory of Action Perspective* ［M］. Mass： Addison Wesley, 1978.

［93］ Arora A. , Gambardella A. Ideas for rent： an overview of markets for technology ［J］. *Industrial Corporate Change*, 2010, 19（3）： 775 – 803.

［94］ Arundel A. The relative effectiveness of patents and secrecy for appropriation ［J］. *Research Policy*, 2001, 30（4）： 611 – 624.

［95］ Baker W. E. , Faulkner R. R. The social organization of conspiracy： Illegal networks in the heavy electrical equipment industry ［J］. *American Sociological Review*, 1993, 58（6）： 837 – 860.

［96］ Barden J. Q. , Mitchell W. Disentangling the influences of leaders' relational embeddedness on interorganizational exchange ［J］. *Academy of Management Journal*, 2007, 50（6）, 1440 – 1461.

［97］ Barney J. B. Firm resources and sustained competitive advantage ［J］. *Advances in Strategic Management*, 1991, 17（1）： 99 – 120.

［98］ Baron J. , Delcamp H. Strategic inputs into patent pools ［C］.//EURAS Contributions to Standardisation Research. European Acad Standardisat. Univ Lausanne, Lausanne, Switzerland. 2010（2）： 1 – 19.

［99］ Barton D. L. Core capabilities and core rigidities： A paradox in managing new product development ［J］. *Strategic Management Journal*, 1992, 13（1）： 111 – 125.

［100］ Bavelas, Alex. Communication patterns in task-oriented groups ［J］. *The Journal of the Acoustical Society of America*, 1950, 22（6）： 725 – 730.

［101］ Beckerman-rodau A. The choice between patent protection and trade secret protection： A legal and business decision ［J］. *Journal of the Patent and Trademark Office Society*, 2002（84）： 371 – 409.

［102］ Beers C. V. , Zand F. R&D cooperation, partner diversity, and innovation performance： An empirical analysis ［J］. *Journal of Product Innovation Management*, 2014, 31（2）： 292 – 312.

［103］ Bengtsson M. , Johansson M. Managing coopetition to create opportunities for small firms [J]. *International Small Business Journal – Researching Entrepreneur-ship*, 2014, 32 (4): 401 – 427.

[104] Bengtsson M., Kock S. "Coopetition" in business networks—To cooperate and compete simultaneously [J]. *Industrial Marketing Management*, 2000, 29 (5): 411 – 426.

[105] Bengtsson M., Kock S., Nisuls J., et al. Co-opetition: A source of international opportunities in Finnish SMEs [J]. *Competitiveness Review An International Business Journal Incorporating Journal of Global Competitiveness*, 2010, 20 (2): 111 – 125.

[106] Bengtsson M., Raza-ullah T., Vanyushyn V. The coopetition paradox and tension: The moderating role of coopetition capability [J]. *Industrial Marketing Management*, 2016, 53 (3): 19 – 30.

[107] Benner M. J., Tushman M. L. Exploitation, exploration, and process management: The productivity dilemma revisited [J]. *The Academy of Management Review*, 2003, 28 (2): 238 – 256.

[108] Bishara N. D. Covenants not to compete in a knowledge economy: Balancing innovation from employee mobility against legal protection for human capital investment [J]. *Berkeley Journal of Employement and Labor Law*, 2006, 27: 287 – 322.

[109] Blind K., Cremers K., Mueller E. The influence of strategic patenting on companies patent portfolios [J]. *Research Policy*, 2009, 38 (2): 428 – 436.

[110] Blyler M., Coff R. W. Dynamic capabilities, social capital, and rent appropriation: Ties that split pies [J]. *Strategic Management Journal*, 2003, 24 (7): 677 – 686.

[111] Borch O. J., Solesvik M. Z. Partner selection versus partner attraction in R&D strategic alliances: The case of the Norwegian shipping industry [J]. *International Journal of Technology Marketing*, 2016, 11 (4): 421 – 439.

［112］ Bouncken R. , Gast J. , Kraus S. , et al. Coopetition: A systematic review, synthesis, and future research directions ［J］. *Review of Managerial Science*, 2015, 9 (3): 577 – 601.

［113］ Brandenburger A. M. , Nalebuff B. J. *Co-opetition* ［M］. New York: Curreney Doubleday, 1996.

［114］ Brenner S. Optimal formation rules for patent pools ［J］. *Economic Theory*, 2009, 40 (3): 373 – 388.

［115］ Breschi S. , Lissoni F. , Malerba F. Knowledge-relatedness in firm technological diversification ［J］. *Research Policy*, 2003, 32: 69 – 87.

［116］ Brush C. G. How do "resource bundles" develop and change in new ventures? A dynamic model and longitudinal exploration ［J］. *Entrepreneurship Theory & Practice*, 2001, 25 (3): 37 – 58.

［117］ Bstieler L. Trust formation in collaborative new product development ［J］. *Journal of Product Innovation Management*, 2006, 23 (1): 56 – 72.

［118］ Burt R. S. *Structural Holes: The Social Structure of Competition* ［M］. Boston: Harvard University Press, 1992.

［119］ Carlson S. C. Patent Pools and the Antitrust Dilemma ［J］. *Yale Journal on Regulation*, 1999 (16): 359 – 399.

［120］ Carnabuci G. , Bruggeman J. Knowledge specialization, knowledge brokerage and the uneven growth of technology domains ［J］. *Social Forces*, 2009, 88 (2): 607 – 641.

［121］ Casadesus-masanell R. , Yoffie D. Wintel: Cooperation and conflict ［J］. *Management Science*, 2007, 53 (4): 584 – 598.

［122］ Chen M. Competitor analysis and interfirm rivalry: Toward a theoretical integration ［J］. *Academy of Management Review*, 1996, 21, 100 – 134.

［123］ Chiambaretto P. , Fernandez A. S. The evolution of coopetive and collaborative alliances in an alliance portfolio: the Air France case ［J］. *Industrial Marketing Management*, 2016, 57 (8): 75 – 85.

［124］ Chiambaretto P. , Masse D. , Mirc N. "All for One and One for

All?" – Knowledge broker roles in managing tensions of internal coopetition: The Ubisoft case [J]. *Research Policy.* 2019, 48 (3): 584 –600.

[125] Chi L., Holsapple, C. W., Srinivasan C. The linkage between IOS use and competitive action: A competitive dynamics perspective [J]. *Information Systems and e – Business Management*, 2007, 5 (4): 319 –356.

[126] Choi J. P. Irreversible Choice of uncertain technologies with network externalities [J]. *Rand Journal of Economics*, 1992, 25 (3): 382 –401.

[127] Choi J. P. Patent Litigation as an Information Transmission Mechanism [J]. *American Economic Review*, 1998, 88 (5): 1249 –1263.

[128] Coff R. W. How buyers cope with uncertainty when acquiring firms in knowledge-intensive industries: Caveat emptor [J]. *Organization Science*, 1999, 10 (2): 119 –212.

[129] Cohen W. M., Levinthal D. A. Absorptive capacity: A new perspective on learning and innovation [J]. *Administrative Science Quarterly*, 1990, 35 (1): 128 –152.

[130] Cohen W. M., Nelson R. R., Walsh J. P. Protecting their intellectual assets: Appropriability conditions and why U. S. manufacturing firms patent (or not) [R]. NBER Working Paper, No. 7552. National Bureau of Economic Research, Cambridge, 2000.

[131] Colombelli A., Krafft J., Quatraro F. Properties of knowledge base and firm survival: Evidence from a sample of French manufacturing firms [J]. *Technological Forecasting & Social Change*, 2013, 80: 1469 –1483.

[132] Contigiani A., Hsu D. H., Barankay I. Trade secrets and innovation: Evidence from the "inevitable disclosure" doctrine [J]. *Strategic Management Journal*, 2018, 39 (11): 2921 –2942.

[133] Crossan L. An organizational learning framework: From intuition to institution [J]. *Academy of Management Review*, 1999, 24 (3): 522 –537.

[134] Cui V., Yang H., Vertinsk Y. I. Attacking your partners: Strategic alliances and competition between partners in product markets [J]. *Strategic*

Management Journal, 2018, 39 (12): 3116 – 3139.

[135] Davenport S., Campbell-hunt C., Solomon J. The dynamics of technology strategy: An exploratory study [J]. *R & D Management*, 2003, 33 (5): 481 – 499.

[136] Deng Y. Private value of European patents [J]. *European Economic Review*, 2007, 51 (7): 1785 – 1812.

[137] Denicolo V. Two-stage patent races and patent policy [J]. *RAND Journal of Economics*, 2000, 31 (3): 488 – 501.

[138] Dequiedt V., Versaevel B. P. A. Patent pools and dynamic R&D incentives [J]. *International Review of Law and Economics*, 2013, 36 (10): 59 – 69.

[139] Dorn S., Schweiger B., Albers S. Levels, phases and themes of coopetition: A systematic literature review and research agenda [J]. *European Management Journal*, 2016, 34 (5): 484 – 500.

[140] Doz Y. L. The evolution of cooperation in strategic alliances: Initial conditions or learning processes? [J]. *Strategic Management Journal*, 1996, 17: 55 – 83.

[141] Dussauge P., Garrette B., Mitchell W. Learning from competing partners: Outcomes and durations of scale and link alliances in Europe, North America and Asia [J]. *Strategic Management Journal*, 2000, 21: 99 – 126.

[142] Dyer J., Singh H. A. The relational view: Cooperative strategy and source of inter? Organizational competitive advantage [J]. *Academy of Management Review*, 1998 (23): 660 – 679.

[143] Edwards J. R., Lambert L. S. Methods for integrating moderation and mediation: A general analytical framework using moderated path analysis [J]. *Psychological Methods*, 2007, 12 (1): 1 – 22.

[144] Elfring T., Willem H. Networks in entrepreneurship: The case of high-technology firms [J]. *Small Business Economics*, 2003, 21 (4): 409 – 422.

［145］ Elmore J. E. A quantitative analysis of damages in trade secrets litigation ［J/OL］. *Forensic Analysis Insights*: 2016, 79 – 94. http: //willamette. com/insights_journal/16/spring_ 2016_11. pdf.

［146］ Emirbayer M. , Goodwin J. Network analysis, culture, and the problem of agency ［J］. *American Journal of Sociology*, 1994, 99 (6): 1411 – 1454.

［147］ Farrell J. , Saloner G. Insalled base and compatibility: Innovation, preduct preannouncement, and predation ［J］. *American Economic Review*, 1986, 76: 940 – 955.

［148］ Feldman M. S. Organizational routines as a source of continuous change ［J］. *Organization Science*, 2000, 11 (6): 611 – 629.

［149］ Ford D. , Gadde L – E, Hakansson H, et al. *Managing Business Relationships* ［M］. Chichester: Wiley, 1998.

［150］ Foss N. J. Knowledged-based approaches to the theory of the firm: Some critical comments ［J］. *Organization Science*, 1996 (7): 470 – 476.

［151］ Francesco J. , Quatraro F. , Saviotti P. P. Evolution of the knowledge base in knowledge intensive sectors ［R］. The Druid Summer Conference, 2009, 1 – 44.

［152］ Fredrich V. , Bouncken R. B. , Kraus S. The race is on: Configurations of absorptive capacity, interdependence and slack resources for interorganizational learning in coopetition alliances ［J］. *Journal of Business Research*, 2019, 101: 862 – 868.

［153］ Freeman L. C. Centrality in social networks: Conceptual clarification ［J］. *Social Network*, 1979, 1 (3): 215 – 239.

［154］ Funk R. J. Making the most of where you are: Geography, networks, and innovation in organizations ［J］. *Academy of Management Journal*, 2013, 57 (1): 193 – 222.

［155］ Ganco M. , Miller C. D. , Toh P. K. From litigation to innovation: Firms' ability to litigate and technological diversification through human capital ［J］. *Strategic Management Journal*, 2020, 41 (13): 2436 – 2473.

[156] Garcia-vega M. Does technological diversification promote innovation?: An empirical analysis for european firms [J]. *Research Policy*, 2006, 35 (2): 230 – 246.

[157] Gilbert R. Antitrust for patent pools: A century of policy evolution [J]. *Stanford Technology Law Review*, 2004, 3 (1): 1 – 49.

[158] Gilsing V., Nooteboom B., Vanhaverbeke W., et al. Network Embeddedness and the exploration of novel technologies: Technological distance, betweenness centrality and density [J]. *Research Policy*, 2008, 37: 1717 – 1731.

[159] Gimeno J. Competition within and between networks: The contingent effect of competitive embeddedness on alliance formation [J]. *Academy of Management Journal*, 2004, 47 (6): 820 – 842.

[160] Gnyawali D. R., He J., Madhavan R. Impact of co-opetition on firm competitive behavior: An empirical examination [J]. *Journal of Management*, 2006, 32 (4): 507 – 530.

[161] Gnyawali D. R., Park B. J. Co-opetition and technological innovation in small and medium-sized enterprises: A multilevel conceptual model [J]. *Journal of Small Business Management*, 2009, 47 (3): 308 – 330.

[162] Gnyawali D. R., Park B. J. Co-opetition between giants: Collaboration with competitors for technological innovation [J]. *Research Policy*, 2011, 40 (5): 650 – 663.

[163] Godart F. C., Shipilov A. V., Claes K. Making the most of the revolving door: The impact of outward personnel mobility networks on organizational creativity [J]. *Organization Science*, 2014, 25 (2): 377 – 400.

[164] Granovetter M. S. The strength of weak ties [J]. *Ameriean Journal of Soeiology*, 1973, 78 (6): 1360 – 1380.

[165] Granstrand O. Towards a theory of the technology-based firm [J]. *Research Policy*, 1998, 27 (5): 465 – 489.

[166] Grayson K., Ambler T. The dark side of long-term relationships in

marketing services [J]. *Journal of Marketing Research*, 1999, 36 (1): 132 – 141.

[167] Greunz L. Geographically and technologically mediated knowledge spillovers between European regions [J]. *Annals of Regional Science*, 2003, 37 (4): 657 – 680.

[168] Griliches Z. Issues in assessing the contribution of research and development to productivity growth [J]. *Bell Journal of Economics*, 1979, 10 (1): 92 – 116.

[169] Guan J., Liu N. Exploitative and exploratory innovations in knowledge network and collaboration network: A patent analysis in the technological field of nano-energy [J]. *Research Policy*, 2016, 45 (1): 97 – 112.

[170] Guellec D., Pottelsberghe B. V. *The Economics of the European Patent System: IP Policy for Innovation and Competition* [M]. Oxford: Oxford University Press, 2007.

[171] Gulati R. Does familiarity breed trust? The implications of repeated ties for contractual choice in alliances [J]. *Academy of Management Journal*, 1995, 38 (1): 85 – 112.

[172] Gupta K., Snyder M. Smart phone litigation and standard essential patents [J]. *Ssrn Electronic Journal*, 2014, 27 (6): 697 – 711.

[173] Hair J. F., Black W. C., Babin B. J., et al. *Multivariate Data Analysis* [M]. 北京: 机械工业出版社, 2011.

[174] Hall B. H., Ziedonis R. H. The patent paradox revisited: an empirical study of patenting in the U. S. semiconductor industry, 1979 – 1995 [J]. *RAND Journal of Economics*, 2001, 32 (1): 101 – 128.

[175] Haltiwanger J., Hyatt H., Mcentarfer E. Who moves up the job ladder? [J]. *Journal of Labor Economics*, 2018, 36 (S1): S301 – S336.

[176] Hamel G. Competition for competence and interpartner learning within international strategic alliances [J]. *Strategic Management Journal*, 1991, 12: 83 – 103.

［177］ Hamel G. , Doz Y. L. , Prahalad C. K. Collaborate with your competitors and win ［J］. *Harvard Business Review*, 1989, 67: 133 – 139.

［178］ Harhoff D. , Reitzig M. Determinants of opposition against EPO patent grants: The case of biotechnology and pharmaceuticals ［J］. *International Journal of Industrial Organizations*, 2004, 22 (4): 443 – 480.

［179］ Harrigan K. R. Joint ventures and competitive strategy ［J］. *Strategic Management Journal*, 1988, 9 (2): 141 – 158.

［180］ Hoffmann W. H. Strategies for managing a portfolio of alliances ［J］. *Strategic Management Journal*, 2007, 28 (8): 827 – 856.

［181］ Horner R. . The impact of patents on innovation, technology transfer and health: A pre-and post – TRIPs analysis of India's pharmaceutical industry ［J］. *New Political Economy*, 2014, 19 (3): 384 – 406.

［182］ Huang Y. F. , Chen C. J. The impact of technological diversity and organizational slack on innovation ［J］. *Technovation*, 2010, 30 (7): 420 – 428.

［183］ Hu W. , Yoshioka-kobayashit, Watanabe T. Impact of patent litigation on the subsequent patenting behavior of the plaintiff small and medium enterprises in Japan ［J］. *International Review of Law & Economics*, 2017 (51): 23 – 28.

［184］ Inkpen A. C. , Beamish P. W. Knowledge, bargaining power, and the instability of international joint ventures ［J］. *The Academy of Management Review*, 1997, 22 (1): 177 – 202.

［185］ Jacob J. , Duysters G. Alliance network configurations and the co-evolution of firms' technology profiles: An analysis of the biopharmaceutical industry ［J］. *Technological Forecasting & Social Change*, 2017, 120 (7): 90 – 102.

［186］ Jaffe A. B. , Fogarty M. S. , Banks B. A. Evidence from patents and patent citations on the impact of NASA and other federal labs on commercial innovation ［J］. *The Journal of Industrial Economics*, 1998, 45 (2): 183 – 205.

［187］ Jarillo, Carlos J. Entrepreneurship and growth: The strategic use of external resources [J]. *Journal of Business Venturing*, 1989, 4 (2): 133 – 147.

［188］ Jaworski B. J. , Kohli A. K. Market orientation: Antecedents and consequences [J]. *Journal of Marketing*, 1993, 51: 53 – 70.

［189］ Jones S. L. , Leiponen A. , Vasudeva G. The evolution of cooperation in the face of conflict: Evidence from the innovation ecosystem for mobile telecom standards development [J]. *Strategic Management Journal*, 2021, 42 (4): 710 – 740.

［190］ Joshi A. M. , Nerkar A. When do strategic alliances inhibit innovation by firms? Evidence from patent pools in the global optical disc industry [J]. *Strategic Management Journal*, 2011, 32 (11): 1139 – 1160.

［191］ Kale P. , Singh H. , Perlmutter H. Learning and protection of proprietary assets in strategic alliances: Building relational capital [J]. *Strategic Management Journal*, 2000, 21 (3): 217 – 237.

［192］ Kash D. E. , Kingston W. Patents in a world of complex technologies [J]. *Science and Public Policy*, 2001, 28 (1): 11 – 22.

［193］ Katz M. L. , Shapiro C. Technology adoption in the presence of network externalities [J]. *Journal of Political Economics*, 1986, 94 (8): 822 – 841.

［194］ Kelley H. H. , Berscheid E. C. *Close Relationships* [M]. NewYork: W. H. Freeman & Company, l983.

［195］ Khanna T. , Gulati R. , Nohria N. The dynamics of learning alliances: Competition, cooperation, and relative scope [J]. *Strategic Management Journal*, 1998, 19, 193 – 210.

［196］ Kilduff M. , Tsai W. Social networks and organizations [R]. Thousand Oaks: Sage Publications, 2003, 155 – 162.

［197］ Kim D. H. The link between individual and organizational learning [J]. *Strategic Management of Intellectual Capital*, 1998, 35 (1): 41 – 62.

［198］Kim J. Employee poaching: Why it can be predatory ［J］. *Managerial and Decision Economics*, 2014, 5（45）: 309 – 317.

［199］Kim J. , Wilemon D. The learning organization as facilitator of complex NPD projects ［J］. *Creativity & Innovation Management*, 2007, 16（2）: 176 – 191.

［200］Kim K. H. Cooperative or competitive in alliance formation: Alliance patterns with respect to rivals ［J］. *Canadian Journal of Administrative Sciences*, 2017, 34（3）: 277 – 290.

［201］Kolb D. A. *Experiential Learning: Experience as the Source of Learning and Development* ［M］. Englewood Cliff: Prentice – Hall, 1984.

［202］Kotabe M. , Domoto M. H. Gaining from vertical partnerships: Knowledge transfer, relationship duration, and supplier performance improvement in the U. S. and Japanese automotive industries ［J］. *Strategic Management Journal*, 2003, 24（4）: 293 – 316.

［203］Krishnan R. , Martin X. , Noorderhaven N. G. When does trust matter to alliance performance? ［J］. *Academy of Management Journal*, 2006, 49: 894 – 917.

［204］Kristiansen E. G. R&D in markets with network externalities ［J］. *International Journal of Industrial Organization*, 1996, 14（6）: 769 – 784.

［205］Kwon Y. K. , Kim Y. , Kim T. Y. , et al. Effects of patent pools on innovation investment-ex ante perspectives ［J］. *Journal of Business & Economics Research*, 2008, 6（7）: 27 – 42.

［206］Lai L. , Zhang Y. Do repeated alliances within patent pools encourage enterprise innovation? Evidence from MPEG LA ［J］. *Chinese Management Studies*, 2024, 18（2）: 342 – 374.

［207］Lampe R. , Moser P. Do patent pools encourage innovation? Evidence from the nineteenth-century sewing machine industry ［J］. *Journal of Economic History*, 2010, 70（4）: 898 – 920.

［208］Lampe R. , Moser P. Patent pools and innovation in substitute technologies-evidence from the 19th-century sewing machine industry ［J］. *Rand Journal of Economics*, 2013, 44 (4): 757 – 778.

［209］ Lampe R., Moser P. Patent pools, competition, and innovation——Evidence from 20 U. S. industries under the new deal ［J］. *Social Science Electronic Publishing*, 2016, 32 (1): 1 – 36.

［210］ Lampe R., Moser P. Patent pools: Licensing strategies in the absence of regulation ［J］. *Social Science Electronic Publishing*, 2012 (29): 69 – 86.

［211］ Lane P. J., Lubatkin M. Relative absorptive capacity and interorganizational learning ［J］. *Strategic Management Journal*, 1998 (19): 461 – 477.

［212］ Lanjouw, Jean O., Schankerman, et al. Characteristics of patent litigation: A window on competition ［J］. *RAND Journal of Economics*, 2001, 32 (1): 129 – 151.

［213］ Larsson R., Bengtsson L., Henriksson K., et al. The interorganizational learning dilemma: Collective Knowledge development in strategic alliance ［J］. *Organization Science*, 1998, 2 (9): 285 – 305.

［214］ Lavie D. Alliance portfolios and firm performance: A study of value creation and appropriation in the U. S. software industry ［J］. *Strategic Management Journal*, 2007, 28 (12): 1187 – 1212.

［215］ Lavie D., Rosenkopf L. Balancing exploration and exploitation in alliance formation ［J］. *Academy of Management Journal*, 2006, 49 (4): 797 – 818.

［216］ Lavie D. The competitive advantage of interconnected firms: An extension of the resource-based view ［J］. *Academy of Management Review*, 2006, 31 (3): 638 – 658.

［217］ Lee S., Meyerdoyle P. How performance incentives shape individual exploration and exploitation: Evidence from microdata ［J］. *Organization Science*, 2017, 28 (1): 19 – 38.

［218］ Lerner J. , Strojwas M. , Tirole J. The design of patent pools: the determinants of licensing rules ［J］. *Rand Journal of Economics*, 2007, 38 (3): 610 – 625.

［219］ Lerner J. The importance of patent scope: an empirical analysis ［J］. *Rand Journal of Economics*, 1994, 25 (2): 319 – 333.

［220］ Lerner J. , Tirole J. Efficient patent pools ［J］. *American Economic Review*, 2004, 94: 691 – 711.

［221］ Lerner J. , Tirole J. , Strojwas M. Cooperative marketing agreements between competitors: Avidence from patent pools ［R］. NBER Working Paper. 2003. No. w9680.

［222］ Levin D. , Cross R. The strength of weak ties you can trust: the mediating role of trust in effective knowledge transfer ［J］. *Management Science*, 2003, 50 (11): 1477 – 1490.

［223］ Levin R. C. , Klevorick A. K. , Nelson R. R. , et al. Appropriating the returns from industrial research and development ［J］. *Brookings Papers on Economic Activity*, 1987 (3): 783 – 831.

［224］ Levy M. , Loebbecke C. , Powell P. SMEs, co-opetition and knowledge sharing: The role of information systems ［J］. *European Journal of Information Systems*, 2003, 12 (1): 3 – 17.

［225］ Lioukas C. S. , Reuer J. J. Isolating trust outcomes from exchange relationships: Social exchange and learning benefits of prior ties in alliances ［J］. *Academy of Management Journal*, 2015, 58: 1826 – 1847.

［226］ Lipparini A. , Lomi A. *Interfirm Networks: Organization and Industrial Competitiveness* ［M］. London: Routledge, 1999.

［227］ Li S. X. , Rowley T. J. Inertia and evaluation mechanisms in interorganizational partner selection: Syndicate formation among U. S. investment banks ［J］. *Academy of Management Journal*, 2002, 45 (6): 1104 – 1119.

［228］ Littler D. , Leverick F. , Bruce M. Factors affecting the process of collaborative product development: A study of UK manufacturers of information and communications technology products [J]. *Journal of Product Innovation Management*, 1995, 12 (1): 16 – 32.

[229] Liu C. Y., Wu H. L., Lee C. Y. The relationship between patent attributes and patent litigation: Considering the moderating effects of managerial characteristics [J]. *Asia Pacific Management Review*, 2018, 23 (2): 121 – 129.

[230] Li Y., Liu Y., Liu H. Co-opetition, distributor's entrepreneurial orientation and manufacturer's knowledge acquisition: Evidence from China [J]. *Journal of Operations Management*, 2011, 29 (1 – 2): 128 – 142.

[231] Luo Y. A. Coopetition perspective of global competition [J]. *Journal of World Business*, 2007, 42 (2): 129 – 144.

[232] Lévi-strauss C. Structural analysis in linguistics and in anthropology [C] // Kinship and Family: An Anthropological Reader. *Robert Parkin and Linda Stone* (eds.). New York: Basic Books. 1963: 145 – 158.

[233] Mann R. J., Underweiser M. A new look at patent quality: Relating patent prosecution to validity [J]. *Journal of Empirical Legal Studies*, 2012, 9 (1): 1 – 32.

[234] Mascia D., Di V. F., Cicchetti A. Dynamic analysis of interhospital collaboration and competition: Empirical evidence from an Italian regional health system [J]. *Health Policy*, 2012, 105 (2 – 3): 273 – 281.

[235] Maurseth P. B., Verspagen B. Knowledge spillovers in Europe: A patent citation analysis [J]. *Scand Journal of Economics*, 2002, 104 (4): 531 – 545.

[236] Mayer K. J., Argyres N. S. Learning to contract: Evidence from the personal computer industry [J]. *Organization Science*, 2004, 15: 394 – 410.

[237] Moreno J. L. Psychological and social organization of groups in the community [C] // Proceedings & Addresses. *American Association on Mental Deficiency*, 1933 (38): 224 – 242.

[238] Nahapiet J., Ghoshal S. Social capital, intellectual capital, and

the organizational advantage [J]. *Academy of Management Review*, 1998, 23 (2): 242 – 266.

[239] Nerkar A., Paruchuri S. Evolution of R&D capabilities: The role of knowledge networks within a firm [J]. *Management Science*, 2005, 51 (5): 771 – 785.

[240] Nevis E. C., Dibella A. J., Gould J. M. Understanding organizations as learning systems [J]. *Sloan Management Review*, 1995, 28 (3): 73 – 84.

[241] Nielsen B. B. The role of knowledge embeddedness in the creation of synergies in the strategies alliances [J]. *Journal of Business Research*, 2005, 58 (9): 1194 – 1204.

[242] Nonaka I., Takeuchi H. *The Knowledge-creating Company* [M]. Oxford: Oxford University Press, 1995.

[243] Nooteboom B., Vanheverbeke W., Duysters G. M., et al. Optimal cognitive distance and absorptive capacity [J]. *Research Policy*, 2007, 36: 1016 – 1034.

[244] Oxley J. E., Wada T. Alliance Structure and the Scope of Knowledge Transfer [J]. *Management Science*, 2009, 55 (4): 635 – 649.

[245] Ozdemir S. Z., Moran P., Zhong X., et al. Reaching and acquiring valuable resources: The entrepreneur's use of brokerage, cohesion, and embeddedness [J]. *Entrepreneurship: Theory & Practice*, 2016, 40 (1): 49 – 79.

[246] Panayides P. M. The impact of organizational learning on relationship orientation, logistics service effectiveness and performance [J]. *Industrial Marketing Management*, 2007, 36 (1): 68 – 80.

[247] Park B. J. R., Srivastava M. K., Gnyawali D. R. Walking the tight rope of coopetition: Impact of competition and cooperation intensities and balance on firm innovation performance [J]. *Industrial Marketing Management*, 2014, 43 (2): 210 – 221.

［248］ Pathak S. D. , Wu Z. , Johnston D. Toward a structural view of co-opetition in supply networks ［J］. *Journal of Operations Management*, 2014, 32 (5): 254 – 267.

［249］ Peng T. A. , Bourne M. The coexistence of competition and coopera-tion between networks ［J］. *British Journal of Management*, 2009, 20 (3): 377 – 400.

［250］ Peng T. J. A. , Yen M. H. , Bourne M. How rival partners compete based on cooperation? ［J］. *Long Range Planning*, 2017, 51 (2): 351 – 383.

［251］ Peng Y. S. , Liang I. C. A dynamic framework for competitor identi-fication: A neglecting role of dominant design ［J］. *Journal of Business Re-search*, 2016, 69 (5): 1898 – 1903.

［252］ Peteraf M. A. The cornerstones of competitive advantage: A resource-based view ［J］. *Strategic Management Journal*, 1993 (14): 179 – 191.

［253］ Peteraf M. , Shanley M. Getting to know you: A theory of strategic group identity ［J］. *Strategic Management Journal*, 1997, 18 (S1): 165 – 186.

［254］ Phelps C. C. A longitudinal study of the influence of alliance network structure and composition on firm exploratory innovation ［J］. *Academy of Man-agement Journal*, 2010, 53 (4): 890 – 913.

［255］ Podolny J. M. , Scott-morton F. M. Social status, entry and preda-tion: The case of British shipping cartels 1879 – 1929 ［J］. *The Journal of In-dustrial Economics*, 1999, 47 (1): 41 – 67.

［256］ Polidoro F. , Ahuja G. , Mitchell W. When the social structure over-shadows competitive incentives: The effects of network embeddedness on joint venture dissolution ［J］. *Academy of Management Journal*, 2011, 54: 369 – 392.

［257］ Powell W. W. , Brantley P. Comperitive cooperation in biotechnolo-gy: Learning through networks ［C］. Networks and Organizations: structure,

Form and Action. Boston: Harvard Business School Press, 1992.

[258] Prahalad C. K., Hamel G. The core competence of the corporation [J]. *Harward Business Review*, 1990, 68 (3): 79 – 91.

[259] Quatraro F. Evolution of the knowledge base in knowledge intensive sectors [R]. The Druid Summer Conference, 2009, 1 – 44.

[260] Raza-ullah T., Bengtsson M., Kock S. The coopetition paradox and tension in coopetition at multiple levels [J]. *Industrial Marketing Management*, 2014, 43 (2): 189 – 198.

[261] Ritala P., Hurmelinna-laukkanen P. Incremental and radical innovation in coopetition—The role of absorptive capacity and appropriability [J]. *Journal of Product Innovation Management*, 2013, 30 (1): 154 – 169.

[262] Ritala P., Kraus S., Bouncken R. B. Introduction to coopetition and innovation: contemporary topics and future research opportunities [J]. *International Journal of Technology Management*, 2016, 71 (1 – 2): 1 – 9.

[263] Rosenkopf L., Almeida P. Overcoming Local Search Through Alliances and Mobility [J]. *Management Science*, 2003, 49 (6): 751 – 766.

[264] Rothaermel F. T., Deeds D. L. Exploration and exploitation alliances in biotechnology: A system of new product development [J]. *Strategic Management Journal*, 2004, 25 (3): 201 – 221.

[265] Rudy B. C., Black S. L. Attack or defend? The role of institutional context on patent litigation strategies [J]. *Journal of Management*, 2018, 44 (3): 1226 – 1249.

[266] Salvetat D., Geraudel M. The tertius roles in a coopetitive context: The case of the European aeronautical and aerospace engineering sector [J]. *European Management Journal*, 2012, 30 (6): 603 – 614.

[267] Sattler H. Appropriability of product innovations: an empirical analysis for Germany [J]. *International Journal of Technology Management*, 2003, 26 (5/6): 502 – 516.

[268] Schiavone F., Simoni M. Prior experience and co-opetition in R&D

programs [J]. *Journal of the Knowledge Economy*, 2016, 7 (3): 819 - 835.

[269] Schildt H., Keil T., Maula M. The temporal effects of relative and firm-level absorptive capacity on interorganizational learning [J]. *Strategic Management Journal*, 2012, 33 (10): 1154 - 1173.

[270] Shapiro C. Antitrust limit's to patent settlements [J]. *Rand Journal of Economics*, 2003, 34 (2): 391 - 411.

[271] Shapiro C. Navigating the patent thicket: Cross licenses, patent pools, and standard setting [J]. *Innovation Policy & the Economy*, 2001 (1): 119 - 150.

[272] Shipilov A. V. Firm scope experience, historic multimarket contact with partners, centrality, and the relationship between structural holes and performance [J]. *Organization Science*, 2009 (20): 85 - 106.

[273] Shipilov A. V., Li S. X., Greve H. R. The prince and the pauper: search and brokerage in the initiation of status—heterophilousties [J]. *Organization Science*, 2011, 22 (6): 1418 - 1434.

[274] Slater S. F., Narver J. C. Market orientation and the learning organization [J]. *Journal of Marketing*, 1995, 59 (4): 63 - 74.

[275] Soda G., Usai A., Zaheer A. Network memory: the influence of past and current networks on performance [J]. *Academy of Management Journal*, 2004, 47 (6): 893 - 906.

[276] Somaya D. Strategic determinants of decisions not to settle patent litigation [J]. *Strategic Management Journal*, 2003, 24 (1): 17 - 38.

[277] Starr E., Balasubramain N., Sakakibara M. Screening spinouts? How noncompete enforceability affects the creation, growth, and survival of new firms [J]. *Management Science*, 2017, 64 (2): 552 - 572.

[278] Steensma H. K. Acquiring technological competencies through interorganizational collaboration: an organizational learning perspective [J]. *Journal of Engineering and Technology Management*, 1996, 12 (4): 267 - 286.

[279] Stettner U., Lavie D. Ambidexterity under scrutiny: Exploration

and exploitation via internal organization, alliances, and acquisitions [J]. *Strategic Management Journal*, 2015, 35 (13): 1903 – 1929.

[280] Tan D. Making the news: Heterogeneous media coverage and corporate litigation [J]. *Strategic Management Journal*, 2016, 37 (7): 1341 – 1353.

[281] Teece D. J. Profiting from innovation in the digital economy: Enabling technologies, standards, and licensing models in the wireless world [J]. *Research Policy*, 2018, 47 (8): 1367 – 1387.

[282] Teece D. J. Profiting from technological innovation: Implications for integration, collaboration, licensing and public policy [J]. *Research Policy*, 1986, 15 (6): 285 – 305.

[283] Thorgren S. , Wincent J. , Ortqvist D. Unleashing synergies in strategic networks of SMEs: The influence of partner fit on corporate entrepreneurship [J]. *International Small Business Journal*, 2012, 30 (5): 453 – 471.

[284] Tidstroem A. Causes of conflict in intercompetitor cooperation [J]. *Journal of Business & Industrial Marketing*, 2009, 24 (7): 506 – 518.

[285] Tong T. W. , Reuer J. J. Competitive consequences of interfirm collaboration: How joint ventures shape industry profitability [J]. *Journal of International Business Studies*, 2010, 41 (6): 1056 – 1073.

[286] Tortoriello M. The social underpinnings of absorptive capacity: The moderating effects of structural holes on innovation generation based on external knowledge [J]. *Strategic Management Journal*, 2015, 36 (4): 586 – 597.

[287] Troilo G. , Luca lmd, Atuahene-gima K. More innovation with less? A strategic contingency view of slack resources, information search, and radical innovation [J]. *Journal of Product Innovation Management*, 2014, 31 (2): 259 – 277.

[288] Tsai B. H. Does litigation over the infringement of intellectual property rights hinder enterprise innovation? An empirical analysis of the Taiwan IC industry [J]. *Issues & Studies*, 2010, 46 (2): 173 – 203.

［289］ Vakili K. Collaborative promotion of technology standards and the impact on innovation, industry structure, and organizational capabilities: Evidence from modern patent pools ［J］. *Organization Science*, 2016, 27 （6）: 1504 – 1524.

［290］ Virkkunen J. , Kuutti K. Understanding organizational learning by focusing on "activity systems" ［J］. *Accounting Management & Information Technologies*, 2000, 10 （4）: 291 – 319.

［291］ Wang C. , Rodan S. , Fruin M. , et al. Knowledge networks, collaboration networks, and exploratory innovation ［J］. *Academy of Management Journal*, 2014, 57 （2）: 484 – 514.

［292］ Wassmer U. , Dussauge P. Network resource stocks and flows: How do alliance portfolios affect the value of new alliance formations? ［J］. *Strategic Management Journal*, 2012, 33 （7）: 871 – 883.

［293］ Wernerfelt B. A resource-based view of the firm ［J］. *Strategic Management Journal*, 1984, 5 （2）: 171 – 180.

［294］ Williamson O. E. *The Economic Institutions of Capitalism* ［M］. New York: Free Press, 1985.

［295］ Wu J. Cooperation with competitors and product innovation: Moderating effects of technological capability and alliances with universities ［J］. *Industrial Marketing Management*, 2014, 43 （2）: 199 – 209.

［296］ Wu J. Technological collaboration in product innovation: The role of market competition and sectoral technological intensity ［J］. *Research Policy*, 2012, 41 （2）: 489 – 496.

［297］ Yang H. , Zheng Y. , Zaheer A. Asymmetric learning capabilities and stock market returns ［J］. *Academy of Management Journal*, 2015, 58: 356 – 374.

［298］ Young J. A. Strategic alliances: Are they relational by definition ［R］. Indiana State University, Working Paper, 1995.

［299］ Yu P. Interfirm coopetition, trust, and opportunism: a mediated moderation model ［J］. *Review of Managerial Science*, 2019, 13 （5）: 1069 – 1092.

［300］ Zahra S. A. , George G. Absorptive capacity: A review, reconceptualization, and extension ［J］. *Academy of Management Review*, 2002, 27 （2）: 185 – 203.

［301］ Zheng Y. , Yang H. Does familiarity foster innovation? The impact of alliance partner repeatedness on breakthrough innovations ［J］. *Journal of Management Studies*, 2015, 52 （2）: 213.

［302］ Ziedonis R. H. Don't fence me in: Fragmented markets for technology and the patent acquisition strategies of firms ［J］. *Management Science*, 2004, 50 （6）: 804 – 820.

［303］ Zobel A. K. , Lokshin B. , Hagedoorn J. Formal and informal appropriation mechanisms: the role of openness and innovativeness ［J］. *Technovation*, 2017, 59: 44 – 54.

后　记

　　本书是在我博士学位论文的基础上修改完善而成的。2017 年秋，我怀揣着"追逐人生最高学历"的梦想，进入中南大学商学院，师从张运生教授学习和研究技术标准、专利池和创新生态系统的前沿问题。我非常重视这个来之不易的学习机会。这些年来，经历了文献阅读、科学问题凝练、专利数据检索与整理、计量分析建模、论文投稿与返修等孤寂彷徨、苦苦探寻和"煎熬"磨砺后，先后在《科研管理》、Chinese Management Studies、《科技进步与对策》、《情报杂志》公开发表学术论文 6 篇，形成了十余万字的博士学位论文。2022 年 5 月完成博士学位论文答辩，12 月进入学术专著修改完善阶段，2023 年 8 月修改定稿。赖流滨负责数据检索与文稿撰写，何秀梅负责文字校对工作。

　　博士学位论文的顺利完成得益于众多教授的指导和帮助。学位论文是在张运生教授的悉心指导下完成的。张老师治学严谨，学术功底深厚，对科学性、逻辑性要求严格，论文从题目筛选、科学问题凝练到研究假设提出，都得到了张老师的多次审查与修改。感谢中南大学游达明教授、马跃如教授、熊勇清教授、沈超红教授、粟路军教授、周志方教授、曾江洪教授、汪阳洁教授，湘潭大学商学院院长楚尔鸣教授、湖南师范大学商学院院长李军教授，以及匿名评审专家提出的宝贵修改意见。

　　为提高研究质量，我们先后多次参加中国知识产权政策与管理发展论坛，并咨询了多位专家。中国科学院大学宋河发教授、同济大学任声策教授、同济大学党建伟副教授、大连理工大学栾春娟教授对研究提出了建设性的意见。本书的出版得到了经济科学出版社的支持，在此一并致谢。

高科技企业专利池合作竞争理论研究是一个创新过程，需要长期的探索和持续的研究。专著的完成仅仅是在学术研究道路上迈出的一小步，我们将沿着这条道路砥砺前行，为高科技企业高质量发展作出更大贡献。

赖流滨

2024 年 5 月